高等学校教育技术系列教材

U0590345

智慧课堂

Smart Class

钟绍春　编著

中国教育出版传媒集团

高等教育出版社·北京

内容提要

本书系统地阐述了智慧课堂的相关理论与方法。本书共分 7 章,主要内容包括智慧课堂缘起与发展、智慧课堂解析、智慧课堂教学模式、智慧课堂支撑环境、智慧课堂教学设计与实施、智慧课堂教学能力提升,以及智慧课堂典型案例。本书体系完整,内容丰富,具有较强的指导性和参考价值。

本书可作为高等学校教育技术学等专业研究生、本科生相关课程的教材,也可作为中小学教师信息技术培训用书,还可作为教育信息化工作者的参考读物。

图书在版编目（CIP）数据

智慧课堂／钟绍春编著. -- 北京：高等教育出版社，2023.7

ISBN 978-7-04-060464-1

Ⅰ. ①智… Ⅱ. ①钟… Ⅲ. ①课堂教学-教学研究-中小学 Ⅳ. ①G632.421

中国国家版本馆 CIP 数据核字(2023)第 079678 号

Zhihui Ketang

| 策划编辑 | 刘　艳 | 责任编辑 | 刘　艳 | 封面设计 | 李卫青 | 版式设计 | 于　婕 |
| 责任绘图 | 于　博 | 责任校对 | 刘丽娟 | 责任印制 | 朱　琦 | | |

出版发行	高等教育出版社	网　　址	http://www.hep.edu.cn
社　　址	北京市西城区德外大街 4 号		http://www.hep.com.cn
邮政编码	100120	网上订购	http://www.hepmall.com.cn
印　　刷	北京宏伟双华印刷有限公司		http://www.hepmall.com
开　　本	787 mm×1092 mm 1/16		http://www.hepmall.cn
印　　张	16.25		
字　　数	330 千字	版　　次	2023 年 7 月第 1 版
购书热线	010-58581118	印　　次	2023 年 7 月第 1 次印刷
咨询电话	400-810-0598	定　　价	37.00 元

序　一

当今社会，科学技术日新月异，全球经济快速发展，国际竞争异常激烈，在这样的大背景下，高素质人才，特别是创新人才的培养，对于国家富强和民族振兴具有十分重要的价值和作用。高素质、创新人才的培养，主要通过学校教育完成，需要有切实可行的培养路径和实施条件。课堂教学不仅要教给学生知识，更要关注学生核心素养的养成。特别是系统思维和创新思维等高阶思维能力，是学生在知识的理解与应用、问题的探究与解决等学习活动中，通过独立思考、与他人合作逐渐形成和发展的。因此，课堂教学要在讲授知识和技能的同时，让学生探究知识的产生过程与知识之间的关联，并创设合适的教学情境，提出合适的本质性问题，让学生有更多的机会去经历发现问题、思考问题、探究问题的过程。

然而，受常规条件的限制，对于很多学科来说，有利于培养学生系统思维能力和创新思维能力的学习活动难以开展，于是在大多数情况下，教师不会主动安排这样的学习活动，久而久之，甚至放弃了对学生系统思维能力、创造思维能力等高阶思维能力的培养。人工智能、大数据、云计算、虚拟现实/增强现实等技术的快速发展，以及移动学习终端的大规模应用，极大地推动了教与学方式的变革，给课堂教学和学生学习带来了前所未有的冲击和改变。在智慧教室与教育云平台的支持下，原来很难开展的教与学活动得以有效实施，为创新人才的培养提供了切实可行的途径和手段。但是，究竟如何有效地应用智能技术手段，创新课堂教学模式，培养学生的系统思维能力和创新思维能力，提升课堂教学的质量和品质，仍在探索和实践之中。

现在奉献给读者的这部著作，面向创新人才培养和高质量教育体系建设，在智能技术的支持下，从智慧课堂解析、智慧课堂教学模式、智慧课堂支撑环境、智慧课堂教学设计与实施、智慧课堂教学能力提升等方面展开理论与实践研究。在对有代表性的智慧课堂学说和观点进行系统梳理和分析的基础上，提出了智慧课堂应当以培养学生的系统思维能力、创新思维能力等高阶思维能力为目标；对比分析了智慧课堂教学样态与原有课堂教学样态的根本差异，阐述了智慧课堂教学模式构建的方向与方法，给出了典型的智慧课堂教学模式。从总体结构、云端一体化智慧教与学平台和智慧教室等方面，分析了智慧课堂教学支撑环境应当具备的功能和特点。在此基础上，阐述了智慧课堂教学设计的总体思路与原则、智慧课堂教学设计方法、智慧课堂对教学支撑工具与资源的需求，以及智慧课堂教学活动实施的具体方法。最后，分析了教师应当具备的智慧课堂教学关键能力，提出了通过智能研训、优质课展示与观摩和课题研究等途径，提升教师智慧课堂教学能力的方法。本书结合理论阐述与实践案例分析，从创新人才培养的角度，对智慧课堂教与学方法、支撑环境及其教学活动实施等进行了系统阐述，为促进教育理念、教学方式和教学模式的变革与创新提供了有效路径。

这本著作是钟绍春教授及其研究团队二十多年来从事教育事业、扎根于教育信息化工作的智慧结晶，也是他所在的研究团队学术领先、勇于开拓的真实反映，对我国教育发展与教育信息化建设具有很好的引领作用。本书结构合理，观点新颖，方法实用，内容阐述严谨，科学性、操作性强，是一本很好的理论与实践相结合的著作，对广大教育教学工作者、高校的教育研究者极具指导意义和参考价值。

史宁中

于东北师范大学

序　二

当前，教育部正在推进"教育数字化战略行动"，国家智慧教育公共服务平台正式上线，一些地方和学校正在开展整体性应用试点。钟绍春教授所编著的《智慧课堂》的出版，恰逢其时，给教育界同人带来了理论研究与实践探索的大量经验、丰富案例以及实实在在的理论阐述。

人工智能、大数据、云计算和虚拟现实/增强现实等智能技术的发展，推动了学习环境的重构、教与学方式的变革、优质教育资源的供给，这使得规模化教育与个性化学习有机统一、教育高质量均衡发展成为可能。《智慧课堂》坚持以立德树人为根本宗旨，抓住信息化应用的主战场和关键场景，以学生智慧的发展为目标，以教与学模式和方法创新为突破口，以智能技术为支撑，不仅系统阐述了智慧课堂相关的理论与方法，还提供了具有引领性的典型实践案例，这对于按照"应用为王、服务至上、示范引领、安全运行"的工作要求和思路，一体化推进信息时代的教育变革，具有重要的理论价值和实践意义。

要深化智慧课堂的理论研究与实践探索，推进智能技术与教育教学的深度融合，真正推动我国教育信息化从融合应用阶段整体迈入创新应用阶段，就需要在理论与实践上进行进一步的破题和深化。我们看到，在智慧教育示范区、新型教与学模式实验区和人工智能助推教师队伍建设试点等的推动下，很多区域都加大了智慧课堂建设的投入力度，部分市区县甚至一次性投入数亿元的资金建设智慧教室。大部分学校都配备了一定数量的移动学习终端、智慧课堂教学支撑系统、智能学习工具等，建设了必要的网络支撑条件，这为智慧课堂教学的常态化应用奠定了坚实的基础。但是，只有资源与设备的建设，没有教育思想、教学设计和教学实施的创新，难以实现学生学习方式的转变，也难以培养出智能时代所需要的创新人才。《智慧课堂》通过追溯智慧课堂的缘起与发展，对国内外智慧课堂应用情况进行了系统梳理，进而明晰了智慧课堂的目标定位与发展方向，刻画了智慧课堂新样态，分析了智慧课堂教学模式构建方向与要素，提出了智慧课堂教学模式构建方法，凝练出五大类智慧课堂教学模式，为一线教师开展智慧课堂教学提供了理论方法与实践操作指导。

《智慧课堂》抓住教师这一关键角色，专章剖析了教师应当具备的智慧课堂关键教学能力，阐述了如何通过智能研训、优质课展示与观摩、课题研究和项目式培养等途径提升教师智慧课堂教学能力。实践证明，教育教学模式的转变、新型教育样态的确立和推广，离不开广大教师的学习和实践。在智慧教育的语境下，教师的学习和专业发展也正在发生一场深刻的变革，书中论述的这些模式都是在信息化环境下产生的，并经过多年、多地的反复实践，产生了传统方式无法替代的作用。

我认为，智慧教育要抓课堂这一主战场、关键场景，抓教师这一关键角色，两者相互作用和影响，可以更加全面、系统、综合性地构建智慧课堂，以智慧课堂延展智慧教育。

我曾经在我国教育信息化起步阶段与钟绍春教授及其研究团队共同做过基于技术的教学研究。这些年来，一步步地见证了他们潜心深耕智慧教育领域，通过系统的理论与实践研究，连续近 20 年组织召开信息化教学创新交流研讨会议，深入全国各地开展智慧教学实践和指导工作。今天，钟绍春教授带领他的研究团队已经成为我国教育信息化产学研结合的重要力量。这个研究团队在智慧教育领域的深入系统的理论研究和开创性的教学实践，将进一步通过本书的出版，为我国智慧教育的探索提供指导和借鉴，为广大中小学教师和教研员，高校本科生、研究生和研究人员提供很好的学习资源。

王珠珠

前　言

　　人工智能、大数据、云计算、虚拟现实/增强现实、5G 等智能技术的快速发展，以及移动学习终端的大规模应用，给课堂教学带来了变革与创新的机遇。在教育信息化政策以及技术进步的双重推动下，智慧教室、智慧校园和教育云平台等各种与课堂教学相关的环境建设快速铺开。在各种智慧教室和智慧教学支撑环境的支持下，以课堂教学即时互动、教与学资源动态选用、练习与作业实时反馈、大数据支持下的教学精准评价、智能学习工具赋能课堂教学、微课/云课支持学生个性化学习等为主要特征的智慧课堂教学已经逐步被各级各类学校所接受，成为课堂教学的新常态。

　　但是，也必须清醒地认识到，尽管智能技术在课堂教学中已经得到普及应用，但到目前为止，还没有真正给课堂教学带来层次深、规模大、范围广的革命性改变，当前加快推进教育信息化仍面临很多困难和问题。诸如，对信息化促进教学变革与创新的重视程度不高，信息化教学创新方向不明确，信息技术与教学融合不深入；课堂统一教学与个性化学习之间的关系还未得到很好的处理；个性化学习系统支持的学习品质亟待提升；技术支持下的学生学习体验有待改进；基于大数据的评价主要关注技术应用和终结性评价，而忽视了过程性评价等。

　　智慧课堂的构建，绝不是智能技术的简单应用，而是课堂教学模式的变革与创新，是一场课堂教学的革命。基于此，本书以解决课堂教学问题为目的，以创新教学思路和方法为根本，以提供有效、便捷的手段为保障，以全面育人为目标，对智慧课堂的缘起与发展、概念解析、教学模式、支撑环境、教学设计与实施、教学能力提升等展开了详细的阐述与分析，并给出了智慧课堂典型案例。本书的具体内容如下：

　　第 1 章，从传统课堂教学中存在的问题、智能技术发展给教育带来新机遇，以及新时代人才培养及课程改革的需要等方面，分析了智慧课堂的缘起。从互联网支撑学习方式变革、翻转课堂引发课堂结构革命，以及智能技术催生智慧教、个性化学等方面，梳理和分析了智慧课堂的发展历程。从政策引领和课堂教学实践等角度，系统分析了国内外智慧课堂的应用情况。

　　第 2 章，在对智慧课堂发展瓶颈与成因，以及有代表性的智慧课堂定义进行系统梳理和分析的基础上，对智慧课堂的概念进行了界定，并提出了智慧课堂的核心特征。从立德树人、教学模式与方法、教学条件与手段等视角，对智慧课堂的本质进行了深入的剖析。对与智慧课堂密切相关的智慧教育、智慧教与学、智慧课堂支撑环境等概念进行了界定。从教学内容多态化、教学实施个性化、教学评价精准化以及教学活动一体化 4 个方面，剖析了智慧课堂教学样态与原有课堂教学样态的根本差异。

第 3 章，从概念界定、构成要素两个方面，对智慧课堂教学模式进行了解析。从智能学习工具支持下的深度学习、微课和云课支持下的个性化学习、智能技术支持下的无边界混合学习 3 个方面，分析了智慧课堂教学模式的构建方向。从智慧课堂教学模式的构建思路、动态选择与优化学习路径、应用智能技术支持教学活动实施，以及利用大数据实现教学的精准评价与优化 4 个方面，阐述了智慧课堂教学模式的构建方法。针对新授课、复习课、主题活动、STEAM 和创客，给出了典型的智慧课堂教学模式，为构建切实可行的新型课堂教学模式提供理论依据和方向引领。

第 4 章，从基本构成、运行模式和技术架构等方面，分析了智慧课堂支撑环境的总体结构。从智慧教学系统、智慧学习资源与智能学习工具、网络学习空间 3 个方面，分析了云端一体化智慧教与学平台应当具备的功能。从建设方向、建设类型和建设实例 3 个方面，阐述了智慧教室的建设方法。

第 5 章，在对课堂教学普遍存在的问题进行系统剖析的基础上，提出了智慧课堂教学设计的总体思路与原则。从教学内容分析、学情分析、教学目标分析、驱动学习的问题/任务设计、实施条件选择、学习路径选择和教学评价 7 个方面，阐述了智慧课堂教学设计方法。从驱动学习、知识理解与应用、复杂问题探究和拓展知识与提升能力 4 个方面，分析了智慧课堂教学对支撑工具与资源的需求。最后结合具体案例，阐述了如何实施智慧课堂的教学活动。

第 6 章，从智慧课堂教学准备和智慧课堂教学实施两个方面，剖析了教师开展智慧课堂教学应当具备的关键能力；分析了教师智慧课堂教学能力提升的途径，并对智能研训、优质课展示与观摩、课题研究以及项目式培养等途径进行了系统的阐述。

第 7 章，从获得全国信息技术与教学融合创新展示与培训活动特等奖的优质课中，精选出针对小学、初中、高中的有代表性的 12 个智慧课堂典型案例，每个案例从案例背景、教学设计及案例资源 3 个方面，呈现优秀教师的教学智慧，为开展智慧课堂教学实践活动和优质教育资源建设提供方向引领。最后基于对优质课案例的分析阐述了智慧课堂教学实践的发展趋势。

本书是作者团队在对多年来所取得的智慧课堂教学理论与实践研究成果进行梳理和总结的基础上撰写而成的。从整体架构的构思到书稿的撰写与修正，作者团队协同攻关和共同努力。此外，博士研究生钟卓、赵雪梅、范佳荣、杨澜分别结合各自的学位论文也参与了本书相关内容的撰写。怀揣着通过智能技术让每一个学生都能得到优秀教师的指导和帮助，都能得到优质的学习资源的梦想，作者团队精益求精，反复推敲，力求逻辑严谨、体系完整、内容丰富，以期对广大教师，高等学校教育信息化相关专业的研究生、本科生以及其他专业的师范生等，起到方向引领、方法学习和实践指导等作用。

　　本书在撰写过程中得到了有关专家的指导和帮助，特别感谢东北师范大学原校长史宁中教授和中央电化教育馆原馆长王珠珠教授。感谢钟卓、赵雪梅、范佳荣、杨澜、张明宇、陆淑婉、罗光耀等同学在本书撰写中付出的辛勤劳动。最后，向书中参考文献的作者，以及学界同人，表示衷心的感谢。书中可能有不足或疏漏之处，敬请广大读者批评指正。

钟绍春

2023 年 2 月

目　　录

第 1 章

智慧课堂缘起与发展

随着 5G、人工智能、大数据、云计算和虚拟现实/增强现实（VR/AR）等技术的快速发展，以及移动学习终端的大规模应用，智慧课堂应运而生，给课堂教学带来了前所未有的冲击和改变。下面对智慧课堂的缘起、发展历程以及国内外智慧课堂应用情况做系统的阐述。

1.1　智慧课堂缘起

　　智慧课堂的出现绝不是偶然现象，有着历史的必然性：一方面是由于课堂教学本身存在这样或那样的问题；另一方面是随着社会的发展和进步，社会对于人才的要求发生了改变，随之而来的教育改革也在不断推进。除此之外，更重要的因素是课堂教学的手段和设备发生了重大变化，尤其是人工智能、大数据、云计算和虚拟现实/增强现实等技术的出现和快速发展，极大地推动了课堂教学的变革和创新。

1.1.1　传统课堂教学中存在的问题

　　常规条件下的课堂教学，由于受到教学条件、教师数量和水平等因素的限制，可选择的教学组织结构、可采用的教学方法和可使用的教学工具等是相对固定和有限的，人们很难对课堂教学模式进行改进。正是由于这些原因，在课堂教学中一直存在很多难以解决的问题。其中，比较典型的问题有：学生厌学、缺乏学习逻辑、难以理解疑难知识等；优秀教师无法为所有学生提供服务，难以实时监测学生的整体学习状况并及时做出调整等。这些问题在常规条件下很难找到行之有效的解决办法。此外，不同的学生所存在的问题也不尽相同，即使不同的学生存在相同的问题，在程度上也可能有所差异。

　　1. 学生厌学

　　学生厌学问题是传统课堂教学中存在的主要问题。学生厌学的原因是多方面的。首要的原因是绝大多数教师在课堂教学中直接讲授知识，然后在讲授的基础上做练习、做实验等。学生被动地学习知识，不清楚为什么要学习，缺乏足够的学习动因，久而久之，就讨厌学习了。次要的原因是，教师给学生安排的学习路径不适合，或者即使学习路径适合，如果教师的讲解和指导不好，或所提供的学习环境和学习资料不合适等，学生也很难完成学习任务，甚至根本不能完成学习任务，也就没有进一步学习的兴趣了。

　　2. 缺乏学习逻辑

　　缺乏学习逻辑问题出现的原因，一方面是教师没有很好地帮助学生搞清楚知识产生的缘由，或者即便是试图帮助学生搞清楚知识产生的缘由，也并未真正向学生阐述清楚；另一方面是教师没有很好地帮助学生建立起知识之间的关联关系，或者即便是在一定程度上建立起了知识之间的关联关系，也存在不完整、不清晰的情况，使学生很难形成完整的学科知识框架，建立起相应的应用能力体系。例如，初中数学中的因式分解，很多学生在学习这一知识时都感到很困惑，对于为什么要学习因式分解、因式分解有什么用途，一无所知。反正教科书上安排了这一学习内容，教师也讲解了，就跟着教师学习了。在这种情况下，又有多少学生是真正愿意学习呢？事实上，学习因式分解主要是为解方程奠定基础。如果将多项式分解为多个整式的乘积的形式，就可以很容易地判断方程的解。因此，最好的办法是，先从解方程讲起，再研究在什么情况下容易判断方程的解，在此基础上引出为什么要学习因式分解，以及如何进行因式分解等。

3. 难以理解疑难知识

在传统课堂教学中，普遍存在的问题是在常规条件下学生难以理解疑难知识，而这多是由于缺乏精准和丰富的相关资料而导致的。但在常规条件下学生很难快速、系统、准确地获取这些资料，学生即便能够获取这些资料，也会耗费大量的时间。例如，在学习文史类课程的相关知识时，比较重要的学习资料是能够反映人类社会发展过程的资料，以及与学科发展历史沿革相关的资料等。以《红楼梦》小说阅读为例。如果学生不知道那个时代的社会背景、人们的生产和生活状态、人与人之间的关系等，就很难理解小说中描写的刘姥姥、王熙凤等人物，以及刘姥姥进大观园等事件，也就很难真正体会到作者高明的写作手法。如果借助信息技术，对社会发展过程中的关键人物和关键事件，按照朝代、地域和年代等进行梳理，建立关于历史沿革的体系化资料库，就能够为文史类课程教学提供很好的支持，帮助学生深度理解相关知识。在学习数学、物理、化学、生物等理工类课程时，不仅需要体系化资料库等学习资料，还需要能将知识可视化的学习支撑技术。以学习血液在人体中是如何流动的为例。学生在学习心脏供血和回血等知识时，如果仅借助文字资料，就很难将人体血液在心脏和全部血管中的流动情况展现出来。而利用三维动画技术模拟人体血液循环，就可以将血液流动情况动态地展现出来。

4. 优秀教师无法为所有学生提供服务

传统课堂以班级为单位组织教学，一个教师组织一批学生开展教学活动。在这种教学组织结构下，即使配备了现代化的多媒体教学设备，在课堂教学中仍然是由教师统一讲授、指导或评价，所有学生在教师的统一组织和安排下，按照单一的方式开展学习活动，教师无法为每个学生提供个性化教学服务，课后也不是所有学生都有机会得到教师的个性化指导和帮助，尤其是得到优秀教师的指导和帮助。在这种情况下，学生的个性化发展受到了制约，也没有机会破解优秀教师无法为所有学生提供服务的教学瓶颈问题。

5. 难以实时监测学生的整体学习状况并及时做出调整

在常规条件下的传统课堂教学中，教师只能通过个别提问来了解学生的学习情况，不可能实时采集学生的学习结果和学习过程数据，因此无法全面了解学生学习的整体状况，实现课堂的精准化教学。而理想的课堂教学样态，应当是教师能够根据群体学生的整体学习状况，动态调控教学活动，并为学生调整学习方式和学习内容提出建议。这种课堂教学样态的实现，涉及课前、课中和课后三个阶段。要实现课前、课中和课后的精准化教学，首先要完成的任务是建立起关于学生知识学习能力的量化评价标准，且能够依据该量化评价标准，动态采集每个学生的学习结果和学习方式等学习情况大数据。只有基于所采集的学生学习情况大数据，教师才能动态掌控课堂教学的实时情况并精准调控课堂教学活动。

1.1.2　智能技术发展给教育带来新机遇

人工智能、大数据等智能技术的快速发展，给课堂教学带来了前所未有的冲击，也给课堂教学的变革与创新带来了机遇，课堂教学在很多方面都发生了令人瞩目的变化：智慧教室、智慧校园和教育云平台等各种与课堂教学相关的环境的建设已经大规模、快速地铺开；各种智能技术在教育中的应用，诸如智慧教育、网络学习空间、翻转课堂、微课、慕课、智慧课堂、精准教学与精准学习、个性化与自适应学习等，更是如雨后春笋般涌现出来。

在常规条件下，对于一些学习内容，很难构建有利于知识理解、问题探究、教学评价与调控、个性化讲解与指导等的支撑环境。这就需要将更多的技术引入课堂教学，为交互式学习环境的构建、知识的汇聚与便捷使用、知识的可视化学习与问题探究、学习情况大数据的采集与分析、教师教学智慧的汇聚与供给，以及教学与学习的精准评价等提供支撑。

目前，能够在课堂教学中发挥作用的技术很多，有代表性的技术包括人工智能、大数据、云计算、5G、虚拟现实/增强现实和视频技术等。但是，任何一种技术都不是万能的，都有各自的优势和不足，对于课堂教学中存在的问题，有时使用一种技术就能够很好地解决，有时则需要综合使用两种或更多的技术来解决。例如，云计算、5G 等技术，可以为学生学习情况大数据的实时、精准采集提供强有力的技术保障。人工智能、大数据可以为精准教学、精准学习、精准教研、精准管理等提供技术支持。虚拟现实/增强现实技术可以支持知识的有效呈现，而无论知识是显性的还是隐性的。视频技术则可以将优秀教师的教学智慧供给所有学生和其他教师。

要想让技术在课堂教学中发挥作用，真正赋能教学和学习，就必须根据课堂教学的实际需要，结合各类技术的优势和不足，对技术在课堂教学中的应用方式进行系统分类，在此基础上，梳理出技术赋能课堂教学的有效方式。

技术赋能课堂教学的方式主要有三种。

第一种方式是利用虚拟现实和增强现实技术，并结合人工智能和云计算等技术，基于智能模型建立智能仿真交互式学习环境，对客观世界及其运行过程按照其内在的规律进行智能仿真，同时可以根据需要进行交互控制，为学生深度理解知识和深入探究问题提供有效支撑。在这种技术赋能课堂教学的方式中，教师可以将知识学习转化为有趣的问题或任务，并为学生提供可参与、可控制、如身临其境的沉浸式体验环境，让学生按照适合自己的学习路径开展学习活动。

第二种方式是利用大数据和人工智能技术，并结合云计算和5G等技术，建立智能感知环境，以课程图谱为依据，动态采集课堂教学情况大数据，实时分析教学状况，帮助教师调控教学活动，帮助学生完成个性化的学习活动。

第三种方式是利用视频技术，结合大数据和人工智能等技术，依据教学/学习路径，在教学套件资源建设的基础上，录制优秀教师的讲解与指导微视频，以及学生的学习经验视频，建立学习路网（即学习路径体系）资源，并基于应用效果大数据，迭代优化学习路网资源，为优秀教师教学智慧的有效供给提供支持。

1.1.3 新时代人才培养及课程改革的需要

随着经济全球化深入发展、信息技术发展突飞猛进、国际竞争日趋激烈，时代和社会发展需要进一步提高国民的综合素质，深入实施人才强国战略，培养创新人才。新时代对人才培养、课程改革，以及建设高质量教育体系提出了新的要求。

大数据、人工智能、云计算和物联网等先进信息技术的快速发展，为人类提供了前所未有的能够突破时空限制、满足个性化发展的数字化生存环境。为了培养满足新时代需要的人才，学校作为人才培养的主要机构，必须在信息技术的支持下，完善符合素质教育和时代要求的课程体系，建构支持自主学习、合作学习、探究学习，以及启发、讨论、参与等活动的教学方式，能够满足学生个性化学习需要的课堂结构，将知识传递的课堂转变为智慧生成的课堂，从教学理念、教学模式、支撑环境、教学设计与实施、教学能力提升等不同层面，开展智慧课堂的建设工作。

1.2　智慧课堂的发展历程

1.2.1　互联网支撑学习方式变革

自 20 世纪 60 年代末，美国国防部高级研究计划署研制出阿帕网（ARPANET）至今，互联网的发展已走过了半个多世纪。互联网的发展大致可以分为三个阶段，即 Web 1.0 时代、Web 2.0 时代和 Web 3.0 时代。从 Web 1.0 到 Web 3.0，互联网的使用模式、交互方式、信息操作方式、信息交换机制和内容结构等都发生了巨大的变革。技术的进步是教育发展的助推器，纵观互联网支持下的学习发展历程不难看出，在互联网发展的不同阶段所涌现出的新媒介、新技术和新工具，直接影响着学习方式的变革，也显现出了不同的时代特征。

1. Web 1.0 时代

Web 1.0 时代借助互联网，将大规模的学习资源以数字化的形式加载到互联网中，并动态地发布给所有学习者，支持学习者开展自主学习。Web 1.0 时代学习方式的变革主要表现在以下三个方面：一是从文本阅读走向超文本阅读；二是从单纯阅读文字走向图文声像并茂的多媒体电子读物；三是从一般文本中获取知识走向从电子资料库中通过高效率检索获取知识。但是，Web 1.0 时代是由网站主导生成内容，也就是说，网络学习内容是由专门的内容提供者提供的，并经过其选择、编辑、处理，网站的内容编辑权限不对外开放，用户只能阅读网站所提供的内容。

2. Web 2.0 时代

在 Web 2.0 时代，网络学习内容不再只由专门的网站提供，更多的是由用户生成。学习者不仅可以使用网络中的资源，还可以将自己创作的资源发布到网络中供其他人使用。网络汇聚了多方智慧，学习者既是网络资源的享有者也是网络资源的提供者。Web 2.0 时代打破了 Web 1.0 时代信息供给和使用的局限，学习者有机会根据自己的学习需求在网络上找到合适的同伴，建立学习共同体，形成虚拟学习社区，共同完成学习活动。在互联网技术的支持下，Web 2.0 时代不仅提供了一般的浏览性学习资源，还提供了交互式的学习工具和学习资源，使得学习者能够更加深入地理解知识和探究复杂问题。

3. Web 3.0 时代

Web 3.0 时代的学习，呈现出了多样化的发展态势，出现了泛在学习、虚拟学习、个性学习、混合学习等新型方式。

（1）泛在学习

通过互联网，不仅能够建立校际合作，还能够打破学校边界，吸收社会力量，使学校与科研机构、企业、社区等有关部门深度合作，建立协同育人体系，为学生的综合素质培养提供强有力的支撑。学生利用移动学习终端，可以突破时空的限制，根据自己的学习需求，实现随时随地的泛在学习。

（2）虚拟学习

通过虚拟现实技术，建立在视觉、听觉和触觉等方面与真实环境高度相似的虚拟学习环境，将抽象的知识形象化、生动化、直观化，让学生在虚拟的环境中解决现实问题，如虚拟手术实训、虚拟驾驶体验、安全员危险品处理虚拟操作等，使学生获得在真实生活场景中应用知识的体验，从而不仅促进了知识的学习，也提高了学习效率，节约了成本。

（3）个性化学习

教师借助智能学习工具和网络学习资源等，能够获取学生多场景、全流程的学习情况大数据，建立能够全面反映学生真实学习情况的学生画像，实时诊断学生学习过程中存在的问题，并根据学生的特点和以往的学习情况，为学生推荐恰当的学习路径和最佳的学习资源，使学生能够随时随地完成个性化学习活动。

（4）混合学习

随着平板电脑、智能手机等移动终端应用的普及，基于互联网和虚拟现实等技术，形成了正式学习与非正式学习相结合、线下教师讲授与线上虚拟教师/网络同伴学习相结合、校内和校外网络课程相结合等多元化的混合学习方式。

1.2.2　翻转课堂引发课堂结构革命

1. 翻转课堂的由来

翻转课堂起源于美国科罗拉多州落基山林地公园高中的两位化学教师——乔纳森·伯格曼（Jonathan Bergmann）和阿伦·萨姆斯（Aaron Sams）。2007 年，他们受到一个实际情况的困扰：由于天气影响或生病等原因，个别学生无法按时到学校上课，跟不上教学进度。为了解决这一问题，他们录制教学视频，作为学习课程上传至网络，供学生观看，帮助学生补课。后来，这两位教师让学生课前观看教学视频，在课堂上完成作业，使学生的学习质量得到了明显的改进。于是，两位教师就将更多的教学内容提前录制下来，引导学生课前看视频、听讲解，课堂上进行讨论，并应用知识解决问题。这样就使原有的"课上讲，课后练"的教学模式发生了"翻转"——变成课前看教师的视频讲解，课堂上在教师的指导下进行讨论与应用。

这种翻转教学模式被越来越多的教师和学生所接受，并在更大的范围内传播开来。与此同时，两位教师不同寻常的实践探索，引起了学校、家长和社会各界的关注，并被同行邀请去介绍经验，从而在落基山附近地区，乃至整个科罗拉多州产生了越来越大的影响——不少其他中学的教师也开始积极探索和运用翻转课堂这种全新的教学模式。但是受到当时技术条件的限制，多数教师在制作教学视频，尤其是高质量的教学视频时遇到困难，加之由于很多学生在每天 18 时至 22 时之间下载教学视频，学校的服务器在这个时段经常崩溃，导致这种教学模式尚未能在更大范围推广。[①]

2. 翻转课堂的发展

2007 年以后，翻转课堂这种全新的教学模式逐渐在美国科罗拉多州的部分地区流行开来，而可汗学院的兴起真正促进了翻转课堂的快速发展，将其影响力扩展至全美乃至全球。

可汗学院（Khan Academy）是由孟加拉裔美国人萨尔曼·可汗（Salman Khan）创立的。可汗创立可汗学院的初衷，主要是对其亲戚家的孩子远程辅导数学。当时他录制数学教学视频，并将其发布在 YouTube 网站上，供亲戚家的孩子以及其他有需要的人士免费观看和远程学习。为了方便学生在学习过程中或学习结束时进行数学训练，他又对这些教学视频内容进行了补充——增加了互动练习软件。2007 年，可汗将教学视频和互动练习软件整合起来，在此基础上创立了一个非营利的教学网站——用教学视频讲解各个学科（不仅是数学）的教学内容，并对网上学习者提出的各种问题进行解答，同时提供在线练习、自我评估、学习进度跟踪等学习工具。2009 年，可汗辞掉原有的工作，全身心地投入这一教学网站的运行与维护，并将其正式命名为可汗学院。可汗学院免费提供的优质教学视频，解决了大多数教师想参与翻转课堂实践但难以制作教学视频的难题，大大降低了广大教师开展翻转课堂教学的门槛，推动了翻转课堂的普及，使其进入北美洲乃至全球教育工作者的视野，并受到人们的欢迎。2010 年，可汗学院相继收到了比尔及梅琳达·盖茨基金会以及谷歌公司的数百万美元的资助，从而有了更大范围的影响，

---

① BERGMANN J, SAMS A. Flip Tour Classroom：Reach Every Student in Every Class Every Day[M]．[S. l.]：America，International Society for Technology in Education，2012：21-55.

所提供的教学视频的质量和学习工具的性能也进一步提升。在后续的发展中，可汗学院改进了互动方式与评价方式。例如，在教学视频中穿插提问、随堂测验和专题讨论等活动，并开发了学习控制系统——即时收集学生的各种学习数据，[①] 使学生和教师能随时了解学习状况，便于教师有效实施翻转课堂，提高学生自主学习的能力。

3. 翻转课堂的特征

与传统的课堂教学相比，翻转课堂将教师主导课堂、以教师为中心的教学结构，转变为既能充分发挥教师主导作用，又能突出体现学生主体地位的教学结构；将教师面向全体学生进行统一、线性、不可逆的讲解和指导，转变为学生根据自己的需要可重复、个性化地获得讲解和指导。翻转课堂的教学模式与教学思路颠覆了课堂教学过程，引发了师生角色的变化，以及教学资源和教学环境的变革。

（1）翻转教学过程

传统课堂教学的主要过程包括知识传授和知识内化两个阶段，可以将其简单地概括为"教、练、评"三个环节：教，以教师讲授为主，课程内容由教师精心编排，学生对课程内容进行吸收和初步理解；练，学生操练与练习；评，教师评阅作业及对学生进行测试，强化学生对知识的理解。在教的环节，由于教师的讲授是按照全班学生的总体情况统一安排的，部分学生可能不适应教师的讲授思路，即使学生适应教师的讲授思路也可能存在没听懂的情况，无法反复获得教师的讲解和指导；在练的环节，学生无法及时得到教师的个别化帮助，同伴之间也缺乏合作互助机制；在评的环节，无法将教师评阅作业的结果及时反馈给学生，使学生失去了纠错的最佳时机。而翻转课堂教学的主要过程可以概括为"学、测、论"三个环节，它将教师的课堂讲授转变为学生通过教学视频个性化地听讲，在不减少知识容量的基础上，增强课堂上学生之间的研讨和交流，使学生有更多的机会和时间去内化知识。在学的环节，学生在教师的组织和指导下，利用教学视频个性化地学习知识；在测的环节，教师根据学生存在的问题，有针对性地对其进行测试；在论的环节，师生一起研讨疑难问题，通过师生互动、生生互助开展合作学习，达到解决问题、内化知识与提升技能的目标。

（2）翻转师生角色

在传统课堂中，教师是知识的拥有者和传播者，学生通常处于被动接受知识的地位。在翻转课堂中，教师的角色转变为引导者、指导者、合作者，真正成为学生最需要的角色。而学生则由原来的被动接受者转变为通过自主学习、合作学习、探究学习建构知识

---

① 何克抗. 从"翻转课堂"的本质，看"翻转课堂"在我国的未来发展[J]. 电化教育研究，2014，35（7）：5-16.

的主动学习者。学生拥有更多的自主学习机会，可以按照自己的实际情况安排学习进度，并在教师的指导和帮助下，自主思考、合作交流、深入探究，促使学习形态由浅表层学习向深度学习转变。

（3）变革教学资源

传统课堂的教学资源主要是教材和多媒体素材。而翻转课堂的教学资源除了教材和多媒体素材外，增加了用于课程学习的视频资源，诸如微课视频资源、云课视频资源等。这些视频资源从根本上解决了传统课堂教学中教师讲解与指导难以反复、难以实现个性化等问题，学生可以自由地选择学习时间和地点，也可以根据个人的具体情况来确定学习进度和学习重点。此外，通过对视频资源进行暂停和回放等操作，学生可以在学习过程中做笔记和进行思考，也可以在一段时间之后对知识进行复习和巩固。

（4）变革教学环境

翻转课堂教学的实施，引发了由传统教学设备和多媒体设备等组成的教学环境的重大改变。线上、线下相结合的课堂教学及课后学习支撑系统，促进了以固定教室为载体的传统教学环境的变革。作为实施翻转课堂教学的基础性平台，智慧教学系统可以帮助教师有效地组织和呈现教学资源，动态地获取学生的学习过程数据，随时了解学生的学习情况及其遇到的困难，进而提供更有针对性的指导和帮助。学生依托智慧学习系统，不仅可以针对具体问题进行个性化学习，还可以方便地建立起学习共同体，协同完成学习任务。

1.2.3　智能技术催生智慧教、个性化学

人工智能、大数据、云计算、虚拟现实/增强现实和5G等智能技术的发展催生了智慧校园、智慧课堂。利用智能技术构建智慧学习环境、智能学习工具及学习资源，有助于实现智慧教和个性化学。

（1）人工智能技术

人工智能作为创新发展的重要推动力，与教育领域的融合，形成了一种新型的研究与应用范式——教育人工智能，越来越多的企业和研究机构开始设计与研发"人工智能+教育"系统，即智慧教学系统。

从学生的角度来看，智慧教学系统不仅能够为学生提供诸如搜索及下载学习资源，向教师提交在线作业，与同伴开展同步讨论、异步讨论等基本功能，还能够根据学生的学习情况大数据，分析其实际的学习状况，为其规划个性化的学习路径，并利用智慧学习引擎向学生提供有针对性的学习内容与学习资源。从教师的角度来看，智慧教学系统

不仅能够收集学生的学习情况大数据、了解学生的学习进度、管理班级、分发学习资源等，还能够对学生存在的问题进行分析，找到破解的办法，优化教学活动。

（2）**大数据技术**

在大数据的支持下，教师可以对教学活动安排的合理性、教学方法和手段的有效性等进行全面的分析与诊断，从而及时调整教学方案，优化教学方法，快速、准确地掌握每个学生的兴趣点及其在学习过程中存在的问题等，了解每个学生真实的学习状况，并为学生推荐个性化的学习工具、学习资源与学习路径，设计更加灵活多样、更具针对性的学习活动，从而改变传统千篇一律的教学模式，有助于个性化学习的实现。

（3）**云计算技术**

利用云计算技术可以构建高性能、高可靠性的教育云平台。通过教育云平台，人们可以整合各级各类教育机构和学校的硬件及软件资源，实现计算资源的虚拟化和集中管理，为教学管理者、教师、学生开展各项教育教学活动提供服务。例如，教师可以将教材、教学课件、教学视频等资料存储到教育云平台上，学生可以通过接入互联网便捷地分享和下载相关资源。同时，通过教育云平台，人们可以将各个学校或机构的教育资源汇聚在一起，为实现优质教育教学资源的共建共享，进行跨区域教研协作提供有效的支持。

（4）**虚拟现实/增强现实技术**

虚拟现实/增强现实技术，凭借高逼真、强交互、深沉浸等优势在教育领域中有着广泛的应用。例如，在专业技能实训领域，利用虚拟现实/增强现实技术，可以构建专业技能实训环境，使学生能够足不出户、随时随地进行个性化的专业技能实训活动。在中小学理化生实验教学领域，利用虚拟现实技术，可以建立虚拟仿真实验室，将抽象的知识可视化，便于学生理解疑难知识和探究复杂问题，实现情境学习和知识迁移，提高问题解决能力。

（5）**5G 技术**

5G 技术具有高速率、高带宽、低延迟等技术特性，为智慧学习的推广普及奠定了坚实的数据通信基础。5G 技术的应用，一方面大大增强了数据分析和处理能力，使得不同模态的跨媒体数据能够更有效地支持多种形式的学习和决策，使学习评价更加精准化和智能化；另一方面助力虚拟现实和增强现实等技术，有利于创建虚拟的智慧学习环境，满足多样化的教与学的需求，使学生既能借助移动学习终端，快速、便捷地使用"云资源"，又能获得更加真实的学习体验，使移动学习成为常态。它是"智能+"教育应用的关键。

1.3 国外智慧课堂应用情况

随着人类社会步入信息时代，人工智能、大数据、云计算等新一代信息技术在教育领域得到了广泛应用，极大地推动了课堂教学的变革和创新。2008 年，IBM 公司首席执行官塞缪尔·帕尔米沙诺（Samuel J. Palmisano）在其报告《智慧地球：下一代领导议程》（*A Smarter Planet：the Next Leadership Agenda*）中首次提出了智慧地球的概念，即通过智能技术将世界上的所有东西都互联起来，使地球朝着智慧化的方向不断发展。"智慧地球"一被提出，其思想就很快渗透到各个领域并衍生出很多新概念，如智慧城市、智慧交通、智慧教育等。2009 年，IBM 公司发起智慧教育倡导，提出了智慧教育的五大路标：学习者的技术沉浸，个性化、多元化的学习路径，服务型经济的知识技能，系统、文化和资源的全球整合，以及教育在 21 世纪经济中的关键作用。随即智慧课堂开始流行，并快速发展。

1.3.1 美国智慧课堂应用情况

自 20 世纪末起，美国教育部在信息技术不断发展的情况下，针对不同阶段教育信息化的需求，制定了不同阶段的国家教育技术规划（NETP），诸如《让美国学生为进入 21 世纪做好准备：迎接技术素养的挑战》（1996）、《数字化学习：让所有孩子都能得到世界一流的教育》（2000）、《迈向美国教育的黄金时代：因特网、法律及当代学生的变革展望》（2004）、《改变美国教育——技术使学习更强大》（2010）等，并启动了相应的行动项目。各个地区的政府、学校和企业也积极推动教育信息化工作。2003 年，美国筹建了世界上第一所以"未来学校"命名的学校，并于 2006 年建成，是全球第一所将创新教学方法和先进技术融合在一起的学校。这所学校由费城学区和微软公司共建，政府承担建设经费，微软公司提供学校设计理念、师生发展指引、信息化的课程教学体系以及其他技术支持。学校的办学定位是为学生未来工作、生活做充分准备，并能够被仿效和复制。在这所学校里，学生借助网络和移动学习终端，打破时间和空间限制，随时随地开展学习。这所学校在学习内容上，侧重于与生活实践密切相关的主题，注重培养学生分析与解决问题的能力；在培养模式上，以 21 世纪的技能为核心，通过个性化的学习计划让学生自我管理学习过程，并为其提供一对一的教育服务，校长、教师以及微软公司的教育技术人员等都可以参与到一对一的教学中来；在学习形式上，学校提供笔记本计算机，以在线互动的方式最大限度地激发学生的潜能。这所未来学校的诞生，对后来智慧课堂的探索起到了引领作用。

2015 年年底，美国教育部颁布了第 5 个国家教育技术规划——《为未来做准备的学习：重塑技术在教育中的角色》，该规划立足于当时美国教育信息化发展所处的阶段，重新审视技术变革学习的作用，为所有学生的发展创造条件。该规划指出，让所有学生都能够在正式和非正式场合通过沉浸式学习与自主学习获得学习经验，以成为当前全球互联社会中积极的、富有创造性的、有知识的、合乎伦理的参与者。在评价层面上，该规划建议利用数据促进学生学习，并根据个体的需求调整教学过程，帮助教育系统制定政策。① 在相关政策的引导下，美国的智慧课堂注重培养学生具有 21 世纪所需的技能和专业知识，让学生在技术的支持下完成任务，形成批判性思维，提高解决复杂问题、开展合作等能力。此外，精准教学和为学生提供个性化的适应性反馈，也是智慧课堂的发展方向。

2016 年 10 月，美国国家科学技术委员会（NSTC）发布了人工智能领域的专项规划《国家人工智能研究与发展战略计划》。该计划提出，努力寻求具有人类感知的人工智能算法，并在不同的学习情境、不同的设备中使用，为实现无人监督的自主学习、开展完全的人机互动、解决复杂的学习问题做准备。2018 年 3 月，美国一家机构发布了《美国机器智能国家战略》报告。该报告提出，教师应主动、有效地使用机器智能（machine intelligence，MI）技术，为学生设计能够自主参与的个性化学习体验。可以看出，美国的智慧课堂关注学生与人工智能系统的协作学习，让学生与机器进行有效交互；借助基于体感技术的移动学习终端来增加学生的学习兴趣，提高他们参与课堂学习的积极性；借助虚拟现实设备创设基于现实问题的学习情境，让学生体验和经历知识的形成过程，并在此过程中掌握所需的知识和技能。

美国高度重视人工智能人才的培养以及人工智能在智慧课堂中的应用。2019 年，美国总统签署了《保持美国在人工智能领域的领导地位》行政命令，提出要培养具备人工智能技术开发和应用能力的人才；同时还签署了《美国人工智能倡议》，提出为高中生等提供人工智能教育奖学金和培训计划。同年，美国政府发布的《国家人工智能研究与发展战略规划（2019）》和《美国人工智能时代：行动蓝图》推出了有关 K-12 计算机科学教育的项目。2020 年，美国白宫科技政策办公室发布的《美国人工智能计划：首份年度报告》再一次强调要共享人工智能资源、培养人工智能人才队伍，充分肯定了培养人

---

① 赵建华，蒋银健，姚鹏阁，等. 为未来做准备的学习：重塑技术在教育中的角色——美国国家教育技术规划（NETP2016）解读［J］. 现代远程教育研究，2016（2）：3-17.

工智能人才的重要性。

从上述美国颁布的相关政策可以看出，智慧课堂的应用以培养学生具有能够适应未来发展需要的关键素养和必备能力为核心，并且已经实现了教学决策数据化、评价反馈即时化、交流互动立体化、课堂教学个性化，形成了高效的智慧学习环境。

1.3.2　英国智慧课堂应用情况

英国教育传播与技术署（BECTA）在 2008 年提出了"下一代学习运动"战略，并发布了《利用技术促进下一代学习（2008—2014）》信息化战略，鼓励学校、教育机构为学生提供个人网络学习空间，建立支持学习、教学、评估、研究以及教育行政部门行使职能的教育信息技术基础设施。该战略旨在利用技术转变学习方式，提高学习效率，实现更加个性化的学习，以充分发挥每个人的潜能，让学生、家庭乃至整个社会都能从技术中受益。2012 年，英国发布了"聚焦于如何利用信息通信技术（ICT）来促进教学与学习"的新政策，提出了打破课堂和学科的限制，为学生提供丰富的学习资源，使学生可以通过网络获得各类工具与资源，以支持学生采用移动学习、泛在学习等新型学习方式。2016 年，英国发布了《教育部 2015—2020 战略规划：世界级教育与保健》，制定了未来五年的教育发展战略与规划，致力于建设安全健康、处处优质和为成人生活做准备的教育体系，提出要大力推进 STEAM（科学、技术、工程、艺术和数学）课程，并强调 ICT 与教育的理性融合。[1]

2019 年，英国开放大学发布的第 7 版《创新教学报告》指出，"机器人陪伴学习"和"基于无人机的学习"代表了前沿技术对教学的影响。前者重新定义了教师的工作任务，让教师能够腾出更多的时间从事创造性、情感性、启发性的工作；后者为观察和记录学生学习情况提供了新视角。[2] 2020 年发布的第 8 版《创新教学报告》指出，人工智能教育应用、线上实验室、离线学习、数据伦理、电子竞技、从动画中学习、多感官学习、通过开放数据学习等 10 种新技术和新方法，能够对智慧课堂产生重大影响，需要探求与此相应的新的教学、学习以及评价模式。[3]

---

[1] 贾同，顾小清. 教育信息化战略比较研究：基于美、英、澳、日、新五国的国际比较[J]. 电化教育研究，2018，39（7）：121-128.

[2] 李青，闫宇. 新技术视域下的教学创新：从趣悦学习到机器人陪伴学习：英国开放大学《创新教学报告》（2019 版）解读[J]. 远程教育杂志，2019，37（2）：15-24.

[3] 李青，郜晖，李晟. 以技术引领跨界创新和社会发展：英国开放大学《创新教学报告》（2020 版）解析[J]. 远程教育杂志，2020，38（2）：17-26.

由此不难看出，英国在持续发展智慧教育及"人工智能+教育"。在智慧课堂应用方面，注重信息技术基础设施建设，特别是网络学习空间的建设和利用，以提供更加优质的教育服务；注重信息技术与教学服务过程的整合，推动智慧课堂教与学模式的创新，提升学生的能力，促进学生个性化发展和全面发展。

1.3.3 日本智慧课堂应用情况

自 2000 年提出"信息技术基本战略"后，日本开始加速信息技术基础设施建设。2013 年日本政府在《创建世界最先进信息技术国家宣言》和《日本再兴战略》中提出了"1 人 1 台计算机"的口号，强调信息技术能力应从儿童抓起；同年发布的第二期教育振兴基本计划要求在 2020 年前彻底实现"1 人 1 台计算机"。2014 年，日本在《教育信息化愿景》的推动下开展了"超级高中"建设计划，通过在全国范围内设立 200 所超级科学高中示范研究基地学校，培养面向未来的国际高科技人才。[①]

2016 年，日本文部科学省制定了《教育信息化加速计划》，强调以促进学生发展为目标，立足实际，运用适切的信息技术改变学生的学习方式，提升学生的学业成绩，最终改善学生的综合素质。[②] 同年，日本政府发布《日本振兴战略 2016——面向第四次产业革命》。该报告指出，在基础教育阶段，将程序设计等与人工智能相关的基础课程纳入中小学必修课范围，要求每个学生都养成理解、运用信息技术和数据的素养。2017 年，日本政府发布《人工智能技术战略（草案）》。该报告指出，随着人工智能技术的广泛应用，人才应具备使用人工智能技术为社会创造价值的能力。2017 年修订的《学习指导要领》，将信息素养、语言能力、问题发现与解决能力并列为学生的基本素养和能力，要求在学生进行全学科学习的过程中系统地培养。2019 年日本政府出台了《人工智能战略 2019》计划，定义了日本智能时代的社会形态——society 5.0，思考和审视智能时代日本学生应对未来生活所需要的素质和能力，以及如何进一步强化创新人才的培养。

自 21 世纪以来，日本提出了一系列推进智慧教育和智慧课堂发展的文件，对在新的时代背景下如何利用信息技术促进日本教育，尤其是基础教育发展，提出了相应的思路和举措。

---

① 张玮，李哲，奥林泰一郎，等. 日本教育信息化政策分析及其对中国的启示[J]. 现代教育技术，2017，27（3）：5-12.

② 王秋爽，邹密，姜巧. 日本教育信息化建设新举措：基于对日本国家政策方针的分析[J]. 外国教育研究，2020，47（8）：54-69.

1.3.4　新加坡智慧课堂应用情况

2006 年，新加坡提出了一项为期 10 年的新加坡信息计划"智慧国 2015"（Intelligent Nation 2015），旨在将新加坡打造成无缝整合信息技术、网络和数据的"智慧国"，以确立其在新经济时代中的优势地位。作为"智慧国 2015"计划中教育方面的具体规划，2007 年新加坡教育部选出 5 所"未来学校"，到 2015 年完成了 15 所"未来学校"的选拔。

"未来学校"关注在信息技术环境中培养学生的自主学习意识，利用先进的教学辅助工具强化学生的自主学习能力和问题解决能力。例如，克信女中利用"以写促学"的论文标识工具，帮助学生及时得到直接的、有针对性的反馈和评价，使学生高效地参与学习。又如，崇辉小学的智慧课堂，通过模仿在自然界中不可能重现的科学场景并呈现科学研究中的困难，让学生根据任务要求，利用交互式虚拟学习工具，在虚拟仿真环境中去解决这些问题和困难，从而促进学生自主学习和创新思维能力的发展。[①] 在新加坡义安中学，通过启发式在线学习媒介（HOLA），学习者可以获得多学科的优秀教师和学习同伴服务，在学生遇到相关问题和疑惑时，能够及时得到优秀教师的指导。

"未来学校"在促进新加坡智慧课堂的发展方面具有引领和示范作用，让其他学校日后能够更容易和更快捷地将信息技术与教学融合起来，最终达到信息技术促进教育发展的目的。

1.3.5　韩国智慧课堂应用情况

为了进行教育变革，改造课堂，提高技术支持下的教学质量和学习效果，培养适应信息社会需要的创新人才，韩国教育科学技术部（MEST）于 2011 年 10 月发布了《通往人才大国之路：推进智慧教育战略施行计划》，将智慧教育作为国家信息化的战略重点优先部署。

该计划一经推出，便在韩国的多所中小学中试点推行，其主要包括数字教材推广和在线课程共享两部分内容。在课堂中，教师利用视频和动画等多媒体手段将参考书、习题集和专业词典等融合到现有的教科书中，供学生根据需要进行学习。在数字教材的基础上，逐步建立了在线课程建设与评估机制。地方教育部门通过建设云计算基础设施，

---

① 王冬梅. 新加坡"未来学校"的实践探索及其对我国的启示[J]. 外国教育研究，2012，39（4）：38-45.

如市级教育资源共享平台，让学生选修名师的精品课程。基于在线课程的智慧课堂教学为学生，特别是有特殊需要、多元文化背景的学生和农村学生，提供了更多的受教育机会。韩国政府认为数字教材是整个智慧教育战略体系的核心，期望通过数字教材辅助教育创新变革，因此在计划中将数字教材的推广作为重中之重的工作。①

　　2016年，韩国政府发布了《智能信息社会背景下中长期教育政策方向和战略》，提出了到2030年教育发展的5个方向，包括：最大限度激发学生兴趣、潜质的教育；培养思考能力、问题解决能力和创造力的教育；与个人学习能力相匹配的教育；培养智能技术领域核心人才的教育；以人为本与促进社会和谐的教育。② 2020年，韩国公布了《2019年教育信息化白皮书》，指出了韩国在2019年度信息技术的应用成果，如实现资源开放、推行自适应的智能教学模式等。2021年，在韩国政府的指导下，韩国首尔市教育厅承担起建设推广"绿色智慧未来学校"的任务，计划在2021年至2025年改造示范性学校93所及普通学校120所，通过对以学生发展为中心的智慧课堂、未来课程等的设计和人性化建设，为学生提供更好的学习空间。③

　　可以看出，教学环境的开放、学习内容的立体化和数据驱动的个性化学习等是韩国建设智慧课堂的主要做法，促使智慧课堂教学向着更加灵活、自主、个性化、专业化、人性化的方向发展，引领智能社会的创新人才培养。

1.4　我国智慧课堂应用情况

1.4.1　智慧课堂开展总体情况

1. 国家出台的智慧教育相关政策

(1)《教育信息化2.0行动计划》

　　2018年教育部印发的《教育信息化2.0行动计划》明确指出，要以人工智能、大数据、物联网等新兴技术为基础，依托各类智能设备及网络，积极开展智慧教育创新研究和示范，推动新技术支持下教育的模式变革和生态重构，以实现"三全两高一大"的发

---

① 郦莉. 韩国智慧教育：以信息化带动多元互动创新：一种变被动为主动的教育观[J]. 世界教育信息，2016，29（2）：44-51.

② 全婵兰，程林. 韩国《智能信息社会背景下中长期教育政策方向和战略》解读与启示[J]. 世界教育信息，2019，32（14）：46-51.

③ 张亦弛. 韩国："未来学校"积极应对未来教育发展趋势[J]. 人民教育，2021（17）：16.

展目标。根据《教育信息化2.0行动计划》的部署，教育部又发布了系列政策文件，以推进教育信息化建设。

（2）《关于开展人工智能助推教师队伍建设行动试点工作的通知》

2018年，教育部办公厅发布了《关于开展人工智能助推教师队伍建设行动试点工作的通知》，要求通过开展人工智能助推教师队伍建设行动试点工作，探索人工智能助推教师管理优化、助推教师教育改革、助推教育教学创新、助推教育精准扶贫的新路径，为在全国层面推开人工智能助推教师队伍建设行动，探索模式，积累经验，奠定基础。

（3）《关于"智慧教育示范区"建设项目推荐遴选工作的通知》

2019年，教育部办公厅发布的《关于"智慧教育示范区"建设项目推荐遴选工作的通知》明确指出，分年度遴选地方积极、具有较好发展条件的地区（地市或区县），优先开展"智慧教育示范区"建设与实践探索，推动教育信息化融合创新发展，实现教育理念与模式、教学内容与方法的改革创新，提升区域教育水平，探索积累可推广的先进经验与优秀案例，形成支撑和引领教育现代化的新途径和新模式。

（4）《关于推荐遴选"基于教学改革、融合信息技术的新型教与学模式"实验区的通知》

2019年，教育部办公厅发布了《关于推荐遴选"基于教学改革、融合信息技术的新型教与学模式"实验区的通知》，要求在积极实施课程改革、教学改革的前提下，以学生发展为中心，遵循学生身心发展规律、学习规律、教育规律和信息技术应用规律，探索信息技术、智能技术支撑下适应本地区经济社会和教育发展实际需要的教与学模式，推进信息技术与教育教学的深度融合，变革教与学方式，提高区域教育教学质量。

（5）《关于推进教育新型基础设施建设构建高质量教育支撑体系的指导意见》

2021年，教育部等六部门发布了《关于推进教育新型基础设施建设构建高质量教育支撑体系的指导意见》，要求依托"互联网+教育"大平台，创新教学、评价、研训和管理等应用，促进信息技术与教育教学深度融合；普及新技术条件下的混合式、合作式、体验式、探究式等教学，探索新型教学方式。

2. 智慧课堂支撑环境建设情况

在相关文件的推动下，以及在人工智能迅速发展的大背景下，很多地区都加大了对智慧课堂的投入力度，部分市区县甚至一次性投入数亿元、数十亿元的资金建设智能教育系统。目前，我国大部分中小学校、职业院校都配备了一定数量的移动学习终端，构建了必要的网络环境，部分学校学生百分之百配备了移动学习终端，虚拟现实/增强现实（VR/AR）智慧教室、纸笔互动智慧教室也在逐步普及推广。很多地区都搭建了教育资源公共服务平台，配备了智慧课堂教学系统、智能学习工具、虚拟仿真实验室、基于大数据的教学分析与评价工具等智慧课堂支撑资源与软件，为智慧课堂教学的普及应用奠定了坚实的基础。

但是，目前教育资源公共服务平台还存在以下问题：所提供的资源与应用服务的利用率不高，同课堂教学相脱节；教师很难按照自己的教学思路和方法，方便、快捷地找到所需要的课件、学件、教学设计、作业、个性化学习微课等资源，以及能够快速编辑、调整、生成所需资源的工具软件；学生也很难找到能够满足自己实际需要的学习资源。

3. 智慧课堂教学开展水平

从教师个体的角度看，智慧课堂的开展情况可以划分为 4 个水平等级。第一个水平等级是教师能够使用和操作移动学习终端，以及相关的软件和资源，对于配备了移动学习终端及相关的软件和资源的学校，大多数教师都能够达到这一水平等级。第二个水平等级是教师能够常态化地使用移动学习终端及相关的软件和资源开展教学活动，部分教师能够达到这一水平等级。第三个水平等级是教师能够常态化地利用移动学习终端及相关软件和资源支持个性化学习和探究活动，较少部分教师能够达到这一水平等级。第四个水平等级是教师能够利用移动学习终端及相关的软件和资源支持教学创新，构建智慧课堂教学新模式，只有个别教师能够达到这一水平等级。

从学校整体的角度看，可以将智慧课堂的开展情况划分为 4 个水平等级。第一个水平等级是建设了智慧课堂支撑环境并开展了相应的使用培训，大多数教师掌握了智慧课堂支撑环境中移动学习终端及相关软件和资源的使用方法。配备了移动学习终端设备的学校基本上都达到了这一水平等级。第二个水平等级是在教师能够使用智慧课堂支撑环境中的移动学习终端及相关软件和资源的基础上，有一定比例的教师能够使用智慧课堂支撑环境常态化地开展智慧课堂教学活动，少部分学校能够达到这一水平等级。第三个水平等级是学校将智慧课堂教学纳入课程改革工作，对其进行统一部署和安排。通过开展智慧课堂教学，变革与创新课堂教学的组织结构和实施方法，促进教师智慧教与学生个性化学，保证智慧课堂教学的大规模、常态化开展，非常少的学校能够达到这一水平等级。第四个水平等级是对智慧课堂教学进行系统研究和深入推进，并将其与教师的绩效挂钩。教师能够借助智能技术持续开展课堂教学模式和智能技术应用规律研究，并能够将研究成果通过多种形式的线上线下混合式研训活动在学校内推广。只有个别学校能够达到这一水平等级。

4. 智慧课堂应用推动情况

各地区在推动智慧课堂教学的工作中，结合本地实际情况，探索出了多种类别、切实可行的智慧课堂应用推动措施和办法。目前，从总体上看，成效比较显著的措施和办法主要有智慧课堂教学关键能力提升、智慧课堂教学瓶颈问题研究、智慧教育示范校建设、智慧教育示范区建设、智慧课堂优质课评选与示范等。其中，智慧课堂教学关键能力提升主要包括智慧教育教师培养、智慧教育技术支持领军人才培养、智慧教育首席信息官培养和智慧教育校长信息化领导力培养等。

1.4.2　区域智慧课堂实践情况

在国家政策的引领和推动下，各地区政府从实际出发，积极开展智慧教育探索与实践，推动当地的智慧课堂建设，都取得了较好的成果，其中一些比较有代表性的区域如下。

1. 四川省

四川省教育厅在教育部开展的"智慧教育示范区"建设工作基础上，开展了四川省"智慧教育示范区"和"智慧教育示范校"建设遴选工作，重点探索：利用新一代信息技术，汇聚优质教育智力资源，建设智慧学习路网和智能教育系统；采集并利用参与者群体的状态数据和教育教学过程数据，为学生、教师、管理者和家长等提供高质量的教育个性化支持和精准化服务，促进学生随时随地采用适合的方式、适合的步调进行学习；为区域师生提供交互高体验、内容高适配和过程高效率的高品质个性化教育供给，以促进教育公平、提高教育质量。

2. 深圳市

深圳市在智慧课堂教学方面开展了深入、系统、全面的探索工作，在国内起到了很好的引领和示范作用。早在 2013 年，深圳市就启动了智慧校园的建设与应用试点工作。为了更加高效地指导中小学开展相关实践活动、评价实践成效，深圳市还制定了智慧校园建设与应用标准指引，在一定程度上促进了智慧校园建设与应用发展的合理性和科学性，为智慧课堂教学的开展奠定了良好的基础。从 2014 年开始，深圳市为了全面推动智慧课堂教学工作，以智慧课堂教学关键能力为主线，连续多年开展了智慧教育教师、智慧教育首席信息官、智慧教育校长信息化领导力提升和教育信息化"十百千"培养工程等，取得了显著成效。

3. 苏州工业园区

苏州工业园区以人工智能和大数据促进因材施教，推动智能时代区域教育的体系变革，在智慧课堂构建、区域教育新生态形成等方面取得了显著成果，具体体现在以下几个方面：一是智慧教学与学习通用系统设计和开发实践，苏州工业园区开发了"易加平台"，从学生 E（易）学习、教师 E（易）教学、行政 E（易）管理、家庭 E（易）沟通、社区 E（易）服务 5 个方面进行了设计与建设，围绕问题导向、需求导向、应用导向开展了实践应用，取得了良好的效果。二是学科特色学堂系统设计与开发实践。苏州工业园区根据区域特色，打造了多样的学科特色教学应用，构建了语文、数学、英语学科特色学堂，其中数学学堂通过做数学、想数学、用数学、玩数学、赏数学五大学习活动，引导学生经历数学知识的发现、形成、发展与应用的完整过程，帮助学生形成数学能力、提高学科素养。三是探索智慧教与个性化学新样态。苏州工业园区在全面比对、筛选、优化教学/学习路径的基础上，根据不同教学/学习路径的需要，建立智慧学习路网资源；基于知识点体系、学科素养体系，结合线上线下常态化练习和练习监测数据，形成综合学情分析。苏州工业园区的智慧课堂呈现出"新样态""新趋势""新目标"的总体发展趋势，这种"以智能技术驱动教学"的做法促进了学生的个性化发展与全面发展。

4. 厦门市海沧区

为了全面推进智慧课堂教学工作，厦门市海沧区采取了一系列举措，取得了显著的成效。其具体举措及成效包括以下几个方面：一是搭建智慧教育公共服务云平台，通过"一站式"云应用服务，为教师智慧教学，学生个性化学习，管理者动态监测教学状态、评价教学质量等提供有效支持；二是以智慧课堂教学关键能力为主线，依托教育部数字化学习支撑技术工程研究中心，持续开展智慧教育教师培养、智慧教育首席信息官培养、智慧教育校长信息化领导力提升等系列化培训；三是连续开展多层面的智慧教学现场研讨活动，将示范学校智慧课堂开展的成功经验在全区进行复制推广，整体推进全区学校的智慧课堂教学工作。

5. 唐山市开平区

唐山市开平区在利用人工智能、大数据等技术解决教学工作中存在的瓶颈问题，全面提升区域办学水平方面取得了显著成效。唐山市开平区以教育云公共服务平台为抓手推进智慧课堂的开展，为教师和学生提供了优质的教学资源和相关软件工具，创设了智能化的网络教学环境，形成了开放、互动、共享的信息化教学模式。同时，唐山市开平区积极组织全区教师参加优质课评选活动，提高他们的智慧课堂教学应用能力，使大多数教师都能够在移动学习终端、电子白板、平板电脑、3D 打印教室、创客教室、VR/AR智慧教室等的支撑下，创新课堂教学模式，组织学生进行个性化学习，提升了教学质量。

除了上述区域外，全国各地还有很多区域在推动智慧课堂教学方面有好的经验和做法，另外，以赛促培训、以赛促推动，成为智慧课堂建设的重要方式与途径。例如，在每年一度的全国中小学信息技术与教学融合创新展示与培训活动中，涌现出了一大批在智能技术的支持下，体现先进教育理念的示范性智慧课堂教学案例，对于推进区域教育信息化发展、深化信息技术应用、促进教师专业成长起到了积极的作用。

1.4.3　学校智慧课堂实践情况

在智慧课堂探索和实践过程中，涌现出一批具有引领和示范作用的学校，其中一些有代表性的学校如下。

1. 哈尔滨市香滨小学

哈尔滨市香滨小学是教育部批准的首批教育信息化试点学校。自 2011 年起，哈尔滨市香滨小学借助人工智能、大数据等技术，探索了从传统课堂向智慧课堂变革的路径和方式。在开展智慧课堂的实践中，教师运用信息技术手段，构建了能够让学生主动、轻松愉快学习的环境，以变革教与学的方式为核心，从教学过程重构、多维评价体系建立、多样化活动开展等方面，实现了自主、探究、合作学习，形成了"体系化本体分析、理想化教学设计、数字化环境构建、智慧性应用实施、绩效性研究评价"的智慧课堂教学开展模式，使教师专业发展和综合素质得到了全面提升。

2. 郑州市第三十一高级中学

郑州市第三十一高级中学将智慧课堂教学放在学校整体工作的首位，并对其进行了统筹规划与顶层设计。为了保证智慧课堂教学的顺利开展与实施，学校首先搭建了能够支持教师高效备课与授课、学生自主学习、家校互动的云端一体化智慧教学平台。其次，探索促进创新人才培养和学生全面发展的新型教学模式，并利用名师微课/云课支持混合学习。最后，学校运用多种方式提升校长信息化领导力和教师智慧课堂教学能力，对学校管理者进行了多轮培训，同时培养了一批能够起到引领和示范作用的种子教师。此外，学校还积极组织教师参加优质课评选活动，通过评选活动不仅提高了教师将信息技术与学科教学深度融合的能力，还进一步推动了智慧课堂教学的开展。

3. 东营市晨阳学校

东营市晨阳学校以创新教学模式和方法为抓手推进智慧课堂教学的开展，在教育部数字化学习支撑技术工程研究中心的支持下，探索信息技术支持下的智慧课堂教学新模式。学校推出了适合该校实际情况的智慧课堂教学模式，借助智慧课堂教学模式形成了创新育人模式，并在教学模式构建的基础上，建设了教学套件资源和学习路网资源，有效地支撑了教师智慧教与学生个性化学。此外，该校还制定了智慧课堂评价标准、智慧课堂常规教学检查制度与教研制度等，定期开展智慧教育研讨会，推动智慧课堂教学深入开展。

4. 石嘴山市实验中学

石嘴山市实验中学通过对"互联网+"条件下新型课堂教学模式的实证研究，建立了具有示范引领性的区域人工智能助推教师队伍建设的工作体系，具体体现在以下几个方面：一是开展智能研训工作。针对课堂教学的瓶颈问题，建立智能教育研究团队，持续开展智能技术条件下课程教学模式和智能技术应用规律研究，以及多种形式的线上线下混合式研训活动。二是建立智能教育研究团队。由市师资培训中心牵头，由教研员、核心研究学校学科带头人、高校教育和信息化专家参与，形成了一线教师、教研员和高校专家有机结合的智能教育研究团队，确保了智能技术条件下课堂教学新模式研究能够持续、深入、有效地开展。三是探索智能技术条件下课堂教学新模式。从教与学过程优化、教与学活动实施创新和教学组织结构重构等不同层面，创新智能技术条件下的课堂教学模式。四是将智能技术应用于研训过程。利用网络平台观看和评价课程，获得课堂教学数据，分析课堂教学情况，并据此改进课堂教学质量。

从以上有代表性的区域和学校的智慧课堂实践来看，智慧课堂应用的重点已经从环境建设与应用向创新教学模式与方法转变，从单一学习路径向多元学习路径转变。智慧课堂更加注重解决传统课堂教学中存在的个性化难以实施、疑难知识不易理解、复杂问题难以探究、知识应用过程难以体验等问题。智慧课堂已经从提高教学效率、为教学提供便利，走向了在提高质量的前提下实现全面育人。

思考题

1. 谈谈智能技术在课堂教学中应用的发展历程。
2. 结合自己的学习体验，谈一谈智能技术给课堂教学带来了哪些挑战和机遇。
3. 世界各国中小学在智慧课堂实践方面有哪些共同的特征？
4. 智慧课堂在我国中小学中的应用情况是怎样的？

第2章

智慧课堂解析

本章在分析智慧课堂的发展瓶颈及成因、对智慧课堂有代表性的观点进行系统梳理的基础上，给出了智慧课堂的概念，提出了智慧课堂的核心特征；从立德树人、教学模式与方法、教学条件与手段等视角，对智慧课堂的本质进行了深入的剖析；对与智慧课堂密切相关的智慧教育、智慧教与学、智慧课堂支撑环境、教与学大数据、智慧学习模型等方面的概念做了阐述和分析；从教学内容多态化、教学实施个性化、教学评价精准化以及教学活动一体化等方面，阐述了智慧课堂教学样态与传统课堂教学样态的根本差异。

2.1　智慧课堂概念的界定

2.1.1　智慧课堂发展瓶颈及成因分析

制约智慧课堂发展的瓶颈问题是多方面的，有教师自身教学能力方面的问题，也有软硬件环境及网络方面的问题，更有学生自身素养方面的问题，具体表现在：对学生的学习内驱力激发不足，对学生理解知识和探究问题的支持不够，对知识应用缺乏系统性支撑，无法动态优化教学活动，优质教学服务供给尚未规模化，个性化学习开展效果不佳，以及基于数据的形成性评价薄弱等。

1. 对学生的学习内驱力激发不足

在智慧课堂教学开展过程中，教师普遍关注如何利用虚拟现实/增强现实等智能技术创设学习环境，激发学生的学习兴趣等问题，并开展了大量的教学实践工作，也取得了一定的成效。然而，在很多智慧课堂的教学实践中，尽管教师已经通过智能技术创设了具有一定交互性、逼真度、沉浸感的虚拟学习环境，以激发学生的学习兴趣，但是很多学生只是对教师所创设的学习环境感兴趣，对于知识学习本身并不感兴趣，缺乏学习热情。可以说，学生对知识学习的内驱力并没有被完全激发出来。

出现这一问题的根本原因是，目前教师利用智能技术所创设的学习环境，大多只是在形式上将问题/任务、知识学习与训练等植入虚拟的学习环境，并没有从知识的内涵和认识规律等层面把知识问题化/任务化、问题/任务情境化，让学生真正理解问题/任务的价值和意义，成为课堂的主体，激发他们内在的学习动力和学习积极性。

2. 对学生理解知识和探究问题的支持不够

在课堂教学过程中，学生学习遇到的最大困难是对于疑难知识的学习。无论是从教师讲解知识的角度看，还是从学生接受或理解知识的角度看，疑难知识都是教学中的瓶颈问题。由于疑难知识的内在机理及其与其他知识之间的逻辑关系复杂，因此常规条件下对于疑难知识的学习，既需要教师具备高水平的讲解艺术，又需要学生具有非常强的理解能力。这对于很多教师和学生而言，都是难以实现的。此外，对于复杂问题的探究活动，常规实验室和教学条件仅能提供部分支持，难以提供系统、全面的支撑，导致在教学过程中教师不愿意安排这类学习活动。但是利用智能技术，可以将知识的内在机理及其与其他知识之间的逻辑关系以可视化的形式呈现出来，有利于学生学习疑难知识，以及对复杂问题进行探究。

因此，在智慧课堂教学中，教师开始采用虚拟仿真实验室、智能学习工具等交互式学习资源，对教学过程进行智能诊断，以支持疑难知识的讲解和学习，以及复杂问题的探究。尽管如此，目前大多数虚拟仿真实验室、智能学习工具等交互式学习资源，却还不能系统、完整和全面地呈现疑难知识的内在机理及其与其他知识之间的逻辑关系，其交互功能也多是按照线性顺序设计的，缺乏灵活、多样的交互方式，难以满足学生个性化的学习需要。

3. 对知识应用缺乏系统性支撑

学生进行知识学习的最终目的，是形成系统的问题解决能力。而要形成系统的问题解决能力，学生就要经历应用知识解决问题的过程。在这一过程中，学生需要根据自己对知识的理解和认识，对不同类型的问题进行识别和分类处理，掌握解决不同类型问题的策略和方法，逐步形成系统的应用知识解决问题的能力。这一过程不仅要求学生将知识与实际问题联系起来，通过实际问题，深刻认识和领悟知识的价值和作用，还要求学生参与到解决实际问题的过程中来，实现知识的迁移。在常规条件下，对于有些知识的学习，这样的过程是能够实现的，而对于有些知识的学习，由于难以构建应用知识解决实际问题的学习情境，因此很难实现甚至无法实现。

在智慧课堂教学中，教师利用交互式学习资源来支持学生应用知识的学习活动。但是，目前在大多数智慧课堂中，支持知识应用的交互式学习资源，主要是对知识应用过程的定性模拟，缺乏对知识应用过程的参数化控制、数据采集与分析，以及对各种边界情况的完整覆盖等。此外，大多数交互式学习资源的交互性、逼真度和沉浸感不强，缺乏能让学生多场景、全流程参与问题解决过程的知识应用情境，学生没有机会经历应用知识解决实际问题的过程，也就难以在学习知识的基础上，掌握解决复杂问题的策略和方法，进而无法形成系统、完整的问题解决能力，并限制了创新思维能力的发展。

4. 无法动态优化教学活动

在常规条件下，课堂教学活动的安排是教师在备课时就确定好的，在课堂教学过程中，由于缺乏课堂教学数据的支撑，教师在一般情况下很难对课堂教学活动做大的调整和优化。此外，由于作业提交有时间延迟，教师无法根据上一节课群体学生的总体作业完成情况来调整和优化下一节课的教学活动，进而导致课堂教学活动难以与群体学生的实际情况相吻合。

在智慧课堂教学中，教师希望智慧教学系统能够在对实时获得的学生课堂学习情况数据进行统计和分析的基础上，动态调整和优化课堂教学活动。但是，在目前所开展的智慧课堂教学活动中，智慧教学系统还无法为优化教学活动提供有效的支持，导致尽管教师能够获得课堂教学的相关数据，也难以动态调整和优化教学活动。

5. 优质教学服务供给尚未规模化

学校教育质量的优劣，除了取决于硬件办学条件外，还取决于是否有优秀的教师。很多学校缺乏优秀的学科教师，而且即便是名校，也不可能所有教师都是优秀教师。优秀教师始终是一种稀缺资源，学生都渴望得到优秀教师的指导，但是这在常规条件下是不可能实现的。智能技术的应用，为解决这一问题提供了可行的途径和办法。利用智能技术，可以将优秀教师的教学思路和教学方法等，以多媒体教学课件、课堂教学录像和说课录像等方式，传播给其他教师，供他们开展教学研究和教学实践活动使用。特别是，其他教师可以将优秀教师的教学录像片段截取出来，在自己的课堂教学中播放给学生观看，通过这种方式将名师引入自己的课堂。

因此，在智慧课堂教学中，教师普遍重视利用优秀教师的教学课件和录像，提高自己的课堂教学质量。但是，目前绝大多数优秀教师的教学课件和录像等，并没有按照不同的教学路径进行组织和管理，导致教师在引用这些名师教学资源时，难以快速、准确地找到所需要的资源。这成为优质教学服务供给规模化的主要障碍。

6. 个性化学习开展效果不佳

在常规条件下，课堂教学活动是由教师统一组织和安排的，教师的讲解和指导是线性、难以反复的，学生只能按照教师提供的统一讲解和指导开展课堂学习活动。尽管教师努力根据班级群体学生的总体情况选择教学方法，组织和开展教学活动，但是学生之间的差异是无法避免的，再好的教学活动也不可能适合于所有学生，当学生在课堂学习过程中出现问题时，教师难以为其提供个性化的指导和帮助。随着信息技术的发展，人们将教师的讲解和指导录制下来，提供给学生按需使用。这可以在一定程度上解决课堂教学中教师只能按照既定程序进行统一教学，而无法为学生提供个性化指导和帮助等问题。

因此，在智慧课堂教学中，教师通过移动互联网和移动学习终端等，将所录制的微课和云课提供给学生，可以方便学生进行个性化学习。但是，目前在智慧课堂教学中，学生利用微课和云课开展个性化学习的效果还不是十分理想。主要原因是，绝大多数教师并不是按照学生的个性化需求为其提供微课和云课的，而且这些微课和云课没有按照学生的学习方式和学习路径进行组织和管理，导致学生很难快速、准确地找到自己所需的微课和云课等资源。

7. 基于数据的形成性评价薄弱

在常规条件下，教师主要通过提问的方式了解课堂教学过程中学生的学习情况，但通过这种方式了解的情况是片面的，难以全面反映群体学生的总体学习情况；主要是通过作业和阶段性考试等方式了解学生的学习结果，但这种方式在时间上存在很大的滞后性，而且缺乏全面的量化数据，使教师难以对学生的学习结果进行准确的评价，从而及时地调整和改进后面的教学活动。而对于学生而言，无论是课堂学习还是课后学习，都无法及时获得有关自己学习情况的数据，因此很难对自己的学习状况进行自我评估，也无法从被动接受评价变为评价的主体和积极参与者。

在智慧课堂教学中，教师利用智能技术动态采集和使用学生的学习情况数据，而且将其常态化、规模化地应用于形成性评价中。但是，学生的学习情况数据来源单一，以测试问题/任务为主，缺乏系统性、完整性和科学性，而且学生画像和教师画像，基本上是通过对多次检测的结果进行累加绘制而成的，缺乏量化的目标和标准，因此很难对学生的学习过程进行持续的观察、详细的记录和有效的反思，也难以获得多样化的形成性评价数据，导致形成性评价薄弱。

2.1.2 智慧课堂的定义

1. 国内有关智慧课堂的研究

通过文献调研可以看到，国内关于智慧课堂的研究可以归纳为三种观点，分别是智慧课堂技术观、智慧课堂人才培养观以及智慧课堂生态观。

（1）智慧课堂技术观

智慧课堂技术观将智慧课堂看作智慧学习环境的一种新范式或高端形态。祝智庭等认为，智慧课堂与传统的计算机课堂不同，它是一种新型学习环境范式，这种范式以先进的学习（如学习心理、学习科学）、教学（如建构主义教学观、学习环境设计理论）、管理（如知识管理）、利用（如可用性工程、人因工程）的思想和理论为指导，以适当的（现代）信息技术、学习工具、学习资源和学习活动为支撑，能够对通过全面感知学习情境信息（如环境信息、设备信息、用户信息等）所获得的新的数据或者学习者在学习过程中产生的历史数据进行科学分析和数据挖掘，识别学习者特征（如学习能力、认知风格、学习偏好等）和学习情境，灵活生成最佳适配的学习任务和活动，引导和帮助学习者进行正确决策，有效促进智慧能力发展和智慧行动出现。① 黄荣怀等认为智慧课堂是一种信息化教学环境，这种环境能够感知学习情境，识别学习者特征，提供合适的学习资源与便利的互动工具，自动记录学习过程和测评学习成绩，以促进学习者有效学习；能够实现物理环境与虚拟环境的融合，提供适应学习者个性特征的学习支持和服务，从而促进学习者轻松、投入和有效地学习。② 胡钦太等认为，智慧课堂是以"共享、融合、交互"为特征的信息化教学环境，它鼓励教师、学生在课堂内使用移动设备和无线设备接入校园网及互联网，方便地获取学习资源。教师可以利用多媒体教学设备，如电子讲台、电子白板和短焦投影仪随时查看学生的学习情况，从而实现师生、生生间的实时讨论与协作。③

（2）**智慧课堂人才培养观**

智慧课堂人才培养观，将智慧课堂看作利用信息技术再造传统课堂教学过程与活动的新型课堂，指向学生的智慧发展。陈琳认为，智慧课堂是旨在着力培养学生的高阶思维能力和适应时代要求的创新创造能力，使学生更富有智慧地学习、教师更富有智慧地教学的课堂，其具有多元性与选择性、生成性与发展性、智慧性与创造性、虚拟性与真实性以及研创性的特点。④ 谢幼如等认为，智慧课堂是以培养具有高智能和创造力的人才为目标，依赖大数据、学习分析等技术，实施学情诊断分析和资源智能推送，开展"云+端"学习活动与支持服务，进行学习过程记录与多元智能评价的新型课堂。智慧课堂面向新时代人才需求，以培养具有高智能和创造力的人才为导向，利用信息技术再造传统课堂教学过程，实现个性化与智慧化的教与学。⑤

（3）**智慧课堂生态观**

智慧课堂生态观，将智慧课堂看作在信息技术要素与其他要素相互作用的情况下指向学生智慧发展的育人生态课堂。何克抗认为，课堂教学系统具有教师、学生、教学内容和教学媒体 4 个要素，在智慧教室的支持下，能够将这 4 个要素的地位和作用的改变落到实处，变革教学结构，实现各学科教学质量与学生综合素质的大幅度提升，从而培

---

① 祝智庭，贺斌. 智慧教育：教育信息化的新境界[J]. 电化教育研究，2012，33（12）：5-13.

② 黄荣怀，杨俊锋，胡永斌. 从数字学习环境到智慧学习环境：学习环境的变革与趋势[J]. 开放教育研究，2012，18（1）：75-84.

③ 胡钦太，郑凯，林南晖. 教育信息化的发展转型：从"数字校园"到"智慧校园"[J]. 中国电化教育，2014（1）：35-39.

④ 陈琳. 智慧教育创新实践的价值研究[J]. 中国电化教育，2015（4）：15-19.

⑤ 邱艺，谢幼如，李世杰，等. 走向智慧时代的课堂变革[J]. 电化教育研究，2018，39（7）：70-76.

养出大批高素质的创新人才的课堂就可以称为智慧课堂。[①] 解月光等认为，智慧课堂是学生在教师所创设的信息化学习环境的支持和引导下，开展建构式学习，进而得到工具、价值、意义、思维协调发展的育人系统。在智慧教育理念下，信息技术是构成智慧课堂系统的关键要素，智慧课堂系统功能则表现为育人目的与结果，指向促进学生智慧发展。[②]

2. 智慧课堂概念解析

我们认为，智慧课堂是在智慧教室中，基于教育云平台和网络学习空间，充分利用智慧教学系统和智慧学习系统，紧紧围绕立德树人的根本目标，以解决课堂教学中存在的瓶颈问题为导向，以培养学生问题解决能力、系统思维能力和创新思维能力为目的，能够根据课程内容和学生的实际情况，合理安排教学活动，创新教学方法，汇聚和供给优秀教师教学服务资源，充分激发和调动学生的学习积极性，动态、精准地评价和优化教与学的活动，实现课堂统一教学与学生个性化学习有机结合的一种高级课堂教学形态。

智慧课堂的智慧，首先体现在学生的智慧培养上，让学生有品德、有素养，成为善于发现、会思考、敢创新的智慧型人才，形成未来社会所需要的问题解决能力、系统思维能力和创新思维能力。问题解决能力，体现为学生对知识的全面掌握和深入理解，以及能够选择合适的策略和方法解决不同类型的问题。系统思维能力，体现为学生能够从多个方面系统地分析问题和解决问题，以及将一系列问题作为一个整体来进行全面的思考和分析。创新思维能力，体现为学生能够发现问题、构思问题解决方案、探索问题解决方法，针对不同的现象、问题和任务，形成有创新意义的问题解决方法、有价值的创意设计或作品等。

智慧课堂的智慧，其次体现在教与学的理念、思想和方法上，包括智慧教和个性化学两个方面。"智慧教"是指智慧课堂能够根据课程的内容和特点、群体学生的实际情况、教师的自身水平和可利用的教学手段与条件，按照以人为本，让学生认同并主动学习、个性化学习、有逻辑地学习等理念与思想，合理安排教学活动，优化教学方法，并能够全面、动态地监测和调控教学活动。"个性化学"是指学生在学习过程中能够动态掌握自己的学习状况，针对不同的学习内容和学习中存在的问题，选择合适的学习路径，找到最佳同伴，获得最有效的教师指导和帮助。基于智慧教与个性化学的理念、思想和方法，师生可以在有限的时间内开展最有效的教与学活动。

---

① 何克抗. 智慧教室+课堂教学结构变革：实现教育信息化宏伟目标的根本途径[J]. 教育研究，2015，36（11）：76-81+90.

② 杨鑫，解月光，苟睿，等. 智慧课堂模型构建的实证研究[J]. 中国电化教育，2020（9）：50-57.

智慧课堂的智慧，再次体现在手段和条件上。智慧课堂支撑环境应该能够根据教与学活动的需要，提供针对性强的教学条件和便捷的学习资源获取途径，并能够以丰富的媒体形式呈现教学内容，促进课堂交互式学习活动开展，精准评价教与学活动效果，并具有情境感知和环境管理功能。

2.1.3　智慧课堂的核心特征

1. 以立德树人为根本目的

宏观上，智慧课堂要把立德树人作为教学的根本目的，并将其融入思想道德教育、文化知识教育、社会实践教育各环节，贯穿基础教育、职业教育、高等教育各领域，学科体系、教学体系、教材体系、管理体系要围绕立德树人这个目标来设计。微观上，智慧课堂要紧紧围绕立德树人的根本要义，构建可操作的量化标准，优化、筛选教学与学习路径，设计教学过程，教师要围绕这个目标来教，学生要围绕这个目标来学，以不断提高学生的知识水平、道德品质和文化素养。

2. 以培养智慧的人为目标

随着科学技术的发展，人类进入智能时代，大量重复性低阶认知工作将逐渐被智能机器所替代。在此背景下，个体需要适应加速变化的社会生活，只拥有基础知识和基本技能已经无法应对各种复杂的、不确定的问题和场景，传统的只注重记忆、理解及知识简单应用的低阶目标受到了挑战，对课堂教学进行全面深化改革，培养善于发现问题、思考问题、敢于创新、能够系统解决问题的智慧型人才，必然成为智慧课堂教学的价值选择和目标取向。

3. 以智能环境为手段

智慧课堂充分利用人工智能、大数据、云计算、虚拟现实/增强现实等技术，建立"智能+教育"大平台（智能系统），支持学生在与真实场景相似的环境中进行概念抽取、复杂问题解决方法归纳、复杂条件下的实验研究等探究学习，与系统推荐的最佳同伴进行合作学习，以及在不同教师的指导下进行无边界学习等，为发展学生的高阶能力提供有效支持。

4. 动态优化教学与学习路径

智慧课堂应该以能够量化课程教学目标的课程图谱为基础，动态捕捉关于学生学习过程和学习结果的学习情况大数据，实时分析群体和个体学生的学习情况，规划符合群体和个体学生学习特征及学习需求的教学与学习路径，并使教师能够依据持续产生的学习数据动态筛选和优化教学与学习的路径，提高课堂教学效益，实现高品质的个性化学习。

5. 动态监测教与学的状况

学生在学习过程中会生成大量的数据，智慧课堂中的智慧教学系统、移动学习终端等，能够动态、全面、精准地采集到每一个学生的学习过程和学习结果数据，建立学生学习全过程的数据档案。基于大数据进行学习分析，形成群体学生画像和个体学生画像。基于群体学生画像，教师可以动态掌握群体学生的学习规律，精准调控教学活动，开展差异化教学；基于个体学生画像，教师可以了解每个学生的特征、知识掌握情况、能力状况以及学习中存在的问题，掌握学生的学习需求，从而为其提供适切的个性化教学服务。

6. 精准供给优秀教师的教学服务

智慧课堂能够借助智慧教室和智能教学系统等，将优秀教师的教学智慧和优秀学生的学习经验，按照不同的知识学习方式汇聚在互联网中。一方面，学生可以随时随地获得优秀教师的教学服务；另一方面，任课教师可以按照教学活动的实际需要，将优秀教师的教学服务以合适的方式引入课堂教学，共同完成课堂教学活动，解决优秀教师教学服务供给问题。此外，还可以建立网上互动课堂，优秀教师、任课教师和学生在网上共同完成教学活动。这对于提升薄弱地区或学校的教师教学能力，均衡配置优质教学资源具有重大意义。

2.2　智慧课堂本质认识

关于智慧课堂的本质，在不同的视角下有不同的理解。下面从立德树人、教学模式与方法以及教学条件与手段这三个视角来深入认识智慧课堂。

2.2.1　立德树人视角下的智慧课堂

1. 立德树人的根本要义

"培养什么人，怎样培养人，为谁培养人"，是教育的根本问题和永恒主题。新时代对于全面深化课程改革和人才培养提出了一系列新的要求和挑战。党的二十大报告指出，

"育人的根本在于立德。全面贯彻党的教育方针，落实立德树人根本任务，培养德智体美劳全面发展的社会主义建设者和接班人。"立德树人，即教育事业不仅要传授知识、培养能力，还要寓价值观引导于知识传授和能力培养之中，帮助学生塑造正确的世界观、人生观、价值观。坚持立德树人的导向，不仅对于学校的教育教学工作来说是至关重要的，也是实现高质量发展、建设教育强国的必然要求。

2. 落实立德树人智慧课堂的定位

目前，大多数学校建设的平板电脑智慧教室，其主要功能是支持课堂互动教学、课堂练习发布与答题、成绩统计分析及相应的微课学习等，所开展的智慧课堂教学，定位于高效、精准教学，即通过对学生在学习过程中产生的数据进行挖掘与分析，科学、准确地评估每个学生的现有水平和存在的具体问题，进而进行有针对性的干预，为其提供精准教学。这种智慧课堂借助智能技术手段强化了学生对知识的系统学习和训练，注重教授学生基础知识和基本技能，但忽视了对学生核心素养的培养，没有完全落实立德树人的根本任务。

要落实立德树人的根本任务，就要用核心素养去指导、引领、辐射学科教学，彰显学科教学的育人价值，将"教学"升华为"教育"，从"知识核心时代"走向"核心素养时代"。在这一要求下，智慧课堂教学就不能只教授学生基础知识和基本技能，还要培养学生的社会责任感、创新精神、实践能力等，使之具有适应终身发展和未来社会发展需要的基本品格和关键能力。

因此，智慧课堂要结合各学科的教学内容与特点，树立育人为本的学科教育观，使知识传授与思想教育相统一，发挥学科教学内容、教学方式方法和教师人格的育人作用，在智能技术的支持下，全方位促进以学科素养为核心的课堂教学改革和教学活动实施。借助互联网技术，汇聚教育基地、科研机构、企业等社会力量，建立多方联动机制，共享社会优质资源，有效组织各类主题教育活动和研学实践，形成全社会育人合力。同时，建立健全学生素质档案评价制度，以及促进学生全面而有个性发展的教育评价标准，基于学习分析技术，对学生的学科知识与技能、学科素养、学科精神及品德修养等的形成情况进行全面、准确地刻画。

2.2.2　教学模式与方法视角下的智慧课堂

原有的教学模式与方法是在常规条件下，经过长时间的探索和实践总结出来的。受技术手段的限制，这些教学模式与方法必然存在这样或那样的欠缺和不足，如果直接沿用原有的教学模式和方法，即便在课堂教学中应用了智能技术，也无法解决一些深层次的教学问题。只有在智能技术的支持下，改革教学模式和方法，找到破解教学深层次问题的有效途径和方法，才能真正解决这些问题。因此，智能技术支持下的智慧课堂必然会引起课堂教学组织结构、课堂教学过程、课堂教学活动实施方法等教学模式和方法的改变，这些改变也对智慧课堂的教学效果有着直接的影响。

1. 课堂教学组织结构

在常规条件下的课堂教学组织结构中，教师是知识的拥有者和传播者，而学生通常处于被动接受知识的地位，课堂教学中师生之间的关系是单一、固定、线性的，学生只能在教师的统一指导下进行学习，优秀教师的教学智慧无法供给全体学生。在智慧课堂中，教学组织结构的构建充分考虑了不同层次学生的实际情况，并在智能技术的支持下，打破了传统教学的单一、固定、线性的结构，重构了教师和学生之间的关系，改变了学生获得教师指导的渠道和途径，使学生能够获得教师的个性化指导，为课堂教学的变革与创新奠定了基础。

2. 课堂教学过程

教学模式与方法视角下的智慧课堂，注重基于智能环境增进师生互动和协作交流，使"教"与"学"相互渗透、融合为一体，让学生经历发现问题、探索问题解决方法、解决问题的完整过程，提升学生的问题解决能力和学科综合素养。在智慧课堂中，教学过程包括课前预习、启发引导、合作探究、梳理和总结以及课后提升等阶段。

在课前预习阶段，学生借助微课，选择合适的教师进行个性化听讲。在课堂上，教师利用大数据分析学生课前自主学习情况，并针对存在的共性问题进行讲解。在启发引导阶段，教师利用虚拟现实/增强现实等技术将知识由抽象形态转化为直观形态，并创建知识应用情境，启发并引导学生学习和应用知识。在合作探究阶段，通过师生互动、生生互助开展合作学习，提高学生的探究能力。同时，根据学生的学习过程和学习结果数据，实时监测学生的学习状况，动态调控教学活动，为学生推荐个性化的学习路径。在梳理和总结阶段，学生在教师和同伴的指导与帮助下，及时梳理和总结所学的知识，不断重组、修改和优化自己的认知结构。在课后提升阶段，教师基于学生画像，有针对性地向学生提供学习资源，并安排适当的测试和训练，帮助学生更好地掌握知识，提升解决问题的能力。

3. 课堂教学活动实施方法

在常规条件下，课堂教学活动实施方法主要是通过师生间、生生间的面对面交流开展教学活动，有一定的局限性，导致学生无法深入理解疑难知识、对问题的探究不系统、不全面，不利于提高学生的问题解决能力、系统思维能力和创新思维能力。

在智慧课堂中，教师充分利用智能技术激发课堂教学活力，并将其作为一种创新要素，深度融合到课堂教学的各个环节中，形成了新的课堂教学活动实施方法。基于这种方法，智慧课堂能够以学科教学内容为主线，针对教与学活动中存在的瓶颈问题，激发学生的学习兴趣和内驱力，促使学生深入地理解知识和系统地应用知识，培养他们的创新思维能力；同时，能够将统一教学和个性化学习有机结合起来，有利于精准评价教学质量。

2.2.3　教学条件与手段视角下的智慧课堂

在常规条件下，课堂教学中的很多瓶颈问题找不到有效的解决途径和办法，因此教师不得不让学生通过反复训练等方式来进一步理解和内化知识。如果课堂教学中没有引入新的教学条件与手段，这些问题是很难解决的。而智能技术的应用，为解决课堂教学中的瓶颈问题提供了全新的途径和办法。

1. 课堂教学

在课堂教学环节，智能学习工具和交互式学习资源，可以为学生深度理解知识，应用知识解决问题提供有效支撑；多场景、全流程的数据采集与智能分析工具，使精准评价教学效果、动态调整与优化教学活动安排等成为可能；智慧教学系统、教学套件资源和学习路网资源等，可以为教师智慧教和学生个性化学提供全方位的支持。

2. 课前预习和课后复习

在智能技术支持的智慧课堂中，在课前预习环节，教师能够对学生的前序知识掌握情况进行测评与分析，并根据测评与分析结果，为学生推荐适合的学习路径和有效的学习资源，使其完成对知识的个性化预习。在学生完成课前预习之后，教师还可以动态分析其预习情况，并为其提供有针对性的学习指导和帮助。在课后复习阶段，教师能够根据学生的学习情况分层次地布置课后作业和思考题，引导学生对需要强化的内容进行系统复习和训练。

3. 拓展学习

拓展学习是指学生在学习基本知识的基础上，进一步拓展学习的范围，如学习更多的本学科知识或跨学科知识。拓展学习有多种形式，可以是针对某一问题/任务的探究学习，也可以是围绕本学科某一系列知识或某类问题所开展的主题学习。在常规条件下，拓展学习的内容往往不深入，难以调动学生的学习积极性。在智慧课堂中，教师可以利用智能技术，创设生动、真实的学习情境，激发学生的学习积极性，同时提供智能学习工具和智慧学习资源，有效支持学生进行拓展学习；学生可以利用网络学习空间，建立合作小组和各种学习共同体，从而极大地拓展了学习的范围。

2.3 智慧课堂的相关概念

2.3.1 智慧教育

智慧教育是在人工智能、大数据等智能技术的支持下构建的一种新型教育体系。智慧教育包括教育价值取向和定位、聚焦于解决问题的新模式、智慧教育支撑环境，以及教育实施的组织保障体系等层面，分为智慧教与学、智慧管理、智慧研修等方面。智慧教育的核心特征是教师智慧教、学生个性化学、管理者智慧管、学生和教师智慧成长、学校与家庭智慧沟通等。

2.3.2 智慧教与学

1. 智慧教学

智慧教学是指教师通过人工智能、大数据等智能技术，动态监测每个学生的学习状况，并根据学生的学习状况，引导和组织学生合理定位自己的学习层次，选择合适的学习方式，找到合适的学习环境；为学生提供用于深层次理解知识、从体验和探究中获取知识的智能学习工具和智慧学习资源；设计有针对性的迭代训练，动态调控教学活动，精准供给优秀教师的教学智慧和优秀学生的学习经验，为学生提供个性化的学习路网资源，帮助他们随时随地进行个性化学习。

2. 智慧学习

智慧学习是指在智慧学习系统和智能学习环境的支持下，学生能够动态地掌握自己的学习状况，并能够针对不同的学习内容和存在的问题，选择合适的学习路径，找到最佳的同伴，获得最有效的教师指导和帮助，在最合适的学习环境和条件下完成学习活动。智慧学习让学生可以在有限的时间内开展最有效的学习活动，建构完整的学科知识和能力体系，形成系统思维能力和创新思维能力，在此基础上帮助学生树立正确的世界观、人生观和价值观，健全人格，使学生智慧得到长足发展和多元发展。

3. 智慧备课

备课是指教师在课堂教学之前进行的准备工作。备课要求教师充分了解学生的学习情况,钻研教学内容,选择教学方法,创设教学情境等。备课是课堂教学的基础保障,其质量决定了课堂教学的质量。而常规条件下的备课,是教师按照以往的教学经验,依据教科书等传统的教学资料进行的,缺乏对学生学习情况的全面、准确的掌握,也难以动态调整既定的教学方案。

智慧备课主要体现在 4 个方面:一是教师基于学生的学习情况大数据进行备课,因此能够精确、科学地分析学生的预习情况、课后作业完成情况、考试答题情况等,从而精准定位学情。二是教师能够便捷地找到与教学内容相关的优质教学资源,并能够根据教学的实际情况对所获得的教学资源进行改进和调整,从而在备课过程中更加深入地把握教学内容。三是根据学生学习情况和教学内容,以丰富的教学资源和教学工具为基础,以多样化的学习路径和教学策略为手段,融入多元化的评价方式,促进学生的个性化学习。四是教师能够利用智能技术创设教学情境,使学生如身临其境,更好地开展自主学习。

2.3.3 智慧课堂支撑环境

1. 智慧校园

学校是培养人的场所,学校一切教育教学活动的根本目的都是培养学生,促进学生的发展,所做的事情也都是为了让学生在课堂上或者在其他活动中更加有效地学习。因此,学校信息化环境的建设应该从学生学习活动的全过程入手,在此基础上再进行教学、研修、管理等工作的信息化建设。学校信息化环境的建设不仅包括备课、课堂教学、课后学习、评价与交流、教师提升以及对学校各项工作的监测与管理等的信息化建设,也包括建设不同类别的功能教室、不同类别的业务系统,并将它们集成为完整的学校信息化支撑系统。

学校信息化支撑系统建设的第一个阶段是数字校园,它主要包括三个层面的内容:一是网络与基础平台系统,二是终端环境,三是应用系统。网络与基础平台系统包括互联网、校园网(有线、无线)、数据中心、校园门户网站及数字校园基础支撑平台等。数字校园基础支撑平台是指统一认证、统一数据、统一门户,实现各类业务系统统一接入的集成平台。终端环境包括个人计算机(PC)、移动学习终端、多媒体教室、计算机教室、电子阅览室、平板电脑智慧教室、创客教室、学科或专业功能教室等。应用系统包括备课、教学、学习、管理、研修、家校沟通等系统。

在数字校园的基础上，根据学生、教师、管理者、教研员和家长的实际需要，进一步扩充能够有效支持智慧教与学、智慧管理、智慧研修等的应用服务和终端环境，这样的数字校园系统称为智慧校园。智慧校园是学校信息化支撑系统建设的第二个阶段。

智慧校园是数字校园的一种高级形态，数字校园是否能够成为智慧校园，取决于能否做到以下 5 个方面。第一，动态获取学生学习情况大数据，建立能够全面反映学生道德水平、健康水平、学业水平、成长方式等的学生成长大数据库，动态监测和调控教学活动。第二，建立基于人工智能、云计算和虚拟仿真等的智慧学习路网，将优秀教师的教学服务资源和优秀学生的学习经验，以及有利于知识理解、知识探究的工具和资源等，全方位、实时地提供给每一个有需要的学生，为学生开展个性化学习提供有效的支撑。第三，建设学科智慧教室，实现常规教具、实验条件与智能技术的有机整合，构建无缝融合的学科智慧教学支撑环境。第四，建立学校管理者、教师等与家长动态交流和沟通的一体化系统，能够将学生的出勤情况、在校日常行为、学习状况、作业情况、学校通知等实时传递给家长，家长也能够将学生的相关信息及时传递给教师。第五，建立教师备课、研修、教学和管理一体化支撑系统，为教师开展备课、教学、研修及管理等工作提供快捷、有效的支撑。

2. 智慧教室

智慧教室是指能够有效支持智慧教学和智慧学习的教学场所。实现智慧教学和智慧学习的关键：一是能够对学生的学习过程进行动态、全面、精准的监测和评价；二是能够根据学生的学习情况调控课堂教学活动，引导学生进行自适应学习；三是为学生提供理解、体验和探究知识的工具；四是能够提供优秀教师的教学智慧和优秀学生的学习经验。显然，在常规教室中很难进行智慧教学和智慧学习，为此需要在常规教室的基础上，提供能够实现上述 4 个关键点的硬件设备、软件系统和相关资源。

因此，智慧教室是常规教学条件与现代信息技术高度融合的产物，是开展智慧教学和智慧学习的新型教室。智慧教室包括移动学习终端、多媒体交互设备（如电子白板、交互式电视）、录播设备、无线网络、备课系统、教学互动系统、个性化学习路网，以及教学监测与调控系统等。

在智慧教室的基础上，还可以根据不同学科的特点建设学科功能教室或学科探究学习室。例如，对于物理学科，可以在智慧教室中增加虚拟仿真实验室等。此外，在学科功能教室的基础上，还可以按照 STEAM 课程、创客课程等的需要建设综合或专项探究学习室。

3. 智慧教学系统

智慧教学系统是指利用人工智能、大数据和虚拟现实/增强现实等智能技术构建的，能够帮助教师根据教学需要进行备课、开展智慧课堂教学、监测教学过程的系统。智慧教学系统建设的关键是：能够为教师智慧教和学生个性化学提供支撑；能够提供丰富的教学资源；能够动态、全面、精准地监测和评价教学过程及教学状况，调控课堂教学活动。

4. 智慧学习系统

智慧学习系统是指利用人工智能、大数据和虚拟现实等技术构建的，能够动态监测学生的学习状况，发现学生学习过程中存在的问题，并能够有针对性地为其提供学习建议和学习路径，以及有效的学习指导和支持等，帮助学生实现个性化学习的系统。智慧学习系统通过智慧导引和学习路网促进学生个性化学习，它分为两种类型：一种是与智慧教学系统结合起来使用，即通过作业和考试来监测、评价学生的学习情况；另一种是独立使用，即通过自适应测试来监测、评价学生的学习情况。

5. 智慧学习资源

智慧学习资源包括教学套件资源和学习路网资源。教学套件资源是针对教学和学习过程中可能存在的问题，根据不同教学路径和学习路径的需要，分层次、分类别准备的教学课件、导学案、素材包、工具包、练习、作业、试卷、微课等交互式学习资源。其中，工具包不仅包含教学工具和虚拟仿真实验室，还包括可以为教学提供有效指导和帮助的应用案例视频。学习路网资源是以课程图谱为线索，针对学生的实际情况，在全面对比、筛选和优化学习路径的基础上，建立的与学生的学习层次、学习方式和兴趣爱好相适应的名师微课/云课、优秀学生学习经验分享视频和作品，以及分层次的问题和任务等资源。学习路网资源，不仅可以满足学生对优秀教师教学服务资源的需求，还可以帮助教师提升教学融合创新能力。

6. 智能学习工具

智能学习工具是指利用智能技术开发的，能够有效支持教师演示和讲解，学生深度理解、体验、应用及探究知识的交互式学习工具，包括学科资料集成工具、知识深度理解工具、问题探究工具、知识梳理工具、阅读批注工具、诊断与评价工具、交流与展示工具、训练与测评工具等。

7. 智慧学习环境

智慧学习环境是指利用人工智能、大数据、物联网等技术，将物理学习环境和虚拟学习环境融合起来，为学生的个性化学习提供支持和服务。智慧学习环境能够全面感知学生的学习情况，识别学生特征，为学生提供合适的学习资源和便利的交互式学习工具，自动记录学生的学习过程，测评学生的学习结果。

2.3.4 教与学大数据

教与学大数据是指在教育教学过程中动态形成的，能够反映学生学习水平、能力及素养培养情况，教师教学过程与水平、专业成长情况与过程，班级、年级、专业、院系、学校的教学水平的数据。在教育教学中，领域不同大数据的类别也有所不同，但无论是教学还是管理，都应该从结果和过程两个方面形成大数据。

1. 学习结果数据

学习结果数据，是指能够反映学生知识掌握程度及问题解决能力形成情况、学科素养水平等的数据。要形成学习结果数据，就要先建立用于评价学生学习结果的量化指标。评价学生的学习结果可以从评价学生的学科问题解决能力入手。对于与某个知识点或知识片段相对应的问题解决能力，只通过一两个问题或任务是无法进行评价的，需要通过能够覆盖各种边界情况且数量恰到好处的问题和任务体系（包括内核问题和任务集）来进行评价。具体来说，就是以内核问题和任务集为线索，将基本问题的解决方法、复杂问题的解决方法，以及基础知识关联起来，在此基础上建立能够反映学生知识水平和能力的量化标准，并依据该量化标准采集学生的学习结果数据，以精准、科学、系统地测评学生的学习情况。

2. 学习过程数据

学习过程数据，是指能够反映教与学路径、教与学活动安排、教与学活动实施方法及策略、教与学活动实施支撑条件，以及教师获取方式、学习同伴获取方式、资源获取方式等的数据。要形成学习过程数据，就要明确所有可能的学习路径，并将其作为采集学习过程数据的依据。以知识学习为例，其可能的学习路径有三种：听讲、读懂和探究。每种学习路径又包含多种具体的实施路径，如听讲又分为听概要性讲解、听详细讲解等。教师应该按照不同的学习路径采集学生的学习过程数据，以便在学生学习新知识时能够结合学习结果数据，为其提供诸如采取什么样的学习方式、使用由何种载体呈现的学习资源、选择哪种讲授风格的教师、找到什么类型的同伴等方面的建议，以完成有效的、高质量的学习活动。

2.3.5 智慧学习模型

智慧学习模型由智慧学习引擎、智慧学习路网、学生画像、学习大数据库、学习空间等构成。其中,智慧学习引擎由学习路径规划和学习服务推荐模块组成。智慧学习路网由学习路网构建、学习路径体系库、学习资源库和学习路网管理工具等模块组成,学习路网构建是指基于学习情况大数据挖掘和优化学习路径,按照学习路径筛选和优化学习资源,从而不断地迭代改进学习路网。学生画像由个体学生画像、群体学生画像、个体学生画像库和群体学生画像库、画像标签库等模块组成。学习空间由学习导航、学习路径、学习服务、学习测试、问题咨询、项目合作交流等模块组成。智慧学习模型结构如图 2-3-1 所示。

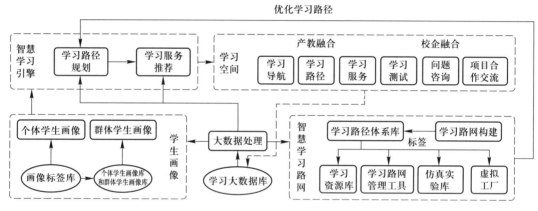

图 2-3-1 智慧学习模型结构

2.4 智慧课堂新样态

前面我们对智慧课堂的概念、本质认识以及相关概念做了阐述,从中不难看出,智慧课堂教学与原有课堂教学存在非常大的差异,智慧课堂从课程建设、智慧备课到课堂教学/实习实训、个性化学习、教学评估与改进,以及质量测评,都呈现出全新的样态,如图 2-4-1 所示。下面从教学内容多态化、教学实施个性化、教学评价精准化以及教学活动一体化等方面,阐述智慧课堂与原有课堂教学样态的根本差异。

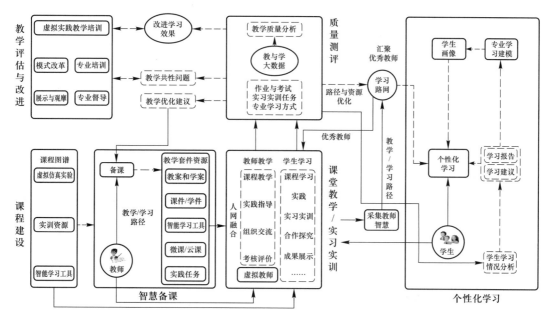

图 2-4-1　智慧课堂新样态

2.4.1　教学内容多态化

1. 知识获取智能化

很多学科，特别是人文社科类学科，有相当比例的学习内容，学生在理解其知识内涵及知识之间的逻辑关系或进行问题探究时，需要有丰富的学习资料作为支撑，但在常规条件下往往难以获取丰富的学习资料。在智慧课堂教学中，可以借助互联网、多媒体和人工智能等技术，按照科学的分类体系建立体系化的资料库。资料库有多媒体资源库、电子书、立体教材、网络课程等多种形式，它按照一定的组织方式，将与学科相关的所有优质资料汇聚在一起，并建立高效的索引机制，使得教师和学生能够快捷、精准地获得所需要的资料，进而获取相关知识。

2. 知识理解显性化

在学习学科知识，特别是理工类学科知识时，很多学生都存在这样或那样的困难，这主要是因为这些知识比较抽象，与其他知识之间的关系往往是复杂的、隐性的。在智慧课堂中，可以借助人工智能和虚拟现实/增强现实等技术，对知识的内在机理进行智能建模，将知识的内在机理，以及知识之间的复杂的、隐性的关系，以可视化的形式显性地呈现出来，并允许学生多视图、多维度地进行交互控制和对比分析。

3. 知识探究系统化

知识探究活动有多种类型，如现象成因探究、事物内在规律探究、问题解决方法探究、方案设计探究、产品创意探究等，不同类型的探究活动，所需要的支撑条件和手段也有很大的差异。有的探究活动，在常规条件下就能够很好地完成；但是有很多探究活动在常规条件下是很难开展的。

智慧课堂能够针对常规条件下难以开展的探究活动，提供基于人工智能、大数据和虚拟现实/增强现实等技术的智能学习工具和虚拟仿真实验室。这些智能学习工具和虚拟仿真实验室，不仅能够为知识探究活动提供探究场景，例如为现象成因、事物内在规律和问题解决方法的验证，方案设计和产品创意的评价与分析等提供支撑环境，还能够多场景、全流程地记录探究活动的结果数据和过程数据，对多种探究结果进行展示、分享、评价和对比分析等，为知识探究活动的开展提供虚实结合的支撑手段。

4. 知识应用体验化

如果学生不能将知识与生活实际紧密联系起来，那么他们就很难达成应用知识解决问题，进而形成问题解决能力的目标。因此，体验知识的应用过程，无论对于学生理解知识，还是对于学生形成问题解决能力都是十分重要的。而在常规条件下，很难让学生在课堂上深入体验知识的应用过程。智慧课堂则能够通过虚拟仿真实验等手段，采用虚实结合的方式，构建高逼真、强交互的知识应用体验场景，为学生提供应用知识解决问题的各种真实情境，帮助学生深入体验知识应用的实际过程，探索解决问题的策略和方法，形成系统的问题解决能力。

2.4.2　教学实施个性化

1. 教学活动安排个性化

在传统的课堂教学中，无论采用什么样的教学模式，其教学活动安排都是相对单一的、固定的，教师在课堂上只能选择适合班级大多数学生的统一教学模式，这种教学模式是难以动态改变的。

在智慧课堂中，教师根据教与学大数据，在精准分析学情的基础上确定教学目标，并从翻转课堂、项目式学习、探究学习等多种教学模式中，选择适合本班级的教学模式，以及适切的教学资源与工具。同时，在教学实施过程中，实时监测学生的学习状况，动态优化和调控教学活动，使得教学活动更加符合学生的实际情况。

2. 教学服务供给个性化

为了解决优秀教师难以为全体学生提供指导和帮助，优质教学服务供给不全面、不均衡等问题，智慧课堂在人工智能、大数据等技术的支持下，按照知识的不同教学路径和学习路径，汇聚优秀教师的讲解、答疑、指导等微课/云课，构建学习路网资源。

利用学习路网资源，教师一方面可以随时随地获得名师的教学经验分享，解决教学中遇到的问题，提升自己的教学水平；另一方面，可以探索在课堂教学过程中引入名师教学资源的片段，重建课堂教学组织结构，以人网融合的方式，为学生提供优质的教学讲解和指导视频，进而建构起覆盖课前、课中、课后全流程，以及多个学习场景的新型教学模式，确保名师教学智慧深入课堂、有效落地、实时可用，提高课堂教学品质。

利用学习路网资源，教师还可以针对学生在学习过程中遇到的问题，向学生推荐适合的学习路径和最佳学习服务；学生可以针对课堂上没有听懂的知识点，以及在学习中遇到的疑难问题，按照适合自己的学习方式，以及恰当的学习路径，并借助智慧学习引擎找到能满足自己需要的名师讲解视频以及其他拓展学习资源，开展个性化学习。可以说，学习路网资源，使学生有机会得到优秀教师的个性化指导和帮助。

2.4.3 教学评价精准化

动态采集多场景、全流程的学生学习结果和学习过程数据，建立学生画像和教师画像，形成教与学全过程的数据档案，实时监测教与学的情况，是实现系统、科学、精准的教学评价，优化教学活动安排，引导学生个性化学习的基础。

1. 数据采集系统化

在课堂教学中，教师一般通过课堂练习和课后作业获取学生课堂学习情况的相关数据，通过阅卷系统获取学生阶段性考试数据，这些已在很大程度上解决了教学过程中学习结果数据的采集问题。然而，如果采集数据所依据的练习、作业、试卷等不能全面、系统、科学地反映学生的知识掌握程度和知识应用水平，则所采集的数据就难以做到正确和完整。因此，在智慧课堂中，教师以能够量化知识学习目标的课程图谱为依据，在多个教学场景中全过程地采集学生的学习过程和学习结果数据，诸如课前自主学习及预习数据、课中学习任务完成情况数据，以及课后巩固及拓展学习数据，为教学评价提供强有力的数据支撑。

2. 学生画像全面化

学生画像是对学生学习情况全面、精准的刻画，它反映了学生的知识学习能力及相应的问题解决能力，所形成的思维品质和综合素养水平，以及学习路径、学习资源、学习工具等方面的偏好情况。在智慧课堂中，教师采用基于大数据的学习分析技术动态跟踪并采集学生的学习过程和学习结果数据，精准评估学生的知识水平、能力水平和思维品质，建立全面化的学生画像。由于绘制学生画像所依据的数据复杂多变，因此需要充分考虑数据的信度和效度，以全面、系统、科学地反映学生的知识、能力和素养。

2.4.4　教学活动一体化

1. 教学与学习一体化

在常规课堂教学中，普遍存在教师难以根据学生的学习情况动态调整和优化教学活动的问题，导致教师的教学活动安排与学生的学习需要常常不相吻合，这已经成为制约课堂教学质量提升的瓶颈问题。而在智慧课堂中，教师能够根据学生的学习情况，动态调整教学活动安排，优化教学活动，最大限度地满足群体学生的学习需要，真正实现教学与学习的一体化。由此可见，智慧课堂教学与常规课堂教学一个显著的差异是能够实现教学与学习一体化。

教师利用学生学习情况大数据开展备课活动，是教学与学习一体化样态的第一个重要体现。在大数据、人工智能和互联网等技术的支持下，教师备课不再只有教科书、课程标准可依据，也不再只根据主观经验判断学生的学习情况。而是通过课前检测所获得的学生学习情况大数据，从个体和群体的视角把握学情，发现个性和共性问题；基于班级群体学生的整体水平，选择教学效果最优的教学/学习路径；在选择好统一的教学资源之后，还可以为不同层次的学生选择个性化的学习资源。在此过程中实现智慧备课，使智慧教与个性化学能够有机结合且同步实现。

用学生学习情况大数据支持教师开展教学分析与评价，是教学与学习一体化样态的第二个重要体现。学生学习情况大数据是学习评价的重要依据。只依据学生课堂上问题回答情况、课后作业完成情况和阶段性考试情况等，难以对学生的学习情况做出客观、准确的评价。在智慧课堂中，教师可以借助智能技术，动态获取学生多场景、全过程的学习情况大数据，从而能够把握学生的知识学习与能力形成情况，以及学习风格与习惯，动态选择和优化教学路径，规划符合学生特征的个性化学习路径，提高课堂教学效果。

2. 教学与教研一体化

在原有的教研体系中，教研和培训活动的安排，主要是教研员和教学管理人员根据上级部门的要求，或者结合滞后的、跨度较大的教学质量分析数据来完成的，更多的是决策者的主观经验判断，缺乏科学、精准的数据基础。在智慧课堂中，教育管理者可以借助智能技术，动态采集学校乃至区域范围内全体教师教学及学生学习质量数据，基于教师教学质量大数据和群体学生学习情况大数据，动态分析教师教学中存在的共性问题，科学筛选培训对象与内容；基于教研和培训大数据、教学质量大数据、教师教学情况大数据等，分析所开展的教研和培训活动的有效性，动态选择教研和培训的方式与途径，在此基础上有针对性地开展教研和培训活动。

思考题

1. 智慧课堂与传统课堂的本质区别是什么？
2. 能够从哪些方面来认识智慧课堂的本质？
3. 谈一谈你心目中的智慧课堂是什么样的。
4. 谈一谈智慧教育、智慧课堂以及智慧教与学之间的联系。

第 3 章

智慧课堂教学模式

　　在课堂教学中，智能技术能否有效地发挥作用，取决于是否有切实可行的课堂教学模式。本章从概念界定、构成要素两个方面对智慧课堂教学模式进行了解析，在此基础上分析了智慧课堂教学模式构建的影响因素，阐述了智慧课堂教学模式的构建方向与构建方法，并针对新授课、复习课、主题活动、STEAM 和创客给出了典型的智慧课堂教学模式。

3.1　智慧课堂教学模式解析

随着信息技术的快速发展及其与教学的融合，课堂教学模式也随之发生了改变。特别是人工智能、大数据、云计算、虚拟现实/增强现实等智能技术的应用，催生了智慧课堂。随之而来的问题是应该如何构建智慧课堂教学模式，才能够真正发挥智能技术的作用，实现教学模式的变革和创新。下面着重阐述智慧课堂教学模式的概念和构成要素。

3.1.1　智慧课堂教学模式概念的界定

教学模式就是在一定的教学思想和教学理论的指导下，为完成特定的教学目标而形成的稳定的教学活动结构框架和活动程序。教学模式有承上启下的作用，连接着教学理论与教学实践，是教学理论付诸教学实践的有效载体。较之于教学理论，它具有更强的可操作性、实践性和适用性，能够指导教学活动，有效地提高教学活动的质量和效果。信息技术的发展及其在教育教学中的应用，使得教育教学条件发生了巨大变化。越来越多的网络名师被引入课堂教学，教学内容的呈现方式越来越多元化，教学支撑条件越来越智能化，原有的教学模式已不适用于智能技术条件下的智慧课堂，需要探索新的教学模式。

智慧课堂教学模式是在一定的教学思想和教学理论的指导下，在智慧学习环境中，为了完成发展学生智慧这一特定的教学目标，将技术融入教学活动所形成的比较稳定的教学活动结构及技术支持策略的总和。智慧课堂教学模式是教学模式在信息时代的发展与完善，技术条件成为教与学的实施保障和必要手段。智慧课堂教学模式的智慧性主要体现在两个方面，一是教与学环境的智能性，二是培养有智慧的学生。

通过对智慧课堂教学和传统课堂教学的比较与分析可以看到，智慧课堂教学模式以培养学生问题解决能力和创新思维能力为目标，以解决课堂教学瓶颈问题为导向，以捕捉的学生学习情况与教师教学情况大数据为依据，动态筛选和优化教学路径，为教学活动的关键环节提供理解和探究知识的智能学习工具、教学套件资源和学习路网资源，并在教学过程中适时引入其他优秀教师，适时调整教学路径与课堂教学组织结构。

3.1.2 智慧课堂教学模式的构成要素

智慧课堂教学模式是在智能技术条件下构建的新型课堂教学模式，它是课堂教学模式的一种高级形态，因此智慧课堂教学模式的构成要素与一般课堂教学模式的构成要素一致，包含教学目标、学生特征、教学理论、实施条件、教学过程和教学评价6个部分，但是每部分的内涵都有不同程度的改变。

1. 教学目标

任何教学模式都是根据教学内容和相应的教学目标设计的，教学目标的达成需要有与之对应的教学活动安排和教学实施方法。教学目标不同，教学活动安排和教学实施方法会存在一定的差别，因此教学目标直接影响着教学模式的构建，它既是教学模式构建的逻辑起点，也是教学效果评价的重要标尺。

在常规条件下，很多以课程为载体培养学生思维能力，特别是系统思维能力和创新思维能力的目标，由于缺乏必要的实施环境而无法实现，导致在构建教学模式时，大多数教学设计并未将这些能力的培养纳入教学目标，所构建的教学模式对人才培养而言并不是最佳的。人工智能、大数据、虚拟现实/增强现实等技术，为教师教和学生学提供了全新的支撑手段，使得课堂教学有机会、有条件突破常规条件下难以解决的人才培养瓶颈问题。因此，在构建智慧课堂教学模式时，不能简单地沿用常规条件下确定的教学目标，应该将系统思维能力培养和创新思维能力培养纳入教学目标，作为重点教学目标来统筹安排，通过对教学目标的调整和优化，落实立德树人根本任务，培养适应时代和社会发展需要的高素质人才。

2. 学生特征

学生特征分析是教学过程的首要步骤，教学活动的设计与实施都是为了学生学习。故要取得教学的成功，学生特征分析是关键，要在教学活动中真正体现和发展学生的主体地位。学生特征分析的目的是了解学生的学习准备情况及其学习风格，以使学习内容的组织、学习目标的达成、教学活动的设计、教学方法与教学工具的选择等与学生的学习基础、认知水平、学习风格等相适应。不同年龄阶段的学生具有不同的认知发展特点，甚至同一年龄阶段的学生，在认知发展、学习风格等方面也存在差异。智慧课堂教学模式的构建，旨在培养与启发学生的智慧发展，故在智慧课堂教学模式的构建中，学生特征是需要高度关注的因素。

3. 教学理论

无论是传统课堂教学模式还是智慧课堂教学模式，都是建立在一定的理论基础之上的，不同的教学观及其所依据的教学理论会形成不同的教学活动安排和教学实施方法。在教学模式的构成中，所依据的教学理论既具有独立性，又渗透于其他各个因素之中，对教学活动安排和教学实施具有重要的指导作用。

在常规条件下的课堂教学中，尽管教师力求以学生为中心，让学生更多地开展自主学习、合作学习、探究学习等，但是由于缺乏必要的教学支撑手段和条件，这些学习活动往往难以开展，导致系统思维能力和创新思维能力的培养难以落实，教师最终不得不将知识学习和应用作为主要的教学目标来部署，所采用的教学方法也主要是以知识讲授和训练为主，所依据的教学理论主要是帮助教师更好地讲解知识，帮助学生更好地理解和应用知识。

在智慧课堂教学中，应该着重解决常规条件下课堂教学中存在的弊端和不足。从教学理论层面看，智慧课堂教学应该着重选择以学生为本，有助于全面培养学生系统思维能力和创新思维能力的教学理论，特别是有助于引导学生开展自主学习、合作学习和探究学习的教学理论，如建构主义学习理论和深度学习理论等。

4. 实施条件

不同的教学活动安排和教学实施方法对实施条件的要求是不同的。在常规课堂教学中，所能使用的教学手段和条件十分有限。以前由于没有信息技术手段的支撑，教师和学生能够使用的手段基本上是书本、黑板、粉笔和实验设备等；多媒体设备普及后，在课堂教学中教师的讲解有了新的支撑手段，学生回答问题也可以用多媒体设备来完成。但是，由于没有移动学习终端，学生无法个性化地获取学习资源，教师也无法对学生开展实时、精准的测评，在这种情况下教学的动态优化和个性化学习难以落实。

智慧课堂教学模式倡导自主学习、合作学习、探究学习，因此智慧课堂教学模式的实施条件包括能够支持学生获取高质量学习资源，支持教师动态采集教与学数据，支持师生交互、生生互动等的智能终端和系统。具备了这些智能终端和系统，智慧课堂教学模式才能为教师动态优化课堂教学活动、改进教学方法，学生深入理解知识与应用知识、开展探究活动提供有效支撑。

5. 教学过程

任何教学模式都有其特定的教学活动安排和教学实施方法，教学过程则是指所有教学环节的实施顺序。在教学过程中，教师要利用智慧教学系统分析学生特征、学习偏好以及学习基础等，了解学生当前的知识水平和学习情况，并据此创造性地设计教学过程，发挥教学智慧。然而，在常规课堂教学中，由于很难实时、精准地掌握学生的总体学习情况，大多数教师都会按照既定的教学过程开展教学活动，一般情况下不会对所确定的教学过程做出调整，这就导致很难取得最优的课堂教学效果。

在智慧课堂中，为了使教学过程最大限度地与班级群体学生的整体学习情况相吻合，进而使班级群体学生的学习效果最大化，教师除了应用智能技术外，切实可行的做法是根据群体学生的实际情况，梳理和总结出每类教学内容可能的教学/学习路径，在此基础上动态调整和优化教学过程。

6. 教学评价

教学评价是指在教学目标的指导下，通过对教学中的诸多要素进行分析，得到对教学过程和结果的价值判断，为教师改进教学提供依据。在常规课堂教学中，由于条件和手段的限制，教学目标难以量化，而且教学评价仅限于非实时的结果评价，对于教学方法与手段的有效性也难以进行评价。

在智慧课堂教学模式中，教学评价应朝着多元化的方向发展，并着重解决教学目标量化、学习结果实时评价和教学方法与手段的有效性评价等问题。对于教学目标，可以依据课程图谱来进行量化；对于学习结果，可以从学生的知识掌握程度、问题解决能力和学科素养水平三个层面进行评价；对于教学方法与手段的有效性，可以从教学活动安排及实施，教学活动实施支撑工具、资源、系统，终端环境等方面进行评价。

3.2 智慧课堂教学模式构建方向

通过实证研究我们发现，各学科的教学虽然存在很大差异，但也有很多共同之处。智能技术支持下的新型课堂教学模式，既具有通用性，也具有学科特色。从总体上看，智能技术支持下的新型课堂教学模式，可以从多个角度来构建。下面从智能学习工具支持下的深度学习、微课和云课支持下的个性化学习，以及智能技术支持下的无边界混合学习三个方面介绍智慧课堂教学模式的构建方向。

3.2.1 智能学习工具支持下的深度学习

疑难知识理解和复杂问题探究等活动开展的有效性，直接决定着课堂教学的质量。常规条件下，疑难知识理解和复杂问题探究等活动往往难以顺利开展，利用智能学习工具则能够很好地解决这一问题。因此，如何利用智能学习工具和虚拟仿真实验室等，支持疑难知识理解和复杂问题探究，实现深度学习，是智慧课堂教学模式需要研究的重要问题。

智能学习工具可以为理解疑难知识或探究复杂问题提供支持，这主要体现在两个方面：一是能够将知识以可视化的形式呈现出来，并允许学生通过调整相关参数改变知识的呈现状态，同时通过人机交互去体验知识应用和系统探究的过程；二是能够提供丰富的学习资料，帮助学生深入理解和探究知识。

3.2.2　微课和云课支持下的个性化学习

在常规条件下，教师面对全班学生，只能选择适合大多数学生的教学模式开展教学活动，学生无法随时随地得到最适合自己的教师的指导和帮助，因而难以实现个性化学习。而且在课后，当学生遇到学习困难时也无法得到教师的个性化指导和帮助。在班级统一教学的情况下，难以实现个性化学习，已经成为制约教育高质量发展的瓶颈。因此，如何有效利用人工智能、大数据、云计算等技术，使所有学生都能随时随地得到优秀教师的指导，是构建智慧课堂教学模式需要着重解决的问题。以下两种方法可以有效地支持学生的个性化学习：一种是微课支持下的翻转学习；另一种是名师云课支持下的系统复习。

1. 微课支持下的翻转学习

微课支持下的翻转学习，是指为学生提供知识讲解微课，让他们在课前通过学习任务单的引导，结合自己的实际情况进行个性化的学习。学生利用微课基本上解决了对基础知识的学习，从而可以将更多的课堂时间用于完成难度更高的学习任务或解决更复杂的问题，也就有了更多的深入思考和合作学习的机会，并在完成高难度学习任务和解决复杂问题的过程中，培养了系统思维能力、创新思维能力等高阶思维能力。在智慧课堂中，可以按照学习路径，分类建设关键知识点和问题讲解的微课。

2. 名师云课支持下的系统复习

学生在课后进行阶段性复习时，如果遇到问题而无法得到高水平教师的个别化辅导，就会影响学生的学习质量。借助智能技术，将优秀教师对于知识点的梳理和总结以云课的形式提供给学生，是解决这一问题的切实可行的途径和办法。

在构建名师云课支持下的系统复习教学模式时，应该根据学生不同的学习需求，分类探索适合不同情况的个性化复习模式；分类研究如何汇集优秀教师，精心研磨课程体系，建设专题知识讲座、模拟试题精讲、学生综合素养培养等支持学生个性化复习的课程。

3.2.3 智能技术支持下的无边界混合学习

1. "选课走校"混合学习

由于单所学校的师资、场地等教学条件是有限的，任何一所学校都难以满足所有学生的个性化学习需求。学校彼此之间相互合作，共同为学生提供优质的教育服务，是解决这一问题的切实可行的办法。如何充分利用人工智能、大数据、云计算等技术手段，发挥课程提供学校的教师优势，考虑学生的时间和空间情况，高效实施课程，完成学习活动，是"选课走校"混合学习需要关注的问题。

"选课走校"混合学习，应该根据合作学校的特色和优势，开发具有学校特色的通识课、延时课、兴趣课等类型的课程，并将合作学校的所有特色课程都整合在一起，使学生可以根据自身需求选择适当的课程和方式进行个性化学习，而不必关心课程是否来自本校。课程可以由校内教师与其他学校的教师协同教学，也可以由其他学校的优秀教师单独教学。

"选课走校"混合学习，以双赢甚至多赢为目标，以特色或优质教育资源为核心，以合作为基础，借助智能技术所构建的教学环境，打破传统课堂教学在学科、资源、学习形式、组织结构、时间和空间等方面存在的局限，通过重新组织课程资源、调整课堂教学组织结构等，实现学习内容、学习方式和学习方法的融合，使学生在无边界混合学习中实现对知识的全面、系统学习。

2. "校社联动"混合学习

课程教学的最终目标是培养学生的问题解决能力、系统思维能力和创新思维能力，这些能力形成的最佳途径是与生活实际相联系，让学生在实际的生活场景中经历知识探索、应用，以及解决实际问题的过程，深刻理解知识的价值和作用。因此，学校需要借助社会力量，与社区、科研院所、企业、高校等有机结合起来，为学生提供真实的知识应用场景，让学生有机会体验知识应用的过程，并在此过程中进行问题探究，提升解决实际问题的能力。由于受到时间、空间等因素的限制，这项工作在常规教学条件下难以完成。

智慧课堂可以为"校社联动"混合学习的开展提供支撑。它可以利用智能技术跨越学校边界，将学校与社区、科研院所、企业、高校等社会单位联系起来，充分发挥这些社会单位的作用，帮助学生将所学的知识与生活实际密切联系起来，使学生有机会融入社会，了解社会，培养学生的问题意识、社会责任感和创新能力。

在建立"校社联动"混合学习模式时，应该以项目为载体，充分利用知识综合应用和实际问题解决支撑体系，推进跨学科学习，用生活中的实际问题把各学科的知识串联起来，帮助学生形成多学科融合的、更加全面的实际问题解决能力。

3.3 智慧课堂教学模式构建方法

3.3.1 智慧课堂教学模式的构建思路

对于原有的课堂教学模式，是否都需要用智能技术来重新构建，答案显而易见是否定的。如果课堂教学很完美，不存在任何问题，就不需要做任何教学改革和创新，也就不需要构建智能技术支持下的智慧课堂教学模式了。

然而，大多数课堂教学模式并不完美，或多或少存在这样或那样的问题。其中，典型的问题有：一是将课堂教学信息化的目标定位在减负增效上，对于通过信息化实现教学变革和创新的重视程度不够；二是基于信息技术进行的教学评价，主要关注学习结果评价，忽视了对教学方式和教学支撑条件的评价；三是基于信息技术开展的教学活动，主要使用一般性资源，缺少智能学习工具和虚拟仿真实验室等类型的资源；四是教学/学习路径单一，缺少适合不同层次学生的教学/学习路径。上述问题产生的根本原因是缺乏能够引导广大教师有效利用智能技术、解决课堂教学瓶颈问题的新型课堂教学模式。

这些问题在常规条件下是很难破解的。人工智能、大数据等智能技术的应用，为这些问题的解决提供了可能。但是，并不是使用了智能技术，这些问题就能得到很好的解决。不同的问题，需要使用不同的智能技术来解决，而且即使是同一种智能技术，其具体应用也千差万别。尽管如此，仍有一定的规律可循。上述问题大致可以分为两类：一类是教学思路和教学方法没有问题，主要是教学实施过程中缺乏有效的教学手段和教学条件；另一类是教学思路和教学方法存在问题，导致教学效果不佳。对于这两类问题，需要使用不同的方法来解决。

对于缺乏有效的教学手段和教学条件的情况，智慧课堂教学模式的主要任务是探索什么样的技术有利于课堂教学活动的实施，重在探索应用智能技术支持教与学活动的规律。在这种情况下，智慧课堂教学模式构建的基本方法是，针对既定的教学活动安排，系统梳理出教学活动中教学手段和教学条件存在的不足，判断哪些不足可以利用智能技术来改进，并对其进行合理分类；在合理分类的基础上，按照类别确定所需要的智能学习工具、智慧学习资源及其应用方式，选择合适的智慧学习环境，并在应用的过程中，逐步梳理和总结智能技术支撑教学活动实施的规律。

对于教育思路和教学方法存在问题的情况，则应该先梳理清楚课堂教学中存在的问题，并对其进行分类。然后，针对每类问题分别研究出智能技术支持下的课堂教学新思路和新方法，以及相应的技术支撑方式，探索并形成智能技术支持下的新型课堂教学模式。最后，选择相应的智慧课堂支撑环境，并在应用过程中迭代改进课堂教学模式，优化智慧课堂支撑环境。

在构建智慧课堂教学模式时，第一，要根据课程类型，在梳理教学问题的基础上做好学习逻辑设计，通过学习逻辑设计，给出能够真正激发学生学习动机和兴趣、驱动学生学习的分类分层次的问题/任务，确定切实可行的学习路径。第二，要根据学习路径所确定的学习活动，选择智能学习工具、虚拟仿真实验室和智慧学习资源（包括教学套件资源和学习路网资源），探索技术支持教学活动实施（即技术赋能）的规律和方法，重建教学组织结构；第三，要基于大数据对教学进行精准评价与优化。基于课程图谱，利用智能感知环境采集教与学大数据，动态分析学生学习情况和教师教学情况，形成教与学分析报告，以及时调控教学活动，支持教师智慧教和学生个性化学。经过上述环节，就形成了包括通用教学模式和学科特色教学模式的新型课堂教学模式。智能技术支持下的课堂教学模式的构建思路如图 3-3-1 所示。

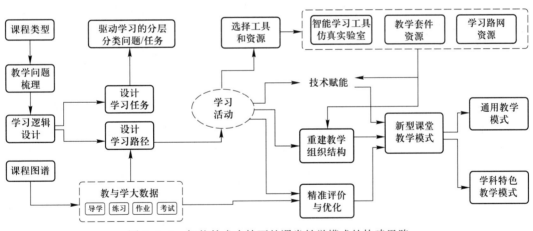

图 3-3-1　智能技术支持下的课堂教学模式的构建思路

3.3.2　动态选择与优化学习路径

1. 学习逻辑设计

（1）设计学习任务

一般情况下，一节课的教学活动可以分为两个阶段：第一阶段是完成对基础知识的学习，并形成相应的基本问题解决能力；第二阶段是在第一阶段学习的基础上，提炼和归纳应用基础知识解决复杂问题的方法，并形成复杂问题解决能力。因此，在设计学习任务时应给出分层分类的复杂问题，如图 3-3-2 所示。

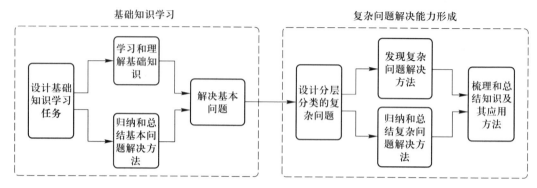

图 3-3-2   学习任务设计

（2）设计学习路径

在第一阶段，主要是让学生完成对基础知识的学习和形成基本问题解决能力。在这一阶段有两种学习路径：一种是让学生通过听讲或读懂的方式学习和理解基础知识。即学生在教师讲解或自己阅读的基础上，通过问题解决、合作交流、教师指导等方式学习和理解知识；另一种是让学生通过探究，归纳和总结出解决问题的基本方法，并形成基本问题解决能力。

在第二阶段，主要是让学生在掌握基础知识和形成基本问题解决能力的基础上，进一步学习解决复杂问题的方法与策略，并形成复杂问题解决能力。在这一阶段也有两种学习路径：一种是让学生在教师讲解复杂问题解决方法的基础上，通过进一步的问题解决、合作交流等方式发现复杂问题的解决方法，并形成解决不同类型问题的能力；另一种是让学生在教师的指导下，独立或者合作探索解决复杂问题的过程，归纳和总结各类复杂问题的解决方法。

在设计学习路径时，应该充分考虑教学内容的特点、学生的知识水平和认知能力、任课教师的教学水平、可用的教学条件等多方面因素。

2. 动态优化学习路径

即使是最优秀的教师设计的学习路径，也不可能完全满足所有学生的学习需求。即便在某一阶段，教师所设计的学习路径适合所教的学生，但随着时间的变化，学生的认知能力、兴趣爱好也在变化，原有的学习路径就会存在这样或那样的问题。因此，应该根据学生的学习情况和学习内容的特点，动态优化学习路径。

如果没有任何规律可循的话，动态优化学习路径，是很难开展和落实的，大多数教师都没有能力独自动态优化学习路径，使之适合所教的学生。最好的办法是，在尽可能大的范围内组织教研员及相关专家联合攻关，通过实证研究对学习路径进行探索，形成针对各类教学内容、适合不同层次学生的多种可行的学习路径体系，并在大规模实践的过程中不断优化，使之适应不同学生的学习需要。

要实现学习路径的动态优化，需要智慧教学支撑环境。智慧教学支撑环境能够依据课程图谱，动态、全面、精准地采集学生学习情况大数据，在此基础上，实时分析群体和个体学生的学习情况，构建反映学生学习情况的知识与能力体系，建立学生画像；提取学生个性特征，分析群体学生的共性特征，选择和优化学习路径，形成学习路径体系。根据学生画像，引导学生规划学习路径以及利用智慧推荐引擎筛选个性化学习路径；根据知识与能力体系，针对讲授、导读、探究等学习方式，按照不同的学习路径，分类建立学习路网资源；根据学生学习情况大数据，进行资源的匹配与优化，将优秀教师的教学智慧和优秀学生的学习经验提供给课堂，从而快速、全面地提高教学水平。智慧教学支撑环境中的学习路径优化如图 3-3-3 所示。

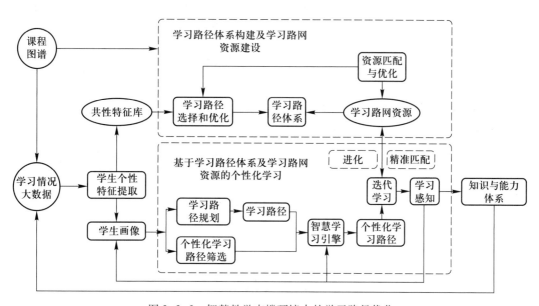

图 3-3-3　智慧教学支撑环境中的学习路径优化

3.3.3　应用智能技术支持教学活动实施

应用智能技术支持教学活动实施主要体现在支持疑难知识理解、复杂问题探究、知识应用体验三个方面。

1. 智能技术支持疑难知识理解

对于疑难知识的理解，智能技术可以提供以下三个方面的支持：一是要能够可视化地呈现知识的内在机理。如果知识所反映的事物存在多种变化状态，则还要提供能够控制各种影响因素的交互功能，并可视化地呈现出相应的变化状态，以便于教师和学生根据需要对各个变化状态进行比较和分析。二是要能够模拟知识内在机理的动态演化过程，并支持有针对性的知识学习测试和评价。三是要借助互联网、多媒体和人工智能等技术，按照科学的分类体系建立资料库，将所有的相关资料汇聚在一起，并开发智慧学习引擎，使得教师和学生能够快速、便捷、准确地获得所需要的资料。

2. 智能技术支持复杂问题探究

对于复杂问题的探究，智能技术可以提供以下三个方面的支持：一是能够提供问题探究所需要的虚拟仿真环境和各种支撑工具，支持探究活动的开展，并能够呈现相应的探究结果；二是能够记录探究活动的过程，并能够对探究活动过程不同阶段的状态进行比较和分析；三是能够对探究活动进行指导和评价。

3. 智能技术支持知识应用体验

利用智能技术，可以按照知识应用的基本规律建立真实的知识应用场景，模拟知识应用过程，使学生能够经历应用所学知识解决实际问题、完成实际任务的过程，从而提升学生的知识应用能力和问题解决能力。所建立的知识应用环境，一是应该能够完整地反映知识应用所涉及的实际场景，二是应该能够支持多种知识应用方式，三是应该能够与实际问题相结合。

3.3.4　利用大数据实现教学的精准评价与优化

1. 精准评价

智能技术支持下的精准评价是指在教学过程中，对学生的学习情况、教师的教学情况、教学活动安排、教学实施方法、教学支撑条件等进行全面、精准、实时的记录与判断。教师依据评价结果，可以发现教学中各个要素之间的关系并建立关系模型，动态调整教学活动安排、教学实施方法与教学支撑条件。下面以学生学习情况的精准评价为例进行介绍。

（1）**建立量化的评价标准**

对学生学习的评价包括对学生的知识掌握程度、问题解决能力、学科素养水平等的评价。对于学生是否掌握了知识、问题解决能力或学科素养是否形成，切实可行的评价方法是，先给出能够检测学生知识掌握程度或相关能力水平的问题或任务，然后根据学生解决问题或完成任务的情况，对学生的学习情况做出评价。显而易见，要对学生的学习进行全面、准确的评价，不是仅靠一两个问题或任务就能实现的，而是需要建立完整的问题和任务体系，以内核问题和任务集为线索，将基本问题解决方法、复杂问题解决方法以及基础知识关联起来，构建完整的课程图谱。

构建课程图谱的关键是确定内核问题与任务集。确定内核问题与任务集的思路是，对于某个知识点或知识片段，从记忆、理解、应用、分析、综合、评价、创造等方面分别准备内核问题和任务集。在确定内核问题与任务集时，不仅要根据训练和测试的需要准备足够多的问题和任务，还要根据学习内容的重要程度，准备不同层次的内核问题和任务集。课程图谱是课程教学的基石，依据课程图谱可以建立量化的评价标准，为精准评价打下基础。

（2）**建立多场景、全流程的数据采集环境**

实现精准评价的关键是，能够完整、系统地采集到与学生学习结果、学习过程以及所使用的学习资源相关的数据。利用智能技术，可以建立多场景、全过程的学生学习情况感知环境。所建立的感知环境，能够记录学生在课堂听讲、研讨与提问、评价与测试等过程中的行为和表现，并形成学习情况大数据，为教学精准评价提供数据支持。此外，感知环境还能够汇聚多种应用系统的学习数据，支持各类终端应用场景下的数据采集，支持跨平台的数据采集，支持从音视频、图像、文本等多种信息源获取学习情况大数据。

2. 学生画像与教学优化

学生画像是指数据所反映出来的学生学科学习及其内在特质等方面的情况。学生学科学习方面的画像，主要是指学生对学科知识的掌握情况、应用知识解决问题的能力形成情况、以学科为载体所形成的素养水平等。学生内在特质方面的画像，主要是指学生在认知能力、兴趣爱好、系统思维能力、创新思维能力等方面的特征。

不同方面的学生画像，所依据的数据也不同，因此要分类绘制。学生学科学习方面的画像，主要是依据学生对于分层分类问题/任务的完成情况数据，结合时间因素，在综合建模的基础上绘制的。学生内在特质方面的画像，主要是依据学习路径、学习方式、学习资源与工具、学习支撑系统与终端环境等方面的数据，结合学生学习结果数据，在进行关联分析的基础上绘制的。

在学生学科学习画像与内在特质画像的基础上，教师可以对群体学生的整体学习情况进行评价，找出共性问题，给出教学活动安排、教学实施方法、教学支撑资源与工具、教学支撑系统、教学路径与学习路径等方面的优化建议。学生画像建模及教学优化的基本原理如图 3-3-4 所示。

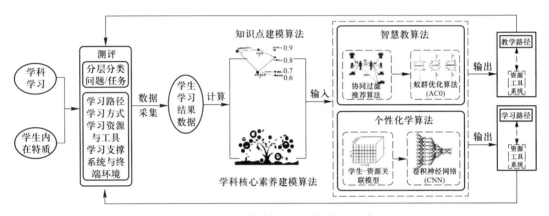

图 3-3-4　学生画像建模及教学优化的基本原理

3.4　典型的智慧课堂教学模式

不同类型的学习内容，其最优的教与学活动安排、教学实施方法和教学支撑条件等不尽相同，与之相应的智慧课堂教学模式也有所不同。因此，要针对不同的学习内容，构建不同的智慧课堂教学模式。本节分别给出了新授课、复习课、主题活动、STEAM 和创客等典型的智慧课堂教学模式。需要说明的是，本节所给出的智慧课堂教学模式，是按照以培养学生系统思维能力和创新思维能力为导向，充分利用智能技术支持疑难知识理解与复杂问题探究，实现优秀教师教学服务个性化供给、教学精准评价和优化等原则构建的。

3.4.1　新授课智慧课堂教学模式

课堂教学最主要的任务是讲授教科书上的教学内容。新授课主要是讲授新的教学内容，它是最主要的课程类型。因此，新授课智慧课堂教学模式是智慧课堂教学中使用比例最高的一种教学模式，对课程教学质量和效率有着直接的影响。学生学习新知识的方式主要有三种，一是通过听讲进行学习，二是在教师的指导下进行自主学习、合作学习，三是在教师的指导下进行探究学习。这三种学习方式对应了三种教学模式，即先学后导智慧课堂教学模式、导读式智慧课堂教学模式和探究式智慧课堂教学模式，下面分别介绍这三种教学模式。

1. 先学后导智慧课堂教学模式

对于很多知识，学生自己独立学习是很困难的，他们需要在教师讲解的基础上应用知识、内化知识，逐步形成问题解决能力。但是，在常规课堂教学中，要让教师将所有知识都讲解清楚，需要花费很多时间，导致没有更多的时间让学生进行知识的应用和内化。针对这一情况，可以将优秀教师对知识的讲解录制成微课和云课，并按照不同的学习路径，形成分层分类的学习路网资源。这样学生可以在课前进行个性化学习，课堂上则在教师的指导下进行讨论和探究，以培养问题解决能力。按照这样的思路，就形成了先学后导智慧课堂教学模式，如图 3-4-1 所示。

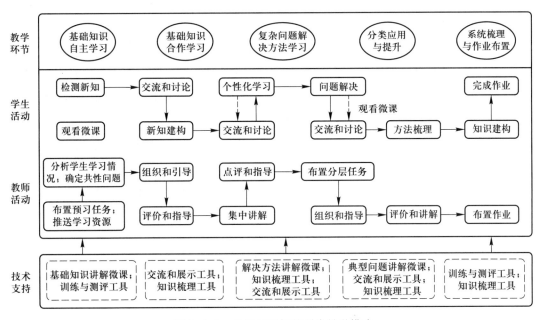

图 3-4-1　先学后导智慧课堂教学模式

先学后导智慧课堂教学模式包括基础知识自主学习、基础知识合作学习、复杂问题解决方法学习、分类应用与提升、系统梳理与作业布置 5 个环节。与传统教学模式相比，每个教学环节的目的、具体步骤和师生活动均发生了很大的变化。

基础知识自主学习环节，主要是借助微课，让学生自主学习基础知识。首先，教师利用平板电脑推送基础知识讲解微课，布置预习任务，让学生在自主观看微课的基础上完成任务，检测其对基础知识的掌握情况；学生如果有掌握不牢固的知识，则可以通过再次观看微课进行学习；其次，教师通过训练与测评工具采集学习数据，对学生的学习情况进行分析，确定群体学生存在的共性问题，为课堂交流和讨论明确方向。

基础知识合作学习环节，主要是对上一个环节中存在的共性问题进行深入的交流和讨论。首先，教师利用交流和展示工具，展示学生课前自主学习的情况；其次，教师组织和引导学生针对自主学习过程中遇到的问题进行交流和讨论，并指导学生利用知识梳理工具将所学的新知识可视化地呈现出来。在此过程中，教师实时了解学生的交流和讨论情况，并及时进行评价和指导。

复杂问题解决方法学习环节，主要是让学生学习应用所学知识解决复杂问题的方法。首先，教师集中讲解问题解决方法，并借助知识梳理工具让学生了解主要的问题解决方法；其次，教师利用交流和展示工具组织学生讨论如何运用这些方法去解决问题并进行点评和指导；最后，教师为在学习过程中遇到问题的学生提供解决方法讲解微课，帮助学生开展个性化学习。

分类应用与提升环节，主要是在学习基础知识和复杂问题解决方法的基础上，让学生通过解决系列复杂问题，形成系统的问题解决能力。首先，教师布置分层任务，组织学生根据自身情况完成相应层次的任务；其次，教师为在完成任务的过程中遇到困难的学生提供典型问题讲解微课，以便于其进行个性化学习；再次，教师在学生完成分层任务后，组织学生对相应的问题解决办法进行交流和讨论，并利用知识梳理工具梳理问题解决的方法；最后，教师针对学生分层任务完成情况，进行评价和讲解。

系统梳理与作业布置环节，主要是学生在教师的指导之下，对于学习了什么样的基础知识、掌握了什么样的复杂问题解决方法、形成了什么样的问题解决能力等，利用知识梳理工具进行梳理，完成知识建构；教师利用训练与测评工具向学生布置作业，学生完成作业，进一步加深了对知识的理解，提高了解决问题的能力。

2. 导读式智慧课堂教学模式

导读式智慧课堂教学模式主要是采用"教师指导，学生自主/协作阅读"的方式进行教学。该模式的主要特征是分层导读，遵循课程的学习逻辑，依据课程图谱，按照基本知识、复杂知识、疑难知识对教学内容进行分层，并为学生提供难度不同的问题/任务及导读材料，引导学生循序渐进地进行学习，逐步培养学生的学科核心素养。导读式智慧课堂教学模式如图 3-4-2 所示。

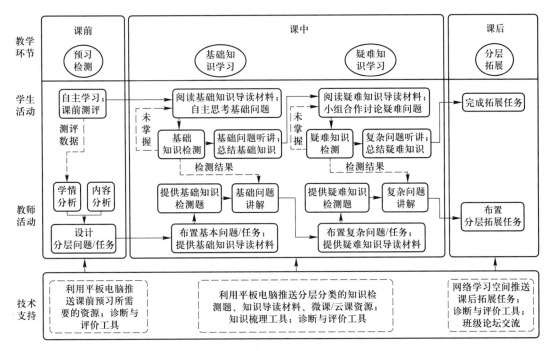

图 3-4-2 导读式智慧课堂教学模式

导读式智慧课堂教学模式包括课前、课中和课后三个阶段，主要涉及预习检测、基础知识导读、疑难知识导读以及分层拓展 4 个环节。与传统教学模式相比，这种教学模式的每个阶段的技术支持、教师活动和学生活动均发生了重要变化。

课前阶段是实现分层导读的首要阶段。在该阶段，首先，教师通过学情分析和内容分析，针对基础知识、疑难知识及复杂问题设计分层问题/任务，通过问题/任务引导学生在课前思考问题，预习相关知识，并利用平板电脑为学生提供课前预习所需要的资源。其次，学生在教师所布置的问题/任务的驱动下，利用教师提供的学习资源和从网络上获取的资源进行自主学习。最后，教师利用诊断与评价工具对学生进行测评，以了解其对前序知识的掌握情况和预习完成情况，为优化和调整课堂教学活动安排、进行资源准备等奠定基础；同时，学生也可以根据测评结果进行有针对性的学习。

课中阶段是导读式智慧课堂教学的主要实施阶段，其主要任务是完成基础知识学习和疑难知识学习。

对于基础知识学习，教师要布置基本问题/任务，创设适切的问题情境，并利用平板电脑为学生提供多种基础知识导读材料和基础知识检测题，引导学生用合适的方法阅读相关材料，自主完成基础知识检测；根据检测结果，找出学生在知识理解与问题解决方面存在的共性问题，并进行重点讲解，同时引导学生调整学习方法再次自主阅读导读材料。学生在学习基础知识之后，借助知识梳理工具总结基础知识。

在学习基础知识的基础上，教师布置复杂问题/任务，借助平板电脑为学生提供疑难知识导读材料和疑难知识检测题，引导学生阅读材料、通过小组合作讨论复杂问题的解决方法。学生自主完成教师布置的疑难知识检测题，教师根据检测结果找出学生在解决复杂问题方面存在的共性问题，并进行重点讲解，在此基础上帮助学生形成复杂问题解决能力。

课后阶段，教师在网络学习空间中布置分层拓展任务，引导学生对知识进行迁移应用，解决生活中的实际问题。同时，学生在完成拓展任务的过程中发现问题，并针对未掌握的知识，选择合适的微课或云课进行个性化学习。

3. 探究式智慧课堂教学模式

探究式智慧课堂教学模式旨在培养学生的创新思维能力。并不是所有的知识都能够通过探究的方式获得。适合采用探究方式学习的内容，包括探索现象出现的深层次原因，归纳问题解决办法和策略，总结任务完成的过程、方法及条件，发现事物的内在规律和事物之间的关联关系，分析事物存在的不足之处并提出改进的思路和方案等。在中小学阶段，探究活动一般是指给出具体现象，找出现象发生的深层次原因，或者是提出明确的问题，探究解决问题的方法。探究学习的开展大多需要一定的支撑工具和手段，而常规教学条件一般无法提供这样的支撑工具和手段。人工智能、大数据、虚拟现实/增强现实等智能技术，则能够为探究学习提供有力的支撑，因此在智能技术条件下，探索并总结探究学习开展的规律和方法，即探究式智慧课堂教学模式是十分必要的。

下面针对原理/定律和方法两种不同类型的学习内容，分别给出相应的智慧课堂教学模式。

（1）原理/定律探究式智慧课堂教学模式

原理是具有普遍意义的最基本的规律；定律是为实践和事实所证明的、反映事物在一定条件下发展变化的客观规律的论断。对于原理和定律的教学，如果以直接讲授的方式进行会十分枯燥，最佳的教学方式是呈现蕴含原理/定律的生活现象，让学生观察现象，提出猜想并进行验证，最后总结归纳出原理/定律，这种教学方式可以最大限度地激发学生的学习积极性，培养学生的创新思维能力。下面按照上述思路构建智能技术支持下的原理/定律探究式智慧课堂教学模式，如图 3-4-3 所示。

原理/定律探究式智慧课堂教学模式包含课前、课中和课后三个阶段，涉及观察现象、提出猜想、方案制定、活动开展、形成结论和迁移应用 6 个环节。

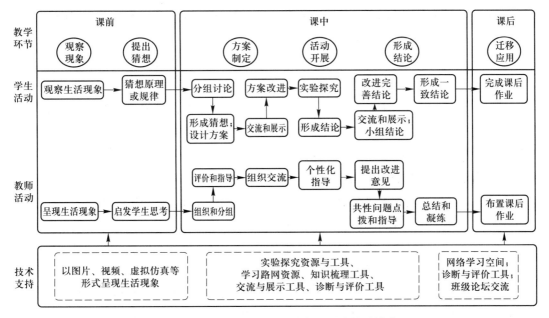

图 3-4-3　原理/定律探究式智慧课堂教学模式

课前阶段包含观察现象、提出猜想两个环节。首先，教师从本节课要学习的原理/定律出发，找到一些生活现象，这些生活现象要能够反映这些原理或定律；其次，教师借助智能技术手段，以图片、视频、虚拟仿真等形式将生活现象呈现在学生面前，引导学生独立观察或者合作观察生活现象，启发学生独立思考或者合作讨论现象中蕴含的原理或定律，提出自己的猜想。

课中阶段包含方案制定、活动开展、形成结论三个环节。在这一阶段，学生在教师的组织下通过实验探究的方式验证所提出的猜想是否正确，总结和归纳出原理/定律，并运用原理/定律分层递进地解决问题，深化对知识的理解。

在方案制定环节，首先，教师对学生进行分组，引导学生就现象产生的深层次原因展开讨论，形成小组猜想，并据此设计实验探究方案。其次，学生借助交流和展示工具，在班级内展示小组猜想和实验探究方案。在各小组展示和交流的过程中，教师和其他小组可以提出不同的意见。最后，各小组在教师的指导下进一步交流和讨论，修正猜想，改进实验探究方案。

在活动开展环节，各小组按照所设计的实验探究方案，利用实验探究资源与工具、学习路网资源和知识梳理工具开展探究活动，形成小组探究结论。教师利用诊断与评价工具监测学生学习活动的开展情况，及时发现问题，并提供个性化指导。

在形成结论环节，各小组利用交流和展示工具展示小组探究结论，教师提出改进意见。教师在全班讨论的基础上，针对存在的共性问题进行点拨和指导。在此基础上，教师进行总结和凝练，引导学生形成一致的探究结论。

课后阶段，主要是迁移应用环节。在迁移应用环节，首先，教师基于原理/定律设计具有不同难度的问题/任务，形成不同层次的课后作业，并通过网络学习空间将课后作业与相关学习资料发布给学生。其次，学生综合运用所学的知识完成课后作业，逐步学会利用原理/定律去解决实际问题。最后，教师根据学生的课后作业完成情况，利用诊断与评价工具对学生进行多维度、多方式的评价。

（2）方法探究式智慧课堂教学模式

方法类知识包括基本方法类知识和综合应用方法类知识，对于这两类知识最佳的教学方式是，设计贴近生活的、分层递进的问题/任务，让学生在解决问题或完成任务的过程中归纳和总结出相应的方法。因此，问题/任务设计是方法探究的关键，教师要依据所讲授的知识设计合适的问题/任务。问题/任务设计首先要贴近生活，让学生明白所学的知识是能够解决实际问题的；其次，要能将学生已学的知识和未学的知识很好地衔接起来；第三，要由浅入深、由易到难，驱动学生思考，引导学生分层递进、全面系统地完成对基本方法和综合应用方法的探究活动。对于所设计的问题/任务，应该借助信息技术，以图片、视频、虚拟仿真等形式呈现给学生，引起学生的学习兴趣，引发他们的思考，从而更好地理解探究任务。

在设计了问题/任务之后，应该在问题/任务的驱动下开展探究活动。方法探究分为基本方法探究和综合应用方法探究两个部分。基本方法探究的步骤是，教师布置驱动探究活动的基本问题/任务，学生自主/合作探究基本问题或完成基本任务，并在基本问题解决或基本任务完成的过程中，总结解决问题或完成任务的基本方法；综合应用方法探究的步骤是，教师布置驱动探究活动的综合应用问题/任务，学生自主/合作解决综合应用问题或完成综合应用任务，并在综合应用问题解决或综合应用任务完成的过程中，分层递进地梳理和总结解决问题或完成任务的综合应用方法。

下面给出一种按照上述思路构建的智能技术支持下的方法探究式智慧课堂教学模式，如图 3-4-4 所示。该模式包括课前和课中两个阶段。课前阶段主要包括引发思考环节，课中阶段包括基本方法探究和综合应用方法探究两个环节。

在课前阶段的引发思考环节，教师以虚拟仿真、视频等形式呈现问题/任务，让学生了解问题/任务，并思考如何解决问题或完成任务。例如，在学习全等三角形的定义时，课前教师可以通过以下问题来引发学生思考：学校体育馆的顶部有一块三角形的装饰板，由于某种原因损坏了，需要重新制作一块并安装好。在正常情况下，工程人员需要先找到可以上到体育馆顶部的梯子，上去测量三角形装饰板的尺寸，再去制作新的装饰板，

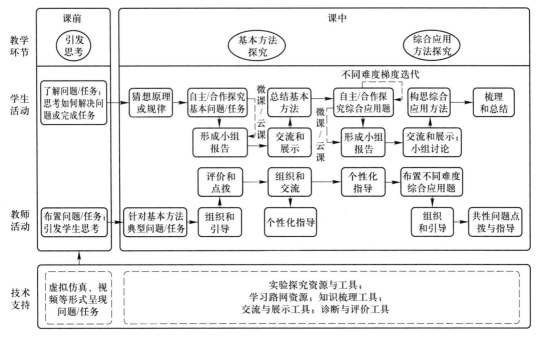

图 3-4-4 方法探究式智慧课堂教学模式

装饰板制作完成后再安装上去。这样就需要上两次体育馆顶部，比较麻烦。如果事先知道三角形装饰板的尺寸，则只要上一次体育馆顶部就可以了。但是，如何事先知道三角形装饰板的尺寸呢？

通过这样的一个实际问题，一方面可以让学生明白两个三角形全等对于解决实际问题是有用的，另一方面也可以让学生知道要判定两个三角形全等，需要哪些信息。在解决这样一个实际问题的过程中，学生利用智能学习工具探究掌握什么信息就可以做出和体育馆顶部三角形装饰板完全一样的装饰板，进而知道学习全等三角形的意义，以及三角形全等的判定条件等。

在课中阶段的基本方法探究环节，首先，教师针对基本方法典型问题/任务组织和引导学生利用实验探究资源与工具、学习路网资源、知识梳理工具等自主/合作探究如何解决这些问题，并形成小组报告。其次，学生利用交流与展示工具在班级内分享小组报告，教师对小组的报告进行评价和点拨。最后，学生通过不断的迭代总结基本问题的解决方法。在上述过程中，学生如果由于对基础知识掌握不足而难以解决问题，则可以先利用相关微课或云课进一步掌握相关知识，再自主/合作探究如何解决问题；教师借助诊断与评价工具动态监测各小组探究活动的开展情况，并进行个性化的指导。在学生基本方法探究活动结束后，教师引导学生利用知识梳理工具回顾整个探究过程，使其最终掌握基本问题的解决方法。

在课中阶段的综合应用方法环节，首先，教师通过设计覆盖不同边界情况、具有不同难度的综合应用题，引导学生借助实验探究资源与工具等开展小组讨论。其次，学生构思综合应用问题的解决方法，并通过不断迭代梳理和总结综合应用问题的解决方法及解决策略。在上述过程中，学生如果遇到困难可以选择相关微课或云课进行学习，以保证问题能够得到顺利解决。在学生对综合应用方法的探究学习结束后，教师对于各小组探究学习存在的共性问题进行点拨与指导。

3.4.2　复习课智慧课堂教学模式

对于大多数学生而言，只通过新授课学习，很难将所学的知识融会贯通，形成系统、全面的问题解决能力。因此，阶段性复习对于学生学习质量的提升来说是至关重要的。以往在阶段性复习的过程中，大部分学生很难获得优秀教师的个别化辅导。针对这一情况，可以借助智能技术手段，将优秀教师的阶段性复习指导以名师云课的形式提供给学生。下面按照该思路给出阶段性复习智慧课堂教学模式，如图 3-4-5 所示。

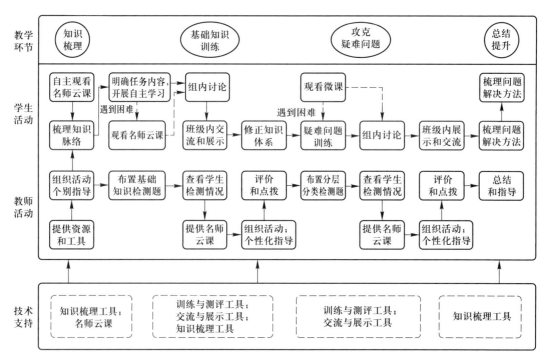

图 3-4-5　阶段性复习智慧课堂教学模式

　　阶段性复习智慧课堂教学模式包括知识梳理、基础知识训练、攻克疑难问题和总结提升 4 个环节。

　　在知识梳理环节，首先，教师为学生提供知识梳理类名师云课，并组织学生观看名师云课，让他们明确任务内容，开展自主学习。其次，学生借助知识梳理工具梳理知识脉络，构建知识体系。在梳理知识脉络的过程中，虽然强调学生的自主性，但也要求教师及时为学生提供个性化指导。

　　在基础知识训练环节，首先，教师借助训练与测评工具为学生布置基础知识检测题，学生完成检测题并在遇到困难时及时观看教师提供的名师云课，巩固所复习的知识。检测结束后，系统将学生的检测结果反馈给师生，供师生及时了解相关情况。其次，教师组织学生针对基础知识复习过程中遇到的问题，以及所梳理的问题解决方法在小组内展开讨论，并让他们利用交流与展示工具在班级内分享学习成果。教师在学生分享的过程中及时进行评价和点拨并给予个性化指导。最后，教师引导学生借助知识梳理工具再次梳理知识脉络，修正知识体系。

　　在攻克疑难问题环节，首先，教师根据学生基础知识复习情况为学生布置分层分类的检测题，并利用训练与测评工具为每个学生推送符合其认知水平的疑难问题训练。如果学生在训练和检测的过程中遇到困难，教师则为学生提供名师云课及个性化指导。其次，教师组织学生分组交流和讨论攻克疑难问题过程中遇到的问题，并将小组讨论结果在班级内交流和展示，教师在此过程中对学生进行个性化指导，以及评价和点拨。通过基础知识和疑难知识检测，学生可以经历不断发现问题、解决问题的过程，将未掌握的疑难问题逐个击破，从而使复习既具有系统性，又具有层次性。

　　在总结提升环节，教师引导学生利用知识梳理工具对基础知识训练和攻克疑难问题环节的复习成果进行梳理和总结，从而建构起更加完善的知识体系。

3.4.3　主题活动智慧课堂教学模式

　　主题活动智慧课堂教学模式是一种以综合应用学科知识为目的的活动形式，它将零散的学科知识整合到一个主题活动当中，使学生通过主题活动综合性地学习学科知识，深化对知识的应用。例如，语文大阅读、演讲比赛、英语话剧表演等活动，可以使学生对知识的应用系统化。学科不同，主题活动所涉及的知识也不同，因此围绕不同主题开展的综合性学习活动不尽相同。尽管如此，主题活动还是有规律可循的。

　　主题活动具有如下规律和特点。

　　① 主题活动是围绕系统学习和综合应用学科某一方面的知识开展的。

② 主题活动是以完成某一特定任务（项目）或开展某一类竞技活动等形式组织的。

③ 主题活动多以小组合作的形式开展。

④ 主题活动以分类分层的问题或任务驱动学生学习，并能够对学生的学习过程进行量化评价。

⑤ 主题活动以培养学生综合运用所学知识解决实际问题的能力为主要目的。

下面以语文大阅读为例，详细介绍主题活动智慧课堂教学模式。

语文大阅读智慧课堂教学模式，以培养学生的文学素养为目标，从阅读整本书的视角，对学生阅读的逻辑主线及关键要素进行设计，并借助名师云课对学生进行名著导读。在教授学生阅读方法、激发学生学习兴趣的基础上，帮助学生探索和挖掘文学风格，深入理解人文精神内涵，使他们在精神、道德和文化方面都得到相应的发展。语文大阅读智慧课堂教学模式如图 3-4-6 所示。

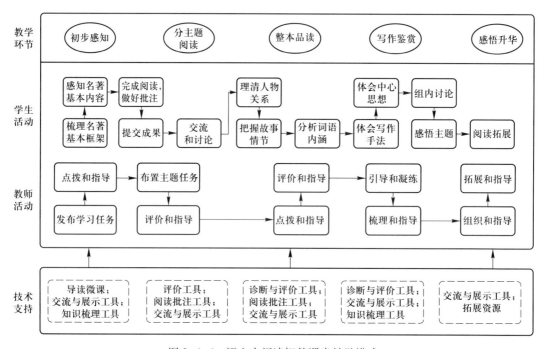

图 3-4-6　语文大阅读智慧课堂教学模式

语文大阅读智慧课堂教学模式包括初步感知、分主题阅读、整本品读、写作鉴赏和感悟升华 5 个环节。

在初步感知环节，首先，教师通过平板电脑发布学习任务，以任务驱动的方式组织学生了解书籍的相关要素。其次，学生在教师的引导下观看关于作者写作背景、目录、序言等方面的导读微课，感知名著的基本内容，并利用知识梳理工具梳理名著的基本框架，解读其中的意蕴。最后，学生利用交流与展示工具将自己的解读成果与教师、同伴共享，在此基础上形成对名著内容的初步感知。

在分主题阅读环节，首先，教师根据教学进程与名著篇章来划分活动阶段，并布置每一个阶段的主题任务。其次，学生根据教师发布的学习任务，利用阅读批注工具完成阅读，做好批注，并利用交流与展示工具将批注成果与教师、同伴共享。最后，教师利用诊断与评价工具对学生的阅读、批注情况进行评价和指导，并将评价结果反馈给学生，帮助学生总结收获，反思不足。

在整本品读环节，首先，教师围绕"人物关系"这一主线发布问题，引导学生利用阅读批注工具，围绕书中出现的人物及主要人物故事理清人物关系、把握故事情节，并利用交流与展示工具向教师、同伴展示阅读成果。其次，教师利用诊断与评价工具对学生的阅读成果进行评价和指导，并将评价结果反馈给学生，帮助学生加深对整本书的理解。

在写作鉴赏环节，首先，教师引导学生利用知识梳理工具自主分析重点词语的内涵，让他们体会写作手法的表达效果，进而深层次体会名著的中心思想。其次，学生利用交流与展示工具将自己的分析结果在小组内分享，小组成员各抒己见，通过讨论、交流、论证、辩论，深入鉴赏名著内容。对于组内无法达成共识的问题，可以寻求教师帮助或查找课外微课资源。

在感悟升华环节，教师围绕本书的主题组织学生交流读书心得与感悟，评价学生的学习表现，并推送拓展资源供学生积累文化知识，提升文化素养。学生根据整本书的写作内容，结合自身的成长经验感悟主题，升华情感态度与价值观。

3.4.4　STEAM 智慧课堂教学模式

STEAM 教育是融合科学（S）、技术（T）、工程（E）、艺术（A）、数学（M）等多领域知识的综合性教育，它强调知识跨界、场景多元、问题生成、批判建构、创新驱动，既体现了课程综合化、实践化、活动化的诸多特征，又反映了课程回归生活、回归社会、回归自然的本质诉求。

STEAM 教育强调以项目为抓手，展开跨学科的综合性学习。一般情况下，项目都比较复杂，需要综合应用多个学科的知识才能完成。STEAM 项目最佳的完成方式是，教师对学生进行引导，让他们通过合作将复杂的任务拆分为一个个简单的子任务，然后按照一定的顺序逐个完成，最终实现任务目标。下面按照这一思路构建智能技术支持下的

STEAM 智慧课堂教学模式，如图 3-4-7 所示。

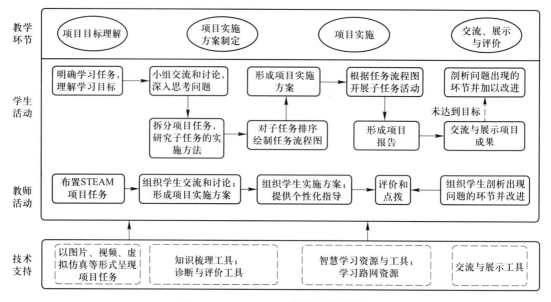

图 3-4-7　STEAM 智慧课堂教学模式

STEAM 智慧课堂教学模式包括项目目标理解，项目实施方案制定，项目实施和交流、展示与评价 4 个环节。

在项目目标理解环节，教师将与生活实际紧密联系的项目任务，以图片、视频、虚拟仿真等形式发布给学生，让学生明确学习任务，理解学习目标，并引发学生思考，激发学生的学习动机。

在项目实施方案制定环节，首先，教师组织学生以小组为单位围绕项目任务的实施途径和方法展开交流和讨论，并给予学生个性化的指导。其次，学生在教师的引导下将复杂的任务拆分为多个子任务，并研究各个子任务的实施方法，讨论各个子任务的实施顺序，利用知识梳理工具绘制任务流程图，形成项目实施方案。

在项目实施环节，教师发布项目实施所需要的智慧学习资源与工具，组织学生以小组合作的方式，按照项目实施方案，以任务流程图为线索，开展各个子任务所对应的学习活动，完成项目任务并形成项目报告。在项目实施过程中，针对存在的知识薄弱点，学生可以利用微课或云课等学习路网资源进行个性化学习。

在交流、展示与评价环节，各小组代表借助交流与展示工具展示项目成果，教师对各小组的项目完成情况进行评价和点拨，如果没有达到预期目标，则需要引导学生对出现问题的环节进行深入剖析，并对其进行改进。

3.4.5 创客智慧课堂教学模式

创客教育是指利用创客空间和创客项目激发学生的学习兴趣，使学生通过实践探索完成创客任务，提升创新思维能力。创客教育传承了体验教育、项目学习法、创新教育等的思想，提倡"基于创造的学习"，强调学生融入创造情境、投入创造过程。创客教育最佳的开展方式是从生活中的实际问题出发，引导学生去分析任务的创新点，大胆地设计方案，在创客空间中去实践方案，形成创客作品并迭代改进。按照该思路构建的智能技术支持下的创客智慧课堂教学模式，如图 3-4-8 所示。

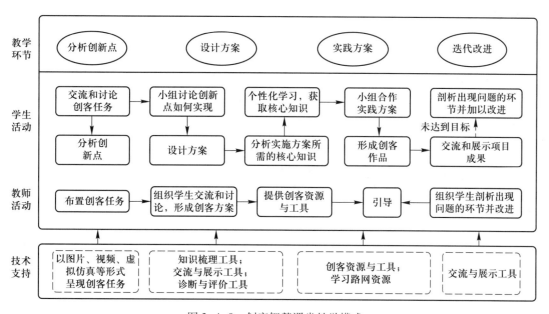

图 3-4-8 创客智慧课堂教学模式

创客智慧课堂教学模式包括分析创新点、设计方案、实践方案和迭代改进 4 个环节。

在分析创新点环节，首先，教师将与生活紧密联系的创客任务，以图片、视频、虚拟仿真等形式发布给学生，引发学生思考，激发学生的创新欲望。其次，学生以小组为单位交流和讨论创客任务，分析创客任务的创新点，教师适时提供指导，帮助学生正确理解创客任务，明确创客任务目标。

在设计方案环节，首先，教师组织学生通过小组合作的方式，围绕如何实现创客任务中的创新点展开交流和讨论，设计具体的方案。其次，各小组根据所设计的方案分析实施方案所需要用到的核心知识，并根据各自在核心知识方面的薄弱环节，通过观看微课或云课等学习路网资源开展个性化学习，为后续制作创客作品奠定基础。

在实践方案环节，教师为学生提供制作创客作品所需要的创客资源与工具，组织学生以小组合作的方式实践方案。在实践方案的过程中，学生可能会遇到新的问题，教师则需要不断引导学生去分析和解决这些问题，最终完成创客作品的制作。

在迭代改进环节，各小组代表借助交流与展示工具展示创客作品，教师对创客作品的创新点及完成情况等进行评价和点拨，如果没有达到预期目标，则需要引导学生深入剖析出现问题的环节，对创客作品进行迭代改进，直至达到预期目标。

思考题

1. 智慧课堂教学模式与传统教学模式有什么样的区别和联系？

2. 智慧课堂教学模式应该朝着什么方向构建？

3. 智慧课堂教学模式构建过程中的关键问题有哪些？应该如何突破和解决这些问题？

4. 智慧课堂各典型教学模式之间的差异主要体现在哪些方面？

5. 如何看待智能技术对智慧课堂教学模式构建的影响？

第4章

智慧课堂支撑环境

　　学习环境建设是实现教与学方式变革的基础，为学生提供更加便利、舒适、有效的学习环境，是教育信息化发展的重要方向。因此，研究和探讨学习环境，对于促进教育信息化持续和深入发展具有重要的现实意义。本章主要从智慧课堂支撑环境的总体结构、云端一体化智慧教与学平台和智慧教室三个方面阐述智慧课堂支撑环境。

4.1 智慧课堂支撑环境的总体结构

4.1.1 智慧课堂支撑环境的基本构成

开展智慧课堂教学的关键是智慧课堂支撑环境。智慧课堂支撑环境是利用人工智能、大数据、物联网、云计算、虚拟现实/增强现实等技术，有效支撑备课、教学、学习、评价等活动的一体化和智能化的教学环境，是为教学活动提供智慧应用服务的教学空间及其软硬件设施的总和。智慧课堂支撑环境由云端一体化智慧教与学平台及智慧教室两个部分组成，如图 4-1-1 所示。

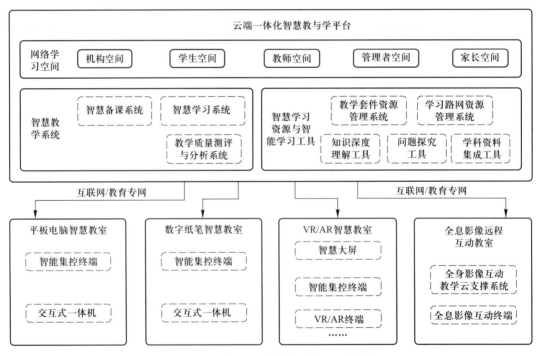

图 4-1-1 智慧课堂支撑环境的基本构成

云端一体化智慧教与学平台由智慧教学系统、智慧学习资源与智能学习工具和网络学习空间等组成。智慧教学系统主要包括智慧备课系统、智慧学习系统和教学质量测评与分析系统；智慧学习资源与智能学习工具包括教学套件资源、学习路网资源、知识深度理解工具、问题探究工具和学科资料集成工具等，支撑教师备课、课堂互动教学以及学生课后自主学习等多场景、全流程的教与学活动；网络学习空间为不同教育用户提供个性化服务，包括机构空间、学生空间、教师空间、管理者空间以及家长空间等，可以集成智慧课堂教学的各类业务应用。

按照终端设备及应用场景，可以将智慧教室分为平板电脑智慧教室、数字纸笔智慧教室、VR/AR 智慧教室及全息影像远程互动教室等。关于云端一体化智慧教与学平台和智慧教室的详细介绍分别见 4.2 节和 4.3 节。

4.1.2 智慧课堂支撑环境的运行模式

智慧课堂支撑环境的运行模式是指利用云端一体化智慧教与学平台、智慧教室、智慧教学系统，以及智慧学习资源与智能学习工具等软硬件设施有效支持教与学活动的运行机制。

首先，教师利用智慧备课系统开展备课活动，基于以往的教学情况数据和学习情况数据，安排教与学活动，并利用智慧学习资源与智能学习工具准备课堂教学所需要的教学套件资源和学习路网资源。其次，教师在备课的基础上，利用云端一体化智慧教与学平台和智慧教室开展课堂教学活动，利用教学套件资源完成讲授活动，组织学生开展自主学习、合作学习、探究学习和交流研讨等活动，并完成对学生学习情况的动态检测和分析。最后，教师借助云端一体化智慧教与学平台，将课后作业和拓展资源发布给学生，学生利用教师所提供的资源完成作业，进一步开展个性化学习活动。

4.1.3 智慧课堂支撑环境的技术架构

智慧课堂支撑环境采用微服务架构，针对机构、用户、课程、资源、教学、学习等分别建立微服务，支持持续开发、部署和交付模式；各个微服务高内聚、低耦合，以确保智慧课堂支撑环境具有高并发、高可用、高可靠、易扩展及支持多终端等技术特性，并支持集群及负载均衡。智慧课堂支撑环境的技术架构包括终端设备、展现层、应用层、支撑层、数据层及基础设施层，如图 4-1-2 所示。

1. 展现层

展现层主要以网络学习空间（包括机构空间、学生空间、教师空间、管理者空间和家长空间）的形式，为智慧课堂终端设备（交互式一体机、个人计算机、平板电脑、智

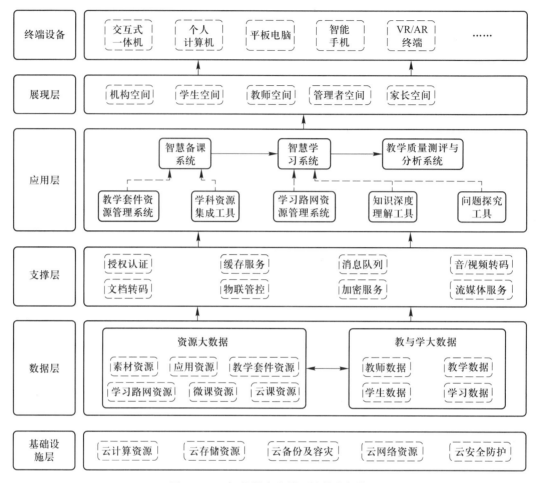

图 4-1-2　智慧课堂支撑环境技术架构

能手机、VR/AR 终端等）提供展现服务。在展现层，应使用 React、HTML5、CSS3、3DMax 等技术优化展示效果、提升用户体验，并通过 Socket、Pico SDK 实现各终端信息同步与交互控制。

2. 应用层

应用层为智慧课堂提供云端一体化智慧教与学支撑服务，主要包括智慧备课系统、智慧学习系统、教学质量测评与分析系统，以及智慧学习资源与智能学习工具等。应用层应该能够通过分层消除单点、全部集群化、Nginx+KeepAlived 双活配置、服务调度中心（Zookeeper）、API 网关、Redis 主从集群、分布式灾备存储资源、数据库读写分离，以及负载均衡、容错、限流、熔断降级等，确保个别微服务或者节点出现故障时整个系统能正常运行。应用层采用微服务 Zookeeper 架构，可以提供完整的服务注册及发现工具，以便于智慧课堂各类应用场景中的服务组合与扩展。

3. 支撑层

支撑层提供授权认证、缓存服务、消息队列、音/视频转码、文档转码、物联管控、加密服务、流媒体服务等公共基础服务。支撑层采用 Nginx、CAS、OAuth2、FileBeats、RabbitMQ 等服务框架，分别服务于智慧课堂的各类应用场景，为智慧课堂中的教学互动、直播/录播、物联管控等提供基础支撑服务。支撑层应通过多级缓存技术、Redis 集群主从配置、FastDFS 支持用户数量平滑增长。

4. 数据层

数据层提供资源大数据（包括素材资源、应用资源、教学套件资源、学习路网资源、微课资源及云课资源等）和教与学大数据（包括教师数据、学生数据、教学数据和学习数据等）两个部分。数据层应通过组合使用 MariaDB、MySQL 等多种数据存储服务，保证智慧课堂中的数据安全、稳定、快速的存储和使用。

5. 基础设施层

基础设施层提供云端一体化智慧教与学平台运行所需要的基础设施服务，包括云计算资源、云存储资源、云备份及容灾、云网络资源（子网/IP/域名等）和云安全防护等。基础设施层应通过 Docker 容器来管理和运维各个服务和中间件，同时向数据层、应用层提供开放应用程序接口（API）调用，保证智慧课堂的高效部署与运行，同时通过多层次、立体化监控实现智慧课堂运行的高可靠性。

4.2　云端一体化智慧教与学平台

云端一体化智慧教与学平台，是充分利用"互联网+"、大数据、人工智能、虚拟现实/增强现实等技术，围绕教与学的瓶颈问题，依据课程图谱，以教与学大数据为支撑，立足教育教学改革实际需求的用于教学、学习和评价的新型智慧服务平台。云端一体化智慧教与学平台包括智慧教学系统、智慧学习资源与智能学习工具以及网络学习空间，它能够支持教师选择合适的教学/学习路径，有效组织、引导及指导学生开展智慧学习活动；动态、全面、精准地采集所有学生的学习过程数据和学习结果数据，建立学习全过程数据档案；根据学生的个性化学习情况，优化教学/学习路径，完善教学资源；将优秀教师的教学智慧动态提供给学生，帮助学生开展自主学习、探究学习、合作学习等，为教师智慧教、学生个性化学提供有效支撑。

4.2.1　智慧教学系统

智慧教学系统是借助人工智能、大数据、虚拟现实/增强现实等技术，构建能够帮助教师备课、教学、监测和调控教学过程，帮助学生进行个性化学习的支撑环境。智慧教学系统主要包括智慧备课系统、智慧学习系统及教学质量测评与分析系统。

1. 智慧备课系统

智慧备课系统具有备课管理、导学管理、学习任务管理、答疑解惑、组卷考试、主题活动管理、教学分析以及备课检查等功能。

（1）**备课管理**

虽然网络中存在海量的教学资源，但这些教学资源大多以简单分类的方式存储在资源库中，使得一方面教师和学生常常为检索资源耗费大量的时间，另一方面资源库中的资源闲置、利用率低。备课管理系统集成了智慧学习资源和智能学习工具，可以最大限度地减轻教师在备课时遇到的资源检索困难、工具应用困难等问题。它可以根据分层教学数据和分层学习数据，通过智慧学习引擎，从包含素材、试题等基础资源，以及课件、导学案、教学设计等应用资源的资源库中选择合适的资源，推送给教师，帮助教师准备分层次的课前预习资源、课堂教学资源及课后学习资源，从而使教师能够精准备课，使学生能够有针对性地学习，提高课堂教学效率。智慧备课系统的备课管理功能如图 4-2-1 所示。

（2）**导学管理**

导学管理功能可以对所有的导学案进行分类存储和检索，支持教师编制导学案。教师在编制导学案的过程中，可以从资源库中便捷地选取各种文本资源，并将其集成到导学案中，而且可以对其做进一步的编辑和修改；可以选择所需要的交互式工具，并以插入或关联的方式建立索引；可以将所编制的导学案以富媒体的形式发布给学生，或以文本的形式打印出来供学生使用；可以设置导学案使用的起止时间。利用导学管理功能，教师可以动态查看学生学习导学内容的频次、浏览资源的频次、参与主题活动的频次、使用智能学习工具的频次以及完成问题/任务的情况等。

（3）**学习任务管理**

学习任务管理功能可以按照学段、学科、教材、课程目录及知识点目录，管理探究学习任务、项目学习任务、主题活动任务、常态作业任务等各类学习任务；可以使教师了解学生学习任务的完成情况，并给出评语；提供优秀学生学习经验的选择和分享功能，

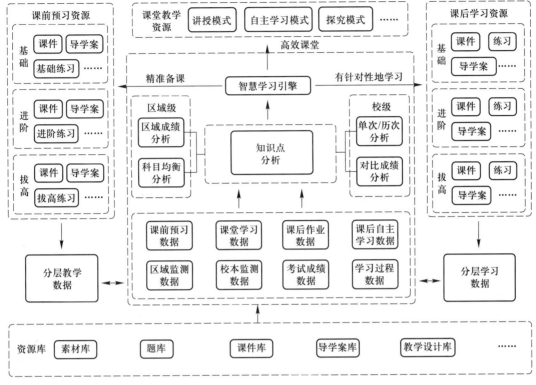

图 4-2-1　智慧备课系统的备课管理功能

以使其他学生能够汲取他人的学习经验。

（4）答疑解惑

答疑解惑分为在线实时答疑/指导和非实时答疑/指导两种模式。该功能可以为教师提供各类问题的教学指导材料及讲解资源；支持教师与学生以文本、图片、音视频等形式进行互动交流；支持对校级和区域级的主题活动、探究学习、项目学习以及作业等各类学习活动的答疑/指导。

（5）组卷考试

组卷考试包括组卷和考试两个模块。组卷模块能够利用智能算法，根据教师所设定的题型、数量、难度等，自动在题库中抽取符合条件的试题组成试卷。考试模块支持两种考试方式，一种是在线考试，教师可以对考试名称、考试类型、考试科目等信息进行设置，创建在线考试；另一种是线下考试，教师可以将所组的试卷打印出来，让学生以纸质方式完成试卷作答。

（6）主题活动管理

主题活动管理包括活动创建、活动开展情况监测、优秀成果共享、活动查询等功能。

活动创建功能支持教师设置主题活动名称、主题活动封面、主题活动介绍、主题活动的起止时间及地点，选择主题活动的参与对象；支持教师从资源库中选择开展主题活动所需要的资源，并发布给学生使用。活动开展情况监测功能可以动态监测每一个学生的活动进展情况，具体包括学生对资源的使用情况、学生所形成的阶段性结果、学生之间的合作学习情况等。优秀成果共享功能支持在不同的主题活动中遴选和发布优秀成果，显示学生对优秀成果的使用反馈等。活动查询功能可以对开展的主题活动进行分类统计，包括活动时间、类型、指导教师、开展范围、优秀成果等。

（7）**教学分析**

教学分析能够动态获取课前预习数据、课堂学习数据、课后作业数据、考试成绩数据、学习过程数据等，在此基础上进行知识点分析，生成诊断分析图表，使教师可以按照学期、学段、学科、任教班级查看关于群体学生或个体学生学习情况的统计结果，从而更好地安排教学活动。

（8）**备课检查**

备课检查包括备课情况管理、备课质量分析、资源及工具使用情况分析等功能。备课情况管理功能可以对教师利用智慧备课系统备课的情况进行统计分析；备课质量分析功能可以评价教师所使用的课件、导学案等对课堂教学的支持程度；资源及工具使用情况分析功能可以对教师使用资源及工具备课的情况进行统计分析，并评价这些资源及工具对学生学习的支持程度。

2. 智慧学习系统

智慧学习系统具有知识学习、学习分析与诊断、训练、专题活动等功能。

（1）**知识学习**

知识学习包括知识片段学习、问题解决方法学习、知识点学习、系统复习等模块。知识片段学习模块能够根据学生的认知水平为其提供合适的知识片段讲解微课或优秀学生学习经验微视频，以及相应的资源和工具。问题解决方法学习模块能够根据学生的学习方式为其提供合适的有关问题解决方法的讲解微课。知识点学习模块能够根据学生的层次，为其提供与之适配的知识点学习活动安排及相应的学习工具和学习资源。系统复习模块能够根据学生的实际情况，按照单元、专题、学段等不同范围，为学生提供合适的复习活动安排和相应的工具及资源。

（2）**学习分析与诊断**

学习分析与诊断包括学习数据采集、学生画像、学习问题诊断等模块。学习数据采集模块可以通过考试、作业、练习等对学生进行测评来采集学生的学习结果数据，同时还可以采集学生听讲、讨论、阅读等学习路径，以及探究学习、项目学习、自主学习等学习活动方面的学习过程数据。学生画像模块能够基于课程图谱，利用所采集的学习结果和学习过程数据，对学生的知识学习情况和相应的问题解决能力形成情况等进行精准刻画。学习问题诊断模块能够根据学生画像，分析与诊断出学生在知识学习和问题解决能力形成方面存在的问题，并利用智慧学习引擎为其推荐合适的学习路径与方法、学习资源与工具等。智慧学习系统的学习分析与诊断功能如图 4-2-2 所示。

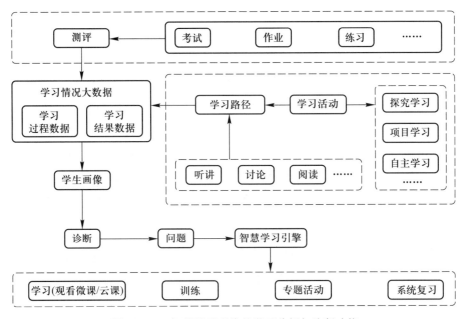

图 4-2-2　智慧学习系统的学习分析与诊断功能

（3）**训练**

训练包括个性化推题和错题本两个模块。个性化推题模块能够根据学生的知识学习情况，和相应的问题解决能力形成情况，按照学生的认知梯度推送相应的训练题。错题本模块能够自动记录错题或由学生手动添加错题，并支持设置错误标签、查看错题解析，以及评价和反馈；能够依据错题智能生成练习和推送学习资源，使学生可以通过学习相关资源、进行自适应练习、查看错题解析、了解评价和反馈等来减少错题。

（4）**专题活动**

专题活动支持探究学习、学科活动和拓展学习等模块。探究学习模块能够提供知识深度理解工具、体验探究工具和有针对性的学习资源，为学生搭建探究学习支架；能够提供探究学习讨论区，支持生生之间、师生之间的交流和讨论，帮助学生对复杂问题进行系统探究，使学生在自主学习的过程中提升系统思维能力、创新思维能力。学科活动模块包括活动创建、活动开展、活动评选等，该模块可以有效地支撑学科教师和学生开展相关主题活动，丰富师生教与学的场景。拓展学习模块能够依据不同学生的学习需求，智能推送拓展问题、拓展任务与学习资源，便于学生开展知识梳理与提升等自主学习活动。

3. 教学质量测评与分析系统

教学质量测评与分析系统具有作业情况分析、考试情况分析、活动情况分析和教学总体情况分析等功能。

作业情况分析功能，能够按照知识点、单元、学段等，对各个班级、各个年级学生的作业情况进行测评和分析，并能够通过作业布置和批改情况对任课教师的教学质量进行测评和分析。考试情况分析功能，能够对各个班级、各个年级学生的考试情况进行多维度测评和分析，并在此基础上对任课教师的教学质量进行测评和分析。活动情况分析功能，能够对各个班级、各个年级、各个学校的教学活动开展情况进行测评，分析每类教学活动的质量、存在的不足及原因。教学总体情况分析功能，能够从多个维度对学校各学科的教学质量进行分析，测评其教师教学水平、年级教学水平、学科教学水平，从而发现教师教学中存在的共性问题，科学筛选培训对象与培训内容，确定本校开展教研和培训活动的方式与途径。

4.2.2　智慧学习资源与智能学习工具

智慧学习资源与智能学习工具包括资源库和智能学习工具库。它们在为学科教师备课与教学提供必要的资源与工具的同时，实现了对资源的统一存储和管理，以避免资源重复建设、使用率低等现象的发生，促进资源的可持续发展。

1. 资源库

资源库包括基础资源库和应用资源库。

（1）**基础资源库**

① 素材库。素材库包括素材管理工具和素材资源。素材管理工具能够按照学科、学段、单元、章节、知识点等对素材进行分级分类管理，包括分级目录体系管理，素材内容存储、修改、编辑、检索，素材导入、导出及统计分析等；支持教师收藏、创建、管理和共享资源等。素材资源包括能够有效支持基本知识理解、应用、检测和探究等的文本、图片、音视频、动画等形式的资源，诸如背景资料、学科史实、公式、课文、定理、定律、概念、原理、同步练习等方面的素材。

② 题库。题库包括试题管理和试题两部分。试题管理具有试题分类、存储、检索、修改、编辑、统计分析等基本功能；能够按照学科、学段、单元、章节、知识点等对试题进行分级分类管理；支持教师从试题类型、难易度、来源、题干、答案、知识点、解析等方面选择试题进行组卷；支持教师自定义试题类型，扩充试题体系等。试题内容具有类型丰富、来源多样、难易程度不同、知识点覆盖全面、内容完整（包括题干、答案和解析）等特点，能够满足教师备课、上课以及进行同步测试、单元测试、期中和期末考试的需求。

（2）应用资源库

应用资源库包括教学套件资源库、学习路网资源库和资源建序工具。

① 教学套件资源库。教学套件资源库支持教师对教学设计、教案、课件、作业、导学案、试题试卷、微课和云课等进行编辑、发布、打印、分享、检索、浏览、下载和统计分析等操作；支持教师根据教学路径选取相应的教学套件资源，用于备课与教学、学习应用、研修应用和教学分析；支持教师建立和分享自有的教学套件资源；能够基于学生画像和教师画像，建立学生学习质量与所选取的教学套件资源的关联模型，利用算法对教学套件资源进行适切性分析和迭代优化。教学套件资源库的总体结构如图4-2-3所示。

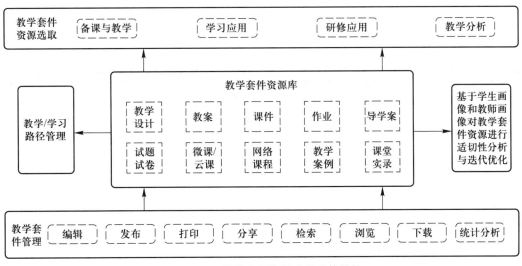

图 4-2-3 教学套件资源库的总体结构

② 学习路网资源库。学习路网资源库支持教师按照学习路径、学生层次、学习用途等对优秀教师讲解微课/云课、优秀学生学习经验微视频等资源进行分类、存储、导入、导出、检索和统计分析等操作；支持教师按照学习路径为学生选取合适的微课/云课；支持学生根据自己的学习实际需要，个性化地选择优秀教师讲解微课/云课、优秀学生学习经验微视频。学习路网资源库能够基于群体学生资源使用情况大数据进行动态调整和优化。

③ 资源建序工具。资源建序工具能够依据学生学习情况大数据，对教学套件资源和学习路网资源进行管理；能够对每一个教学套件资源与相应教学路径的适配度，以及每一个学习路网资源与相应学习路径的适配度进行计算，分析其对教学活动的支持程度，为教师智慧教和学生个性化学提供资源支撑。

2. 智能学习工具库

智能学习工具库包括学科资料集成工具、知识深度理解工具、问题探究工具等，着重解决常规教学中普遍存在的抽象知识难讲解、微观现象难展示、探究活动缺乏必要环境、个性化教学内容构建困难，以及公式、符号、图形、图像、图表不易编辑等问题，为多媒体环境及智能教室环境下的备课与教学提供有效支撑。

（1）学科资料集成工具

学科资料集成工具能够依据知识体系将相关的学习支撑资料与学习内容关联起来，使其集成为一个有机整体，支持教师对相关资料进行扩充、修改、导入、导出、分享等；支持学生快速、精准、系统地获得与所学知识相关的学习资料。

例如，图 4-2-4 所示的小学语文多维电子课文集成工具是典型的学科资料集成工具。该工具从字、词、句、段、篇多个维度，为教师和学生提供了相关学习资料，为小学语文的教与学提供了全方位的支持。

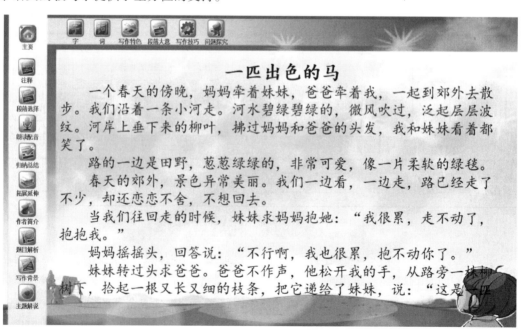

图 4-2-4　小学语文多维电子课文集成工具示例

（2）知识深度理解工具

知识深度理解工具能够将知识的内在机理以可视化的形式呈现出来；对于存在多种变化状态的教学内容，能够记录其在各个变化状态下的特征并进行对比和分析；能够展示知识整合的内在机理；能够对关键知识点进行有针对性的检测和评价。

例如，"血液循环的奥秘"工具利用人工智能技术，按照人体血液循环规律，通过仿真计算建立血液在体循环、肺循环中的流动模型，再利用虚拟现实/增强现实技术模拟血液循环的真实样态，并使学生能够交互控制血液的流动状态等，为学生理解知识和应用知识提供支撑，如图4-2-5所示。

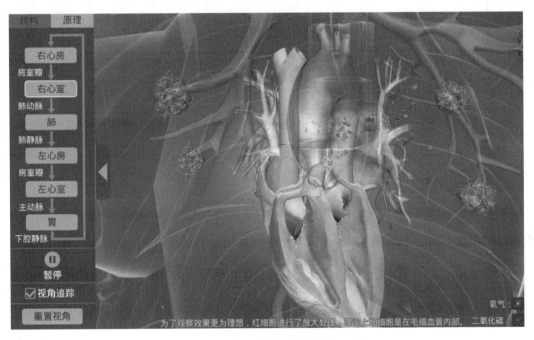

图4-2-5 "血液循环的奥秘"工具

再如，可用于高中物理学习的"理解电磁炉的工作原理"工具，该工具支持需要还原知识、改变知识形态的教学步骤设计。例如，没有火苗，没有电阻丝，电为什么能产生热呢？对于很多学生而言，仅通过学习书本知识是难以理解这一现象的。"理解电磁炉的工作原理"工具利用虚拟仿真技术，全方位展示电磁炉的内部结构，能够支持学生选取不同的容器（陶瓷盘、铁锅、铝锅、不锈钢锅、铜盆、玻璃盘）放置在电磁炉上，并且可视化地呈现放置在电磁炉上的容器内水沸腾的现象，以及电磁炉工作过程中产生的涡流现象，还能够模拟打开电磁炉开关后出现电磁场，放上铜盆、铝锅、陶瓷盘等后没有任何反应，放上铁锅、不锈钢锅后马上就产生涡流，涡流流动使锅体发热等场景，如图 4-2-6 所示。

图 4-2-6　"理解电磁炉的工作原理"工具

3. 问题探究工具

问题探究工具通过仿真计算为探究活动提供支撑工具和支撑环境。问题探究工具能够记录探究活动的过程及相应的结论，并能够对探究活动不同阶段的状态进行比较和分析；能够对探究活动进行指导，使学生轻松、愉快、主动地探究问题，并在探究的过程中深入理解知识、形成问题解决能力和创新思维能力。

以初中生物"探究蚂蚁的行为和通信"工具为例，如图 4-2-7 所示。在室内实验中，饲养活体蚂蚁很难成活，且对于脱离自然环境的蚂蚁，很难观察到其真实的行为过程；而在室外实验中，难以控制蚂蚁的行动方向。这些因素导致对蚂蚁的身体构造、运动方式和通信方式等的研究不易实现。"探究蚂蚁的行为和通信"工具采用高精度的三维模型模拟蚂蚁的身体构造并显示其各部分的名称，引导学生观察其基本形态和结构特点；模拟蚂蚁的觅食行为和通信行为等，引导学生探究群居生活的蚂蚁是如何寻找食物并且如何与其他蚂蚁进行通信的。学生在探究过程中还可以对相关参数进行控制，实现分步骤、多角度的探究，并得出最终的结论。

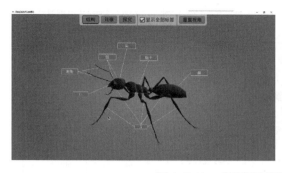

图 4-2-7 "探究蚂蚁的行为和通信"工具

4.2.3 网络学习空间

网络学习空间具有业务支持、工作流程支持与结果管理、信息与通知、互动交流、文档存储与管理、个人收藏、分享信息、关注网站与他人空间等功能。用户可以将这些功能集成为个性化页面，形成自己的网络学习空间。

网络学习空间分为个人空间和机构空间，其总体结构如图4-2-8所示。个人空间是具有角色基本功能且可拓展的个性化工作与学习场所，是调用各类应用服务的个人应用枢纽，有教师空间、学生空间、家长空间、管理者空间，还可以根据需要设置教研员空间等。机构空间包括班级空间、学校空间等，它能够调用公共应用服务，支持成员管理、资源管理、信息发布、活动组织与活动分析等。可以将机构空间理解为展示学校、班级风采的窗口，汇聚、共享优质教育资源的入口。公共应用服务包括智慧备课、个性化学习、智慧学习资源管理、智能学习工具和教学质量测评与分析等，用户通过个人空间或机构空间调用公共应用服务，支持教育教学活动，服务育人全过程。①

在智慧课堂构建方面，网络学习空间能够有效支持学生发现问题、构想问题解决方案、将知识融会贯通、对自己进行准确的自我评价等；能够有效支持教师备课，以及组织、引导、指导学生学习等。

在教研和培训方面，网络学习空间能够有效支持集体备课、教学观摩、专家培训、交流研讨、论坛交流及教师网络学习等活动；能够支持集体编写教案和课件，支持学科内容编写和交流；有足够的教学资源可调用，有功能强大的学科工具和虚拟仿真实验室支持备课和交流活动。

在管理方面，网络学习空间能够按照各项工作的要求支持教师与学生、教师与家长、

---

① 郭炯，黄彬，郑晓俊.《网络学习空间建设与应用指南》解读[J]. 电化教育研究，2018，39（8）：34-38.

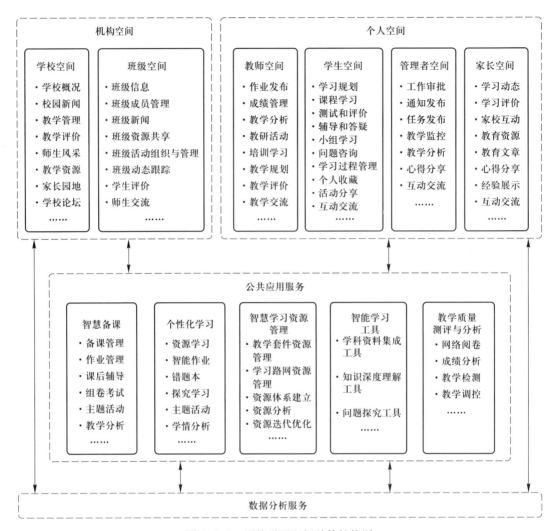

图 4-2-8 网络学习空间总体结构图

管理者与学生、管理者与家长、管理者与教师等之间的信息传递、汇总、监测、分析、预警与决策等；能够按照各个机构的职能和业务流程，为其提供各项工作的运行平台和状态监测、信息汇总与统计分析、预警与决策等功能。

1. 机构空间

机构空间能够按照机构的各项业务工作，将相应的应用服务集成为一个整体。

（1）学校空间

学校空间可以提供学校概况、校园新闻、教学管理、教学评价、师生风采、教学资源、家长园地、学校论坛等校园信息发布与交流服务。

（2）班级空间

班级空间可以提供班级信息、班级成员管理、班级新闻、班级资源共享、班级活动组织与管理、班级动态跟踪，以及学生评价、师生交流等服务。

2. 个人空间

个人空间能够对智慧教学系统、智慧学习系统、智慧研训系统、智慧管理系统等中的不同类别的应用服务进行拆分和聚合，为用户提供个性化应用服务。个人空间支持各类角色的互动交流、信息获取与发布、过程记录与管理等。

（1）教师空间

教师空间可以为教师提供备课所需的内容及智慧备课支撑环境，包括：作业发布、成绩管理、教学分析等教学服务；教研活动、培训学习等研修服务；教学规划、教学评价、教学交流等教学管理服务。此外，教师空间还提供心得分享、活动展示、群组、好友、论坛、相册、视频管理等社交服务。教师空间支持教师在编写教案、准备课件时在线调用资源库中的资源，实时使用智能学习工具库中的工具等；在进行集体备课、教学观摩、教学研讨时使用相关教学资源和工具等进行交流。教师空间典型样例如图4-2-9所示。

图4-2-9　教师空间典型样例

（2）学生空间

学生空间包括学习规划、课程学习、测试和评价、辅导和答疑、小组学习、问题咨询、学习过程管理、个人收藏、活动分享、互动交流等学习服务。在学生空间中，课程学习等是任课教师动态提供的内容，可在教师空间中获得。当然，学生空间中的通用学习内容及环境，由学校或各级教育部门或机构提供。此外，小组学习可以分为教师组织的小组学习和学生自发组织的小组学习两种。问题咨询可以面向任课教师、面向同伴，也可以面向网络学习空间中的其他人。学习过程管理可以帮助学生管理学习过程和学习资料，分析自己的学习轨迹和状态等。学生空间典型样例如图 4-2-10 所示。

图 4-2-10　学生空间典型样例

（3）**管理者空间**

管理者空间可以为管理者提供教育运行状态监控，工作任务审批，通知与信息发布、通知与信息接收，任务发布与完成状态监控，与教师、学生、家长及其他各类教育工作者交流等服务。管理者空间典型样例如图 4-2-11 所示。

图 4-2-11　管理者空间典型样例

（4）家长空间

家长空间可以为家长提供学生的学习动态、学习评价信息、与任课教师交流等家校互动服务；家庭教育文章、教育资源等的推送服务；学生培养心得分享、经验展示、互动交流等。

4.3　智　慧　教　室

智慧教室，是在人工智能、大数据、云计算等智能技术的推动下，教室信息化建设的最新形态，是教师开展智慧教、学生开展个性化学的场所。立足教学活动需求、提供智慧应用服务是智慧教室的核心使命，达成最优化的教学效果是智慧教室的终极目标。运用智能技术、提供智慧服务、实现智慧管理是智慧教室区别于传统多媒体教室和网络教室的主要特征。

4.3.1　智慧教室的建设方向

智慧教室的建设方向应依据智慧课堂教学的实际需求来确定，应有助于知识的理解、梳理与总结及深化应用，有助于激发学生的学习兴趣，有助于对教学质量的动态精准测评，有助于学生获得优秀教师的讲解与指导，有助于学生与最佳同伴展开合作学习等。

1. 有助于知识的理解

一般情况下，对于常规条件下不易理解的学习内容或难以探究的复杂问题，利用智能技术手段解决的途径有两条：一条是将知识以可视化的形式呈现出来，学生可以通过调整事先设定好的变量来改变知识的呈现形态，并且可以通过人机交互实现知识的应用体验和系统探究；另一条是为学生学习知识提供丰富的资料，帮助学生理解知识或探究问题。

对于只有将知识以可视化的形式呈现出来，才有利于疑难知识理解和复杂问题探究的情况，智慧教室应充分利用能够呈现知识内在机理动态演化过程的学科智能学习工具，支持知识理解和问题探究学习活动。

对于只有通过丰富的学习资料，才能更好地理解知识和探究问题的情况，智慧教室应借助基于智能技术、按照科学的分类体系建立的资料库，以及智慧学习引擎，帮助学生便捷、准确地获得所需要的资料，从而有效地支持学生系统学习知识和深入探究问题。智慧教室还应借助基于教科书、按照知识点之间的关联关系构建的立体教材，为学生提供内容丰富、形式多样的移动资料库。

2. 有助于知识的梳理与总结

任何学科都有自身的知识结构系统，学习就是帮助学生在头脑中建立完整的学科知识体系，并形成系统的问题解决能力的过程。在学习过程中，梳理与总结所学的知识及其应用方法，对学生学习来说是至关重要的。在常规条件下，对于大多数学生来说，仅借助书本和纸笔很难对知识进行系统的梳理和总结。因此，在智慧教室建设中，应着重解决如何借助智能化的知识梳理工具，帮助学生梳理和总结所学的知识及其应用方法的问题。

3. 有助于知识的深化应用

在传统课堂教学中，普遍存在着知识应用零散化、缺乏系统性的问题。这是因为在传统课堂中，教师通常按照教科书的内容将知识以片段的形式讲授给学生，并让学生针对所学的知识片段做相应的训练，希望能帮助学生形成系统的知识应用能力。但是由于教师所提供的训练题大多数是按照知识片段设计的，因此学生很难将知识融会贯通，形成系统的问题解决能力。

智慧教室应借助移动学习终端、大数据、人工智能等技术手段，基于大数据精准分析学生知识掌握情况及应用知识解决问题能力的形成情况，有针对性地提供能驱动学生学习的分类分层问题，特别是提供能促进知识深化应用的问题。

4. 有助于激发学生的学习兴趣

在传统课堂教学中，影响学生学习质量的首要因素是学生的学习动因。大多数教师以单向讲授知识为主，学生往往不清楚为什么要学习这些知识。让学生明白学习知识的关键，是教师能够将知识转化为生活中的实际问题，使学生知道所学知识的价值所在。在常规条件下，做到这一点是很困难的，教师无法为学生提供真实的问题场景，学生没有真实的体验，就很难感受到解决问题的必要性。因此，智慧教室的建设应着重解决如何利用智能技术构建逼真的知识应用场景，激发学生学习兴趣的问题。

5. 有助于教学质量的动态精准测评

在课堂教学中，动态掌控学生的学习质量和学习方式，对于教师优化教学、引导学生个性化学习来说是至关重要的。智慧教室应充分运用人工智能、大数据等技术，动态采集学生在练习、作业、考试等方面的学习结果数据，以及听讲、讨论、阅读等方面的学习过程数据，并运用这些数据精准测评教与学质量，分析学生的课堂行为；在此基础上，针对发现的问题并结合教师的教学行为数据，动态优化教学活动，引导学生个性化学习。此外，智慧教室还应将所采集的教学情况数据与学校日常管理工作相结合，为学校管理提供工作运行状态监测、信息汇总与统计分析、预警与决策等支持。

6. 有助于学生获得优秀教师的讲解与指导

在常规条件下，教师面对全班学生，只能选择适合大多数学生实际情况的教学模式开展教学活动，学生无法随时随地得到最适合自己的教师的指导和帮助，难以实现个性化学习。智慧教室应有效利用智能技术，将优秀教师以名师云课等形式提供给学生，支持班级教学情况下的学生个性化学习。

7. 有助于学生与最佳同伴展开合作学习

在传统课堂教学中，教师在组织学生开展小组合作学习时，基本上是将学生按照座位就近分组。这样的做法从形式上看，的确是将学生分成一个个小组，以便让他们与小组内的同伴进行合作学习。但是，这种分组方式很难让学生在小组内找到与自己学习存在同样问题或有共同学习兴趣的同伴展开合作学习。

在常规条件下，没有更好的组织形式来解决这一问题。智慧教室则可借助智能技术，动态分析学生的学习情况，为学生建立精准画像，并汇聚优秀学生的学习经验微视频，让不同学校、不同区域甚至不同文化背景的学习者跨越时空，有机会按照兴趣或所遇到的问题找到最佳同伴展开合作学习。

4.3.2 智慧教室的建设类型

下面对平板电脑智慧教室、数字纸笔智慧教室、VR/AR 智慧教室及全息影像远程互动教室这 4 种智慧教室进行介绍。

1. 平板电脑智慧教室

平板电脑智慧教室包括交互式一体机（或电子白板）、教师平板电脑、学生平板电脑、智能集控终端等基本设备，以及智慧课堂教学系统、智慧学习资源与智能学习工具等软件系统。平板电脑智能教室的总体结构如图 4-3-1 所示。

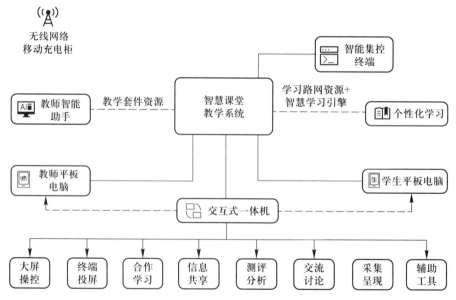

图 4-3-1 平板电脑智慧教室总体结构

在平板电脑智慧教室中，教师利用平板电脑控制学生平板电脑和交互式一体机，组织教学活动；学生通过学生平板电脑，开展学习活动；智能集控终端用于对教室内的自动跟踪摄像头、吊麦和音响等各类设备进行通信控制；交互式一体机用于大屏操控、终端投屏、测评分析、采集呈现，实现交流讨论、信息共享、合作学习等。智慧课堂教学系统负责提供课堂教学所需的教学套件资源、学习路网资源等，支持教师智慧教、学生个性化学习。平板电脑智慧教室可以有效支撑课前、课中、课后，全流程、多场景教学活动的开展。平板电脑智慧教室的实际场景示例如图4-3-2所示。

图 4-3-2　平板电脑智慧教室实际场景示例

2. 数字纸笔智慧教室

数字纸笔智慧教室在多媒体教室的基础上，通过扩充学生手写板及配套的软硬件设备，实现对学生答题过程及结果数据的动态采集和分析，为实时测评学生课堂学习情况和分析教学质量提供有效的支撑。数字纸笔智慧教室的总体结构如图4-3-3所示。

在数字纸笔智慧教室中，通过智慧集控终端将学生手写板与教室中的多媒体设备连接起来，有效支持师生间的互动与交流；通过数字纸笔课堂教学系统提供课堂教学所需的教学套件资源、学习路网资源等。数字纸笔智慧教室的实际场景示例如图4-3-4所示。

数字纸笔智慧教室以智能书写笔作为主要的输入工具，使学生能够以纸笔书写的方式来答题。数字纸笔智慧教室能够通过智能技术自动扫描和采集学生的答题过程及结果数据，并对课堂教学中的所有测验、练习数据进行统计分析和动态诊断；支持师生在同一书写空间中进行异地书写、批阅或标注；支持教师一边讲解一边板书，学生

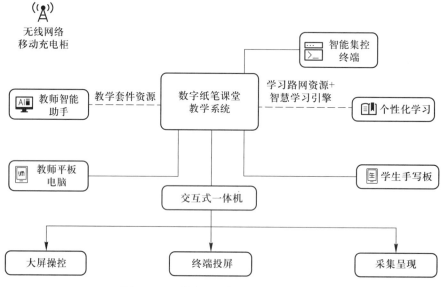

图 4-3-3　数字纸笔智慧教室总体结构

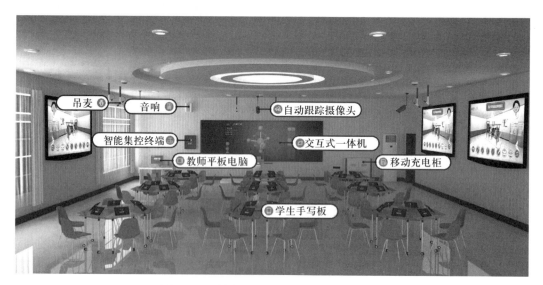

图 4-3-4　数字纸笔智慧教室实际场景示例

一边接收教师的音视频信息，一边观看教师的同步书写过程；能够将学生的答题过程同步传输到教师平板电脑上，使教师可以在线查看学生的答题情况和提交进度，并及时进行批改；支持教师对多个学生的答题情况进行对比和分析，如图 4-3-5 所示。

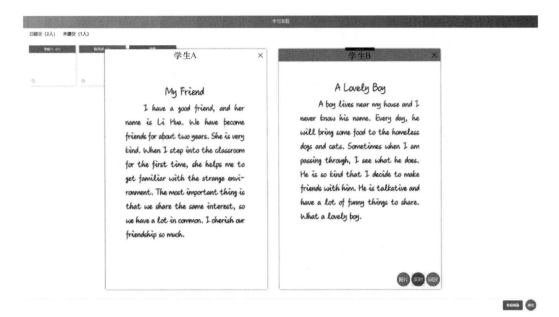

图 4-3-5　学生答题情况对比和讲解示例

3. VR/AR 智慧教室

VR/AR 智慧教室是在多媒体教室的基础上，通过扩充 VR/AR 终端及配套的软硬件设备构建的一种新型的智慧教室。VR/AR 智慧教室最突出的特点是能够展现虚拟与现实相结合的教学环境，支持高沉浸、强交互、深体验的教学活动。VR/AR 智慧教室包括 VR/AR 终端设备、智能集控终端、交互式一体机等设备。其中，终端设备有 VR 头盔、zSpace 终端+3D 眼镜、大屏幕+3D 眼镜等，与之配套的软件系统有 VR/AR 教学系统和 VR/AR 教学资源库等。VR/AR 智慧教室的总体结构如图 4-3-6 所示。

VR/AR 智慧教室能够实现 VR/AR 终端认证、VR/AR 终端管理、VR/AR 终端授权、VR/AR 课程管理、VR/AR 资源分发、VR/AR 授课控制等功能。VR/AR 智慧教室的实际场景示例如图 4-3-7 所示。

VR/AR 智慧教室支持 VR 和 AR 教学系统的相互切换，教师可以一键激活 VR 或 AR 教学系统，实现课堂教学场景快速、流畅的过渡。它还支持讲授模式与自主学习模式的相互切换。在讲授模式下，由教师掌控教学内容与节奏，教师若选择 VR/AR 资源，则对于 AR 资源，可以通过智能集控终端进行三维虚拟物体调出、三维动画触发等操作；对于 VR 资源，可以通过 VR 终端设备展示给学生观看。教师若选择常规资源，则可以直接利用多媒体设备将其播放给学生观看。在自主学习模式下，学生可以自主选择 VR/AR 资

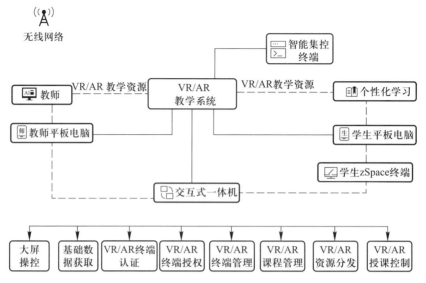

图 4-3-6　VR/AR 智慧教室的总体结构

图 4-3-7　VR/AR 智慧教室实际场景示例

源，并利用 VR/AR 终端进行交互式学习。VR/AR 智慧教室还支持教师进行一键下课操作，在教师进行一键下课操作后所有学生的 VR/AR 终端设备会同步断开班级连接，结束课堂教学。

4. 全息影像远程互动教室

全息影像远程互动教室是通过全息影像互动终端，实现与其他远程互动教室的实时互动，从而开展同步课堂、专递课堂等校际远程教学的一种新型智慧教室。全息影像远程互动教室包括全息影像互动终端和云支撑系统两部分，其总体结构如图 4-3-8 所示。

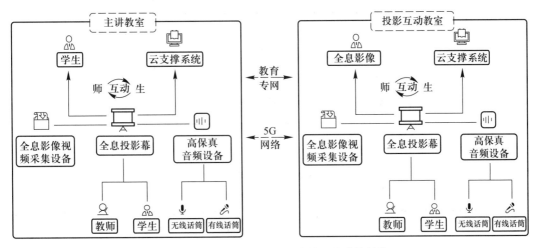

图 4-3-8　全息影像远程互动教室的总体结构

（1）全息影像互动终端

① 全息影像视频设备：包括全息影像视频采集设备、全息投影幕等，可实现 180°全息投影、360°全息投影和幻影成像。

② 高保真音频设备：包括无线话筒、有线话筒等。

（2）云支撑系统

① 云教学软件系统，可以提供智慧学习资源和智能学习工具。

② 云存储与运行设备，包括教育云平台服务器、转发服务器、存储服务器和交互服务器。

　　全息影像远程互动教室利用全息影像视频采集设备，采集全息影像并将其传输到教育云平台服务器上，然后通过互联网或教育专网将全息影像传输给其他远程互动教室。接收到全息影像的远程互动教室利用全息影像互动终端对全息影像进行整合应用，以全息投影的方式为学生呈现异地主讲教师的授课情境。此外，教师和学生可以通过多个终端访问教育云平台服务器，实现互动教学。全息影像远程互动教学场景示例如图 4-3-9 所示。

　　全息远程互动教室通过全息影像互动终端与录播系统相连，可以与一个或者多个教室进行教学和教研互动，同时对互动教学和教研的画面进行录制、保存并直播，从而真实、完整地还原教师讲解、学生听课、提问等各个环节的情况。全息影像远程互动教室扩展了教学的物理空间，使优质教学资源在时间和空间上得到延伸，教师通过终端设备能够看到全息效果的学生，学生通过终端设备能够看到全息效果的教师、教学内容，以及两者叠加形成的混合现实效果。

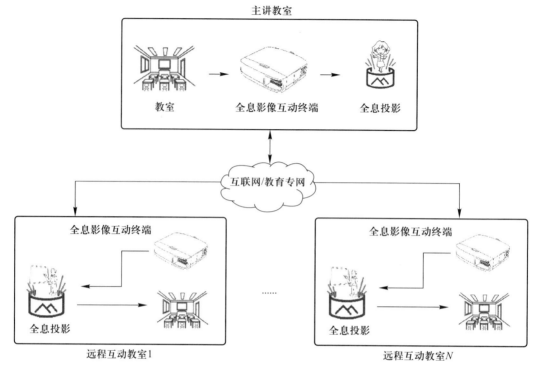

图 4-3-9　全息影像远程互动教学场景示例

4.3.3　智慧教室的建设实例

下面以 VR/AR 智慧教室为例介绍智慧教室建设实例。

1. 小学科学 VR 智慧教室

下面以一个在小学教学中普遍应用的科学 VR 智慧教室为例，来介绍小学 VR 智慧教室的建设。这里介绍的小学科学 VR 智慧教室是一个集教学、实验、探究、创作、展示于一体的立体生命课堂，它以课程标准为依据，以知识主题概念和知识点为单位，将知识、技能与能力培养紧密结合在一起。该 VR 智慧教室提供了三维交互体验视频、三维动画、三维仿真工具等多种形式的学习工具和优质学习资源，并通过智慧建模、模拟操作过程、高沉浸等方式，营造可为学生提供沉浸式体验的 VR 环境。它可以为教师讲解知识、演示与指导探究活动提供教学工具，为学生系统学习学科知识、深入发现和探究学科问题提供学习环境，并能满足学生自主学习、合作学习等多种学习需求，从而提升了学生的探究能力和问题解决能力，增强了学生的合作精神和创新意识。小学科学 VR 智慧教室互动场景例如图 4-3-10 所示。

图 4-3-10　小学科学 VR 智慧教室互动场景示例

除了上述功能外，该 VR 智慧教室还提供了大数据分析功能。它通过记录学生学习知识和探究问题等过程中的相关数据，动态分析学生的学习情况，发现学生的兴趣点、薄弱点，生成学生学习情况分析报告，为学生开展个性化学习提供指导和帮助。在此基础上，该 VR 智慧教室还能够分析班级群体学生及个体学生之间的差异，形成班级情况分析报告，为教师及时调整教学活动安排和改进教学方法提供依据。

该 VR 智慧教室从两个维度组织和提供资源：一个维度是课程标准，以 4 个知识领域的 18 个知识主题概念为依据，提供多种 VR 工具和优质资源，即知识主题概念资源；另一个维度是主流版本教科书，以教科书目录为导向，提供课件资源和素材，即同步资源。小学科学 VR 智慧教室资源组织与管理界面如图 4-3-11 所示。

图 4-3-11　小学科学 VR 智慧教室资源组织与管理界面

　　知识主题概念资源，是针对物质科学、生命科学、地球与空间科学以及技术与工程4 个知识领域，以 18 个主题概念为主线，以知识点/知识片段为单位，围绕小学科学教学过程中存在的困难，采用三维立体视频技术、VR 和 AR 技术，提供多种三维工具、二维工具、视频、图片、教学演示课件，以及多种沉浸式和体验式的探究学习环境的 VR 工具和优质资源。

　　同步资源，是以教学课件为主、与教科书内容同步的优质素材资源，它以课程应用案例资源包的形式为教师的教学活动提供资源支撑，使资源得以落实到课，实现资源的同步和共享。

　　以物质科学知识领域为例，小学科学 VR 智慧教室教学资源建设的主要内容如表 4-3-1所示。

表 4-3-1　小学科学物质科学知识领域 VR 智慧教室教学资源建设的主要内容

知识领域	主题概念	概述
物质科学	物体具有一定的特征，材料具有一定的性能	◆ 提供真实视频，围绕物体的特征，展示各种材料的特点及其应用。 ◆ 提供探究工具，结合物体的材料性能，展示物体的沉浮情况以及物质分离的过程和方法。 ◆ 提供探究工具，结合生活中的现象，根据物体变化的特点，动态呈现物体的变化过程
	水是一种常见而重要的单一物质	◆ 提供动画或探究工具，结合生活实际和水的性质，呈现水的三态转化过程。 ◆ 提供实验视频和虚拟仿真工具，呈现溶解理论的相关知识，并实现对溶解速度影响因素的探究。 ◆ 提供实验视频和虚拟仿真工具，解释分离食盐和水以及用水分离食盐和沙子的过程和方法
	空气是一种常见而重要的混合物质	◆ 提供实验视频或虚拟仿真工具，验证空气的特征。 ◆ 提供动画或虚拟仿真工具，验证空气的成分。 ◆ 提供实验视频和动画，从生活实际出发，验证风的形成过程
	物体的运动可以用位置、快慢和方向描述	◆ 提供虚拟仿真情境，展示物体的运动过程以及描述物体运动的方法。 ◆ 提供动画或探究工具，呈现物体的各种运动形式和特征。 ◆ 提供探究工具，验证物体运动的快慢过程

知识领域	主题概念	概述
物质科学	力作用于物体可以改变物体的形状和运动状态	◆ 提供实验视频和虚拟仿真工具，展示在力的作用下物体的运动变化过程。 ◆ 提供虚拟仿真工具，展示力的测量工具（弹簧测力计）及测量方法
	机械能、声能、光能、热能、电能、磁能是能量的不同表现形式	◆ 提供实验视频和动画，结合生活实际，展示热现象的相关内容，包括热胀冷缩、热的传递等。 ◆ 提供实验视频和动画，展示光源、光的传播过程；提供探究工具，探究影子的形成与变化过程。 ◆ 提供实验视频和动画，展示磁的特性、指南针的工作原理和制作过程以及磁铁在生活中的应用情况；提供探究工具，探究磁极间的相互作用规律。 ◆ 提供动画，展示声音的产生和传播过程；提供视频、虚拟仿真工具和探究工具，模拟呈现耳朵的结构和听觉的形成过程，以及验证声音高低和强弱的影响因素。 ◆ 提供实验视频和动画，展示灯泡亮起来的过程、电磁铁的制作过程以及电动机的工作原理；提供探究工具，展示串联和并联电路在生活中的应用

2. 初中物理 VR 仿真实验室

下面以一个在初中教学中普遍应用的物理 VR 仿真实验室为例，来介绍初中 VR 智慧教室的建设。初中物理 VR 仿真实验室，重点解决传统物理实验室中一些实验难以完成甚至无法完成、成本过高、危险过大，以及实验原理不易理解、实验现象不易观察等问题。该实验室以学科课程标准为依据，按照不同的知识类型对关键实验进行建模，实现对实验器材的仿真，并能够按照物理原理和规律自动生成动画，构建虚拟实验环境以及问题驱动式学习环境，并在探究方案设计、探究方案实施、探究结果讨论等方面提供资源，具体包括可借鉴的实验方案、规范的操作规程、实验器材、操作视频、虚拟仿真实验环境、实验拓展、巩固练习等资源。

初中物理 VR 仿真实验室，对实验器材的使用和注意事项做了全面的介绍，并对常用的实验器材进行了三维展示，能够帮助学生系统地了解常用的实验器材；能够模拟真实情境，帮助学生通过虚拟操作开展自主探究活动；支持完整的实验操作过程，在实验完成后可再现实验过程。在学生开展探究活动的过程中，初中物理 VR 仿真实验室能够根据探究活动的进展情况，为其提供可以将相关知识关联在一起的问题，引发学生思考，促进他们对知识的消化吸收和梳理与总结。该仿真实验室可以满足教师引导学生开展探究活动、学生自主开展探究活动等多种教学模式的需要，实现学生系统思维能力和创新思维能力的提升。初中物理 VR 仿真实验室界面如图 4-3-12 所示。

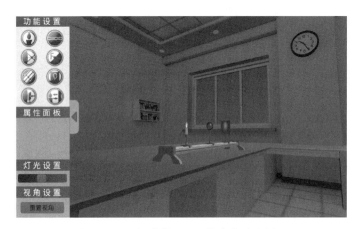

图 4-3-12　初中物理 VR 仿真实验室界面

3. 职业教育虚拟仿真实验室

下面以职业教育汽车虚拟工场为例，来介绍职业教育虚拟仿真实验室的建设。职业教育汽车虚拟工场，是以真实生产环境为基础，以学校教学为主线，所构建的虚拟实训环境。职业教育汽车虚拟工场利用虚拟现实、增强现实、三维投影等技术，以企业生产为基础对汽车专业技能进行分解，开发出可自由漫游、交互操作、真实反馈的高逼真、强交互的虚拟实训场景。该虚拟工场以学校教学设计为主线，为教师定制开发教学课程和实训任务，同时还设计了多种客户端体验形式，更契合不同汽车专业技能培养的教学和实训需求。

（1）汽车结构认知仿真实训系统

汽车结构认知仿真实训系统，是以燃油汽车、电动汽车为原型，充分利用虚拟现实技术研发的汽车结构及运动原理展示和全车结构拆解仿真实训教学系统。在该仿真实训系统中，燃油汽车包括发动机、车身、电气系统、底盘四大系统，电动汽车包括动力电池、驱动装置、底盘、高压控制系统、车身五大系统。该仿真实训系统支持教师按照汽车系统，采用多级菜单驱动的方式进行分类教学，支持学生进行汽车结构拆分操作技能的系统训练。该仿真实训系统使汽车专业技能训练摆脱了常规教学中场地、设备及安全的限制。诸如，在新能源电动汽车专业课程的学习中，通过在虚拟仿真场景中体验高压元器件的拆解操作，解决学生仅通过书本及影像资料来学习电池及高压控制系统知识存在的不易理解和难以操作的问题。汽车结构认知仿真画面及实操画面如图4-3-13所示。

图4-3-13 汽车结构认知仿真画面及实操画面

（2）汽车喷漆仿真实训系统

汽车喷漆仿真实训系统，是运用虚拟现实技术构建的支持进行高逼真、强交互的汽车喷漆操作的仿真实训教学系统。该仿真实训教学系统能够提供高逼真的汽车喷漆工作场景。在该工作场景中，根据实训任务要求，学生可以动态设置喷枪的扇面、漆量和气压等相关参数，并在此基础上操作喷枪，完成喷涂实训活动。在汽车喷漆实训过程中，系统能够实时显示油漆喷涂的速度、喷枪的距离和角度；学生可以随时查看实时高度图，显示喷涂量，根据实时高度图随时对喷漆进行调整，让学生更好地掌握汽车喷漆专业技能。此外，系统还提供了喷漆房安全操作规章，以帮助学生减少或者避免操作事故发生。汽车喷漆仿真实训系统画面及实操画面如图4-3-14所示。

图4-3-14 汽车喷漆仿真实训系统画面及实操画面

（3）汽车焊接仿真实训系统

汽车焊接仿真实训系统，是充分利用虚拟现实技术构建的支持进行高逼真、强交互的汽车焊接操作的仿真实训教学系统。该仿真实训教学系统，能够提供高逼真的汽车钣金焊接工作车间，实现了汽车焊接操作全过程的仿真实训，包括电源适配、焊丝安装、焊接主机参数的调试以及焊接速度、焊把角度对焊接效果的影响等，支持连接板件的连续焊接、连续点焊和塞孔焊，以及车身B柱外板焊接等多种焊接技巧的仿真实训。同时，系统具有实时跟踪评价功能，能够客观地对焊机实训结果进行分析，有助于学生焊接技能水平的提升。此外，该仿真实训系统还提供了焊接原理讲解和实训安全知识学习等辅助功能。该系统沉浸式的交互体验，增加了实训教学的真实感以及趣味性，解决了实训教学中存在的设备和场地高投入、焊接材料高损耗、实训过程高风险、实训过程难追踪等问题。汽车焊接仿真实训系统画面及实操画面如图 4-3-15 所示。

图 4-3-15　汽车焊接仿真实训系统画面及实操画面

思考题

1. 智慧课堂支撑环境与传统课堂环境的根本区别体现在哪些方面？

2. 智慧教学系统具备什么样的功能才能更好地支持学生的个性化学习活动？

3. 智慧教室有哪些类型？它们对智慧课堂教学的支撑分别体现在哪些方面？

4. 什么样的智慧教与学平台是云端一体化的？它对智慧课堂教学具有怎样的支撑作用？

5. 请结合个人的学科方向与教学实践，谈一谈应该如何建设VR/AR 智慧教室。

第5章

智慧课堂教学设计与实施

智慧课堂教学设计与实施直接决定着智慧课堂教学的质量和效果。本章首先对智慧课堂教学设计的总体思路与教学设计原则进行了分析。其次，阐述了智慧课堂教学设计方法，分析了智慧课堂对教学支撑工具与资源的需求。最后，介绍了如何实施智慧课堂教学活动。

5.1　智慧课堂教学设计的总体思路与原则

　　教学设计是指教师针对教学内容，依据课程培养目的，根据所教学生以往的学习情况和学习特点，结合自身的教学风格和教学水平，以学习理论、教育传播理论和系统科学理论为基础，所做的教学目标的精准分析、重难点的准确判断，教学模式及方法的科学选择，教学活动的合理安排，以及教学资源、手段及条件等的恰当选择。

　　在常规条件下，由于学生没有个性化学习资源和工具，因此能够培养学生高阶思维能力的个性化学习以及深度学习等教学活动难以实施，导致教师在进行教学设计时常常不会部署个性化学习活动和深度学习活动，也不会过多考虑学生系统思维能力、创造思维能力等高阶思维能力的培养。在智慧教室的支持下，原来很难完成的教学活动得以实施与完成。因此，在进行智慧课堂教学设计时，应充分考虑以智慧学习资源和智能学习工具等为代表的新型教学条件给教与学带来的变化，应着重考虑如何通过破解教与学瓶颈问题，来设计包括教学目标、教学条件、教学方法、教学评价等在内的教学实施方案。

5.1.1　智慧课堂教学设计的总体思路

　　在智慧课堂中，教师利用人工智能、大数据、虚拟现实/增强现实等技术，借助智能终端，为学生构建智能化、个性化、自适应的智慧学习环境，基于智慧学习环境，破解课堂教学中存在的瓶颈问题，提高教育教学质量，促进学生智慧发展。为此，智慧课堂的教学设计，一是应梳理教学中存在的瓶颈问题，并聚焦瓶颈问题，探索解决问题的新思路、新方法；二是筛选和优化学习路径，为不同的学生提供个性化的学习路径；三是根据新方法的需要，制定切实可行的应用技术支持教学活动实施的策略；四是运用智能技术动态采集优秀教师教学智慧和优秀学生学习经验，并将其以微课和云课的形式提供给学生，有利于教育教学活动的有效开展，以及创新人才的培养。智慧课堂教学设计的总体思路，如图 5-1-1 所示。

1. 基于大数据分析教学瓶颈问题

　　要分析教学瓶颈问题，就要系统、全面、实时地获取学生多场景、全流程的学习过程数据和学习结果数据。在智慧课堂教学中，可以利用智能技术，动态采集学生课前预习、知识学习、测试反馈、合作探究、交流讨论、课后复习等多环节的数据，并在对所

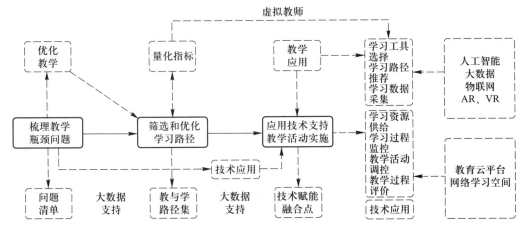

图 5-1-1 智慧课堂教学设计的总体思路

采集的数据进行迭代计算的基础上，诊断个体学生存在的个性化问题，以及群体学生存在的共性问题，进而分析教师教学中存在的问题，列出问题清单，为教师改进和优化教学活动提供依据。

2. 基于学习路网筛选和优化学习路径

构建符合学生学习特征的学习路径体系（即学习路网），特别是依据相关的学习情况数据，构建符合个体学生学习特征的学习路径，是提高课堂教学效益、实现高品质学习的关键。因此，在进行智慧课堂教学设计时，教师应根据一定的量化指标，从学习路径体系中筛选出与学生学习特征契合程度最高且学习效率最高的学习路径，并进行优化。

3. 应用技术支持教学活动实施

在筛选和优化学习路径后，需要设计应用技术支持教学活动实施的策略。在进行智慧课堂教学设计时，教师首先需要分析其每一个教学步骤是否都能够在常规教学条件的支撑下解决教学质量及教学效率方面的问题；其次，分析智能技术对每一个教学步骤的支持情况，并根据技术支持情况，梳理出技术支持效果优于常规教学条件的教学活动（即技术赋能融合点），特别是在常规教学条件下实施困难甚至是无法实施的教学活动；最后，针对具体技术赋能融合点的特点，制定相应的教学活动实施策略。

在按照所制定的策略开展课堂教学活动时，应充分借助人工智能、大数据、云计算、虚拟现实/增强现实等技术，利用教育云平台、网络学习空间等系统，为学习工具选择、学习路径推荐、学习数据采集、学习资源供给、学习过程监控、教学活动调控、教学过程评价等提供全面支撑，支持教师智慧教、学生个性化学，构建"人网融合"

的新型教学样态。

5.1.2 智慧课堂教学设计原则

智慧课堂教学设计应遵循以能力培养和素养形成为导向、规模化教学与个性化学习有机统一、以分层递进问题/任务驱动学习、知识学习与生活实际密切联系等原则。

1. 以能力培养和素养形成为导向

在常规课堂教学中，由于教学设备与教学条件的限制，教师在进行教学设计时，往往会忽略学生的创新能力、系统思维能力等高阶能力的培养和个人素养的提升。智慧课堂旨在借助智慧学习环境，运用科学的教学方法，培养智慧型人才，而智慧型人才需要具备学科核心素养和学科必备能力。因此，在开展智慧课堂教学设计时，应注重通过问题解决和任务完成的方式来培养学生的学科核心素养和学科必备能力，尤其是学生的学科创新思维能力和问题解决能力，教学设计的目标应指向能力培养和素养形成。在智能技术的支持下，原来很难完成的教学活动得以实施与完成。因此，智慧课堂教学设计应充分考虑智能技术给教学带来的变化，以及如何破解教学瓶颈问题来实施教学活动。

2. 规模化教学与个性化学习有机统一

在常规课堂教学中，尽管教师都在努力使自己的教学活动安排符合班级大多数学生的需求，但是教师由于无法实时了解学生的学习情况，因此难以实时判断教学活动安排的有效性，也难以对其做出合理的调整，更无法安排针对个体学生的个性化学习活动，导致规模化教学与个性化学习的有机统一难以实现。因此，在进行智慧课堂教学设计时，应重点考虑规模化教学与个性化学习有机统一的问题，也就是要在借助智能技术对群体学生实施规模化教学的同时，为个体学生推荐个性化的学习路径、学习资源和学习工具，支持其进行个性化的学习活动，实现两者的有机统一。

3. 以分层递进问题/任务驱动学习

建构主义学习理论强调学生学习的主动性，而创设真实问题/任务，以分层递进问题/任务驱动学生学习，则能够提高学生学习的主动性，激发学生的学习兴趣。因此，在进行智慧课堂教学设计时，教师应尽可能地将教学内容问题/任务化，把知识转化为具有不同层次和梯度的问题/任务，这些问题/任务既要符合学生的认知规律又要联系生活实际。教师借助智能技术手段，通过问题/任务驱动教学活动的开展，由易到难、层层递进，引导学生经历发现问题、分析问题、解决问题的过程，自主完成对新知识的意义建构，从而达成教学目标。

4. 知识学习与生活实际密切联系

在常规课堂教学中，教师难以为学生营造出真实的知识应用情境，而智能技术的引入则能够很好地解决这一问题。学生完成知识的意义建构离不开知识应用情境，因此在课堂教学中，应该把课堂知识学习与知识应用情境联系起来。在智慧课堂教学设计中，教师应充分利用智能学习工具、智慧学习资源等，营造出高逼真、强交互、深体验，与生活实际密切联系的知识应用情境，有效支持学生自主学习、合作学习、探究学习的开展。

5.2 智慧课堂教学设计

5.2.1 教学内容分析

教学内容中的各个知识点不是孤立存在的，而是彼此之间具有一定的逻辑关系。为此，教师应该按照知识体系对教学内容进行分析，准确把握学习该教学内容应具备的前序知识和后续知识，以及明确该教学内容由哪些知识点组成、这些知识点之间的逻辑关系如何、这些知识点能解决的实际问题的层次与类别。因此，教师在进行教学内容分析时，应借助智能技术将知识点之间的逻辑关系，以及各个知识点与各层各类问题之间的对应关系以可视化的形式呈现出来。在需要的时候应建立课程图谱。

例如，小学数学中的"五边形内角和"这一教学内容，它的前序知识包括"三角形的内角和为180°"和"什么是五边形"。该知识由将五边形分割成三个三角形和通过所分割的三角形计算五边形内角和等组成。

5.2.2 学情分析

学情分析是在进行教学设计时，对学生的学习特征、学习方法、学习习惯、学习兴趣和已有的知识水平等进行分析与判断，为教师开展教学提供依据。学情分析是否精准，决定了教学设计方案及其实施是否科学、有效。智能技术为精准分析学情提供了有效的手段。在进行智慧课堂教学设计时，教师应利用学习情况大数据，精准绘制班级个体学生画像及群体学生画像。通过个体学生画像与群体学生画像，精准获取个体学生和群体学生的知识掌握情况、能力培养和素养形成情况，诊断班级共性教学问题和个体学生的个性化问题，为智慧课堂教学目标确立、教学思路与方法选择、教学活动安排以及教学工具与资源选取等提供依据。

5.2.3　教学目标分析

在智慧课堂中，应按照课程标准的要求，结合教学内容分析和学情分析的结果，来确定适合本班级学生情况的教学目标。在分析教学目标的过程中，应特别关注智能技术引入给课堂带来的新变化，特别是在常规课堂教学中难以实施或无法实施的教学活动，可以在智能技术的支持下得以实现。例如，对于"全等三角形"这一教学内容，一般情况下，按照课程标准的要求，教师所确立的教学目标主要包括"了解全等三角形的概念；掌握全等三角形的判定方法，并能够判定两个三角形是否全等；掌握角平分线的性质、判定定理并能够应用其解决问题"。按照这样的教学目标，学生能够掌握相关知识，并具有应用知识解决问题的基本能力，但很难培养创新思维能力。调整目标，增加培养学生创新思维能力方面的内容，是十分必要的。因此，可以将"全等三角形"这一教学内容的教学目标，调整为"通过实际问题，引发学生思考，并经历应用全等三角形相关知识解决问题的过程，归纳和总结全等三角形的定义、全等三角形的判定方法以及应用相关知识解决问题的策略和方法，提升学生发现问题、提出问题、分析问题、解决问题等创新思维能力"。

5.2.4　驱动学习的问题/任务设计

教学设计，首先要解决的问题是让学生明白为什么要学习课程所安排的内容，即让学生明白课程学习的目的，这直接决定着学生是否有足够的学习动力。如果学生不清楚为什么学习，无论是课堂学习，还是课后学习，都不会有太好的效果。

要想让学生明白为什么学习课程所安排的内容，仅通过直接讲解知识的方式是很难做到的。最切实可行的办法就是让学生明白学习该内容可以解决什么问题或完成什么任务，这样他们就自然而然地清楚为什么要学习了。但是，在实际教学活动中，并不是所有的问题/任务都能够很好地激发学生的学习兴趣，因此问题/任务的设计，变得尤为重要。问题/任务的设计原则如下。

（1）问题/任务应是有价值的

设计的问题/任务，要具有实用性和必要性，而且要有一定的趣味性，对学生具有吸引力。

（2）问题/任务应以单元为单位

现有的教科书基本上是以单元为单位编写的。一个单元中各部分内容之间具有衔接关系，在设计问题/任务时，以单元为单位，有助于避免以课时为单位所出现的零散、孤立、割裂等问题，使学生对知识的掌握系统化，提高他们综合解决问题的能力。

（3）问题/任务应覆盖知识应用的所有边界情况

以单元为单位设计的问题/任务，应覆盖单元知识应用的所有边界。通过解决这些问题或完成这些任务，学生可以全面掌握单元知识，并能综合运用所学的知识解决实际问题。

（4）问题/任务应是分层递进的

首先是驱动基础知识和基本方法学习的问题/任务，通过这些问题/任务，学生可以全面掌握、理解和应用基础知识与基本方法。其次是驱动复杂问题解决策略和方法学习的问题/任务，通过这些问题/任务，学生能够形成解决复杂问题的策略和方法。

（5）问题/任务应能驱动学生开展探究活动

学生不经历发现问题、构思问题解决方案、反复验证问题解决方案并迭代改进等的过程，是无法形成创新思维能力的。而要想让学生经历这样的过程，就要有能够驱动这一过程的问题/任务。因此，在智慧课堂中应设计数量足够多的可以驱动探究学习的问题/任务。

（6）问题/任务应能覆盖多学科领域知识

学生在学习知识时应尽可能地与实际问题建立联系。而实际问题往往不是靠单一学科知识就能解决的，而是需要综合应用多学科领域的知识，才能够得到解决。因此，在智慧课堂中，应尽可能提供一些能够覆盖多学科领域知识的问题/任务。

5.2.5 实施条件选择

在选择智慧教室教学实施条件时，应充分考虑学生的年龄、学习内容、教学目标和驱动学习的问题/任务等因素，选择适当的智慧教室、教学系统、学习资源和学习工具等。

例如，针对知识深度理解和问题深入探究的情况，教师应选择能够将知识可视化呈现并可以进行交互控制的虚拟仿真实验室。针对疑难知识点理解的情况，教师应从学习路网资源中选择优秀教师的讲解视频和优秀学生的学习经验等资源，推送给学生，使其顺利完成对相关知识的学习。

5.2.6　学习路径选择

学习路径的选择，直接决定着教学活动的安排，是教学设计成果的集中体现。在选择学习路径时，不能孤立地进行，而应在教学内容分析、学情分析、教学目标分析、问题/任务设计和实施条件选择等的基础上进行。

以"全等三角形"教学为例。其教学实施条件为平板电脑智慧教室；教学内容的特点是全等三角形的概念、性质和判定方法等比较抽象，难以让学生感兴趣；教学目标除了学习知识和形成相应的问题解决能力之外，最重要的是培养学生的创新思维能力；问题/任务设计的关键是能够驱动学生去探究全等三角形及相关知识。基于这样的教学设计方案，最佳的学习路径是，给出实际问题，让学生探究解决问题的策略和办法，进而归纳和抽象出全等三角形的概念及判定方法，并能够用其解决生活中的实际问题。

5.2.7　教学评价

教学评价包括对教学活动各个环节的评价、对一节课的评价和对单元教学的评价等。对教学活动各个环节的评价，应借助智能技术动态获取学生学习过程和学习结果数据，并实时分析个体学生的学习情况及群体学生的整体学习情况。对一节课的评价，应根据各个教学环节的完成情况，分析个体学生对本节课知识的掌握情况和问题解决能力的形成情况，找出薄弱知识点；在此基础上，分析班级群体学生的知识掌握情况和问题解决能力的形成情况，找出存在共性问题的薄弱知识点。对单元教学的评价，应根据每个课时教学内容的完成情况数据、单元测试数据等，分析个体学生及群体学生对单元知识的掌握情况及相应能力的形成情况，以及存在的薄弱知识点情况。

5.3　教学支撑工具与资源需求分析

从课堂教学的角度看，任何技术是否能在教学中真正发挥作用，不在于它是否先进，而在于它是否符合课堂教学的需要。下面从驱动学习、知识理解与应用、复杂问题探究和拓展知识与提升能力 4 个方面分析智慧课堂对教学支撑工具与资源的需求。

5.3.1 驱动学习

实现从被动接受知识向主动获取知识转变的关键是有效驱动学生学习。从教学实践的层面看，有效驱动学生学习的方式主要有两种，一种是以问题/任务驱动学生学习，另一种是创设有效情境，激发学生的学习兴趣。

1. 以问题/任务驱动学生学习

以问题/任务驱动学生学习，就是让学生根据解决问题或完成任务的需要来学习，从而由被动接受知识转变为积极主动地学习知识。教师根据学生现有的知识水平，布置分层递进的问题/任务，引导学生思考问题，探究知识。问题/任务的布置，使学生有了明确的学习目的，不仅激发了他们的学习兴趣，也为他们思考、探索和发现知识提供了空间。此外，教师在布置完问题/任务后，还可以借助视频、动画、虚拟仿真等，将问题/任务以可视化的形式呈现出来，从而有利于学生主动学习知识。

例如，在初中物理教学中，在学习"质量"相关知识时，教师一般会直接讲授什么是质量、如何测质量等。在这样的情况下，学生肯定会产生这样或那样的疑问，如"已经学习了重力，为什么还要学习质量呢？"。对于这一知识的学习，最好的办法不是直接讲授什么是质量，而是通过具体的问题或任务来让学生明白为什么要引入质量这一概念。例如，假设一个人在珠穆朗玛峰上发现了一块贵重的石头，有人想当场购买，但需要为石头称重。而现场只有弹簧秤，如果用弹簧秤来称重的话，卖石头的人是否会吃亏呢？这时需要知道弹簧秤只能测量物体的重力，而处在不同的高度，重力是有变化的。通过这样的问题就可以促使学生去思考单纯靠重力是否能够解决公平买卖的问题，进而引出"质量"这一概念。

2. 创设情境，激发学生的学习兴趣

在课堂教学中，创设有效情境，可以使学生产生强烈的求知欲望，积极参与到知识的探索和发现过程中。创设的情境不仅应与当前的学习主题相关，还应与生活实际相关，并借助视频、动画、虚拟仿真等，使学生如身临其境，以进一步激发学生的学习兴趣。

5.3.2 知识理解与应用

学生在学习不同学科的知识时，所使用的学习方式和所遇到的问题各不相同，对智能技术的需求也有很大的差异。总体来看，文史类学科，对智能技术的需求更多地体现在精准提供有利于知识理解与应用的资料；理工类和农医类学科，对智能技术的需求则更多地体现在能将抽象的知识转化为具体、形象的事物的知识应用交互体验环境。下面从模拟知识内在机理、精准汇聚学习资料、构建知识应用交互体验情境、提供知识梳理和总结手段 4 个方面展开讨论。

1. 模拟知识内在机理

理工类和农医类学科的知识，大多数是关于自然现象、自然规律，以及应用这些规律解决实际问题的方法等。而这些知识通常是以抽象的文字结合图形图片的形式呈现出来。以这种形式呈现的知识，难以让学生理解其内在机理。要想让学生更好地理解知识的内在机理，最好的办法就是将知识的内在机理以虚拟仿真的形式呈现给学生。但是，在常规教学条件下，要想将知识的内在机理以虚拟仿真的形式呈现出来几乎是不可能的。而利用虚拟现实、增强现实等技术，可以将抽象的知识转化为直观生动的形态，对于学生深度理解知识是非常有效的。

例如，对于"带电金属棒在磁场中的运动"这一教学内容，在常规教学条件下，教师一般会用实验器材做演示实验，演示带电金属棒在磁场中随着滑动变阻器的调节而发生运动变化的情况。演示实验的目的是让学生观察其中的变化规律，而不是进行实验操作。要完成这一实验，教师要准备所需的所有实验器材，并将它们连接起来。由此可见，为了做实验，教师需要做很多的准备工作。而借助人工智能和虚拟现实/增强现实技术，则可以对实验器材、实验操作以及相应的实验现象等进行虚拟仿真。但是，这样并没有直观地呈现出金属棒随着滑动变阻器的调节而改变运动速度的原理。如果在此基础上，模拟出电流随着滑动变阻器的调节而发生的大小改变，以及带电金属棒受力大小的改变等，就会对学生理解相关原理起到有效的支撑作用。

再如，对于"血液在人体中的流动"这一教学内容，如果仅借助文字、图片和音视频等资料，很难将血液在人体所有血管中的流动情况清晰地展现出来。在这种情况下，借助人工智能技术，按照人体血液的循环规律，通过仿真计算建立血液流动模型，再利用虚拟现实/增强现实技术模拟血液流动的真实样态，并提供交互控制功能等，就能够帮助学生更好地理解相关知识。

2. 精准汇聚学习资料

学生在学习文史类学科知识时，经常会遇到不易理解的学习内容或难以探究的问题，这使得他们在学习相关知识时需要精准和丰富的学习资料做支撑。但是，在常规条件下学生很难快速、系统、准确地获得这些资料。而智能技术恰恰能够在这方面提供很好的支持。例如，在学习鲁迅先生的《祝福》一课时，大多数学生并不清楚那个年代的时代背景，如果不了解当时的时代背景，学生就很难准确地理解鲁迅笔下的祥林嫂的人物性格及其命运变化。针对这一问题，可以借助智能技术，将社会发展过程中的时代背景与人物命运变化联系起来，建立关键信息体系化资料库，就能够为语文教学提供很好的支持，帮助学生深刻理解作品。

3. 构建知识应用交互体验情境

学习知识的最终目的是解决生产生活中的实际问题，提升个人的综合素养。要将知识转变为能力，就需要通过解决问题来实现。有的知识，在常规教学条件下就能很好地实现能力转化，但是有的知识，则在常规教学条件下很难甚至无法转化为能力。要将这类知识转化为能力，就需要交互式的知识应用情境，让学生通过经历应用知识解决实际问题的过程来实现知识向能力的转化。对于这类问题，可以利用智能技术，通过计算建模和三维仿真，构建高逼真、强交互、深体验的知识应用交互体验情境，有效支持知识应用过程。

例如，让学生用焦距不同的凸透镜自制一个望远镜，就是对凸透镜成像规律知识的应用。为了构建相应的知识应用交互体验情境，可以利用智能建模与计算技术对凸透镜成像规律进行仿真，并支持对像距、物距、焦距等相关参数的动态调整，让学生体验用不同焦距的凸透镜自制望远镜的过程。在这一过程中，学生尝试不同的凸透镜组合，最后得出在镜筒的两端则各装一块凸透镜，使物镜的焦距长、目镜的焦距短，这样望远镜的视野广的结论，从而实现了知识的应用。凸透镜成像规律模拟仿真画面如图5-3-1所示。

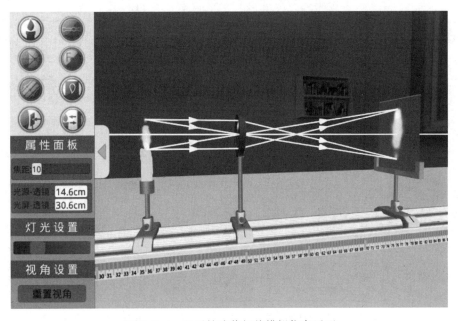

图 5-3-1 凸透镜成像规律模拟仿真画面

4. 提供知识梳理和总结手段

系统地梳理和总结知识，是学生查漏补缺，建立和完善知识体系的过程。在常规教学条件下，教师引导学生通过纸笔的方式进行知识的梳理和总结，通过这种方式来梳理和总结知识，一是很难动态修改，二是很难形象直观地呈现完整的知识体系。针对这一问题，教师可以引导学生利用思维导图、知识树等知识梳理工具对知识进行梳理和总结。

例如，在进行系统复习时，针对某一类知识，教师让学生利用思维导图梳理和总结所学的知识体系和所能解决的问题，通过这样的方式，让学生明确自己对该类知识的掌握程度，以及应用知识解决问题的能力水平。

5.3.3　复杂问题探究

对于复杂问题，可以采用不同的探究方式，如自主探究、合作探究等，探究方式不同，其所需要的教学支撑工具和资源也不同。

下面以小学数学立体图形与平面图形之间的转换关系为例，来分析探究复杂问题所需要的教学支撑工具和资源。

如果采用自主探究方式，则需要使用支持立体图形与平面图形相互转换的交互体验探究工具，如图 5-3-2 所示。该工具支持学生按照自己的空间想象力，对各种立体图形

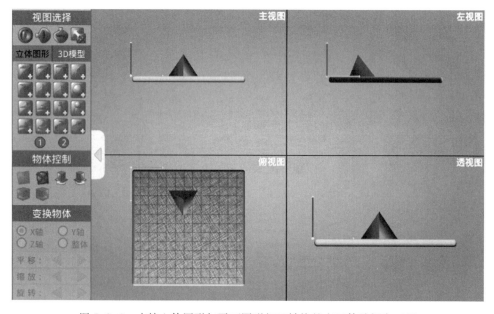

图 5-3-2　支持立体图形与平面图形相互转换的交互体验探究工具

进行组合，并推演出可能的投影平面图形；或者对于某一平面图形，验证所猜想的立体图形组合是否能够投影出该平面图形。如果采用合作探究方式，则需要诊断与评价工具，以及交流与演示工具等，使得参与合作探究的学生能够发挥各自的作用，共同解决问题。

5.3.4 拓展知识与提升能力

把所学的知识应用于解决实际问题是教育教学的最终目的，这仅依靠课堂教学是不够的，还要向课外延伸，拓展知识，提升问题解决能力。项目式学习、STEAM 教育、创客教育等，可以引导学生运用所学的知识综合解决实际问题，有利于拉近知识和生活实际之间的距离，培养学生的问题解决能力与创新思维能力。在常规教学条件下，教师很难组织和安排这样的学习活动。因此，需要利用智能技术，为项目式学习、STEAM 教育、创客教育等的开展提供有效的支撑工具、丰富的学习资料和交流与展示的平台。

例如，设置"测算房屋装修铺地板砖费用"这一项目。为了测算铺地板砖费用，需要利用智能技术对房屋进行仿真模拟，同时提供多种形状的地板砖及其价格，让学生在测量和计算房屋面积的基础上计算铺地板砖的费用，从而掌握各种图形面积的计算方法。在该活动中，学生首先探讨什么类型的地板砖在铺贴时可以不留空隙，如正三角形、正方形、正六边形结合可以不留空隙地铺满地面，那么正五边形、正八边形结合可以不留空隙地铺满地面吗？其次，了解地板砖的价格、地板砖的数量；最后计算出需要的总费用。通过这一项目，可以拓展学生所学的关于图形面积计算的知识，让他们能够应用这些知识解决生活中的实际问题。

5.4 智慧课堂教学活动实施

5.4.1 课前学习活动实施

课前学习是一节课学习的起始阶段。通过课前学习，学生可以了解学习内容的重点和难点，建立新旧知识之间的联系，明确自己的困惑和疑问。

1. 前序知识检测

教师通过前序知识检测，了解学生已有的知识水平，并决定是否对前序知识进行复习。在常规条件下，教师即便是在课前安排了前序知识检测，但是在课堂上并没有时间通过检测结果来全面了解学生对前序知识的掌握情况，因此教师通常不安排课前检测，只是在课堂的开始阶段，通过提问的方式了解学生对前序知识的掌握情况。但是通过课堂提问的方式只能了解少数学生的学习情况，无法全面了解学生的整体学习情况。

在智慧课堂中，教师可以通过智慧教学系统在课前安排针对学生的前序知识检测，这样就能够全面了解学生对前序知识的掌握情况，基于此对课堂教学活动做出合理安排。要进行前序知识检测，教师需要先准备前序知识检测题，然后将其发布给学生，让学生回答，并对学生的回答情况进行分析。

在智慧课堂中，教师开展前序知识检测的具体过程如下。

（1）前序知识检测准备

教师可以选用资源库中已有的试卷，也可以从题库中选择试题组建新的试卷。在准备检测题的过程中，教师可以根据教学的实际情况，提供与试题所检测的知识点相关的微课、云课和同质题等资源，为学生复习前序知识奠定基础。前序知识检测准备示例，如图 5-4-1 所示。

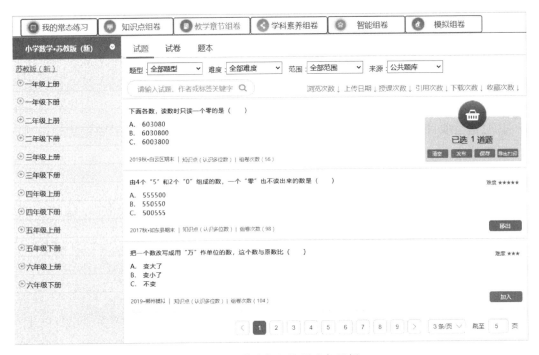

图 5-4-1　前序知识检测准备示例

（2）前序知识检测发布

在准备好前序知识检测题后，教师通过智慧教学系统发布前序知识检测任务，并将检测题同步发布给学生,如图 5-4-2 所示。

图 5-4-2 前序知识检测发布示例

(3) 前序知识检测作答与批阅

学生通过网络学习空间,借助智能学习工具,根据教师布置的检测任务,完成对检测试题的回答。对于学生的回答结果,客观题由系统自动评阅,主观题则由教师在线上批阅。对于学生答错的试题,智慧学习系统引导学生利用微课和云课等资源,强化其对与试题相关的薄弱知识点的学习,如图 5-4-3 所示。

图 5-4-3 学生利用微课和云课复习薄弱知识

（4）前序知识检测分析

在前序知识检测完成后，学生能够获得自己关于前序知识掌握情况的分析报告，如图 5-4-4 所示；教师能够根据诸如课程完成率、作业得分率、练习得分率等答题情况的分析报告，获得群体学生对前序知识的掌握情况，如图 5-4-5 所示，为及时调整教学策略与方法、实现精准指导等提供依据。

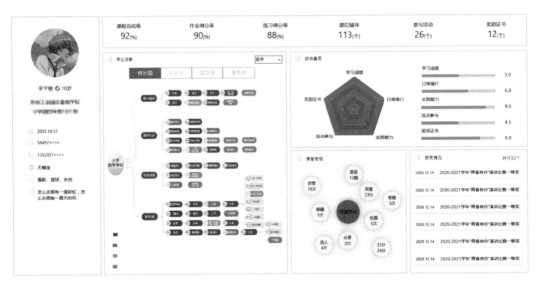

图 5-4-4　个体学生前序知识掌握情况分析报告示例

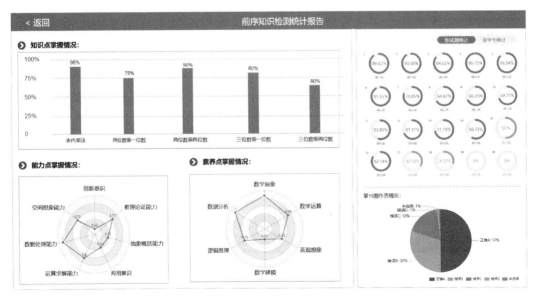

图 5-4-5　群体学生前序知识检测掌握情况示例

2. 复习旧知识

在学习新知识之前，可以采取不同的方式复习旧知识：一是学生在进行前序知识检测的基础上，针对检测所反映的薄弱知识点（如图5-4-6所示）进行复习。在复习过程中，学生可以通过观看试题或知识点讲解微课来加强对薄弱知识点的学习，并通过做同质题再次检测对相关知识的掌握情况，如图5-4-7所示。二是学生在系统观看前序知识讲解微课的基础上，检测对旧知识的掌握情况。三是学生根据自己的需求选择特定的知识讲解微课观看，或选择特定的试题进行自我检测，通过这些方式完成对旧知识的复习。

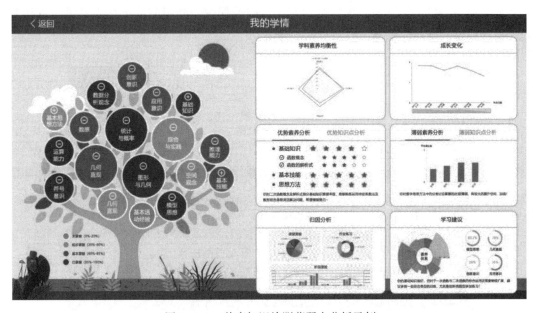

图5-4-6　前序知识检测薄弱点分析示例

图5-4-7　微课学习和同质题检测示例

3. 预习新知识

教师通过智慧教学系统向学生发布课前新知识的预习任务，并提供相关的阅读材料、课件、导学案等学习资源。学生按照教师所发布的新知识预习任务，利用教师所提供的学习材料，开展课前预习新知识的活动，并通过智慧学习系统与同伴交流学习心得，获得教师对疑难知识的课前辅导。

例如，在语文阅读课的教学中，教师可以利用如图 5-4-8 所示的多维电子课文集成工具，将课文的汉字详解、词语解释、段落大意、作者简介、写作背景、篇章理解、写作特色等知识，提供给学生。学生在课前预习的过程中，利用阅读批注工具进行词语积累、情感抒发、疑问注解等，并分享给同伴。

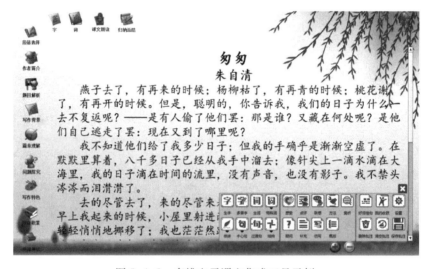

图 5-4-8　多维电子课文集成工具示例

4. 问题思考与任务准备

教师通过智慧教学系统选择并向学生发布问题/任务，以及与问题/任务相关的智慧学习资源和智能学习工具等。学生根据教师发布的问题/任务的要求，利用教师提供的资源和工具等思考问题或进行任务的前期准备工作。当学生对问题/任务的目的和要求不清楚时，可以观看相关的讲解视频。

例如，在准备初中数学"三视图"的学习任务时，教师可以从图 5-4-9 所示的问题设置与发布工具中选择任务，也可以对所选择的任务进行修改，还可以创建新的任务，然后发布给学生。学生在课前完成任务的过程中，通过发现问题、探究问题、研讨问题，加深对三视图的理解，并带着问题进入课堂学习。

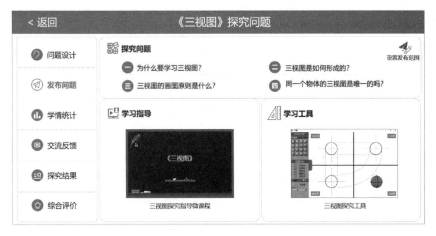

图 5-4-9　问题设置与发布工具

5.4.2　课中教学活动实施

1. 预习反馈

教师利用预习分析工具（如图 5-4-10 所示）分析学生的课前预习情况，发现学生存在的共性问题，并针对这些共性问题进行统一讲评，如图 5-4-11 所示，以使所有学生都尽可能地完成预习任务。

2. 创设情境

在课堂教学过程中，为了激发学生学习的积极性，使学生更好地理解和应用知识，需要为学生提供与生活实际密切相关的知识学习与应用情境。不同类型的知识，所需要的学习与应用情境有很大的差异，对技术的需求也各不相同。在创设情境时，可以根据需要采用图片、视频或虚拟仿真实验室等手段。

例如，在学习语文"白杨"一课时，由于大多数学生没有去过大西北，不了解西北戈壁滩的荒凉和气候的恶劣情况，更不了解戈壁滩上白杨的生长情况。因此，想让学生仅通过文字深刻感受文中所描写和歌颂的扎根西部的建设者，具有像白杨一样的精神是非常困难的。针对这一情况，教师可以利用能够全面展示大西北戈壁滩和白杨等相关情况的图片、视频，如图 5-4-12 所示，以及有关扎根大西北的建设者们历经艰苦卓绝的奋斗和努力，给大西北带来巨大改变的图文并茂的信息，充分调动学生的学习积极性，使学生深刻了解文字所描写的可歌可泣的建设者们的白杨精神。

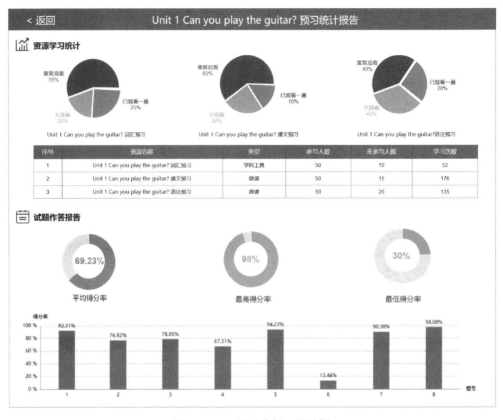

图 5-4-10　预习分析工具示例

图 5-4-11　预习讲评

图 5-4-12　创设情境示例

3. 教师提问

在课堂教学过程中，教师提问的情况主要有以下几种：开始讲课时，通过提问引导学生将注意力集中到学习上；在完成一个知识点的教学后，通过提问了解学生对该知识点的掌握情况；在学生应用所学知识解决具体问题后，通过提问了解其应用知识解决问题的能力形成情况；针对所布置的任务，通过提问引导学生思考问题解决方案；针对所布置的探究活动，通过提问了解学生探究活动的开展情况；在完成一节课的教学任务后，通过提问了解学生对知识体系的掌握情况与问题解决能力的形成情况。

教师提问时，学生能否被选中回答问题，对学生的学习有较大的影响。这涉及两个方面的问题，一是所有学生是否都有均等的回答问题的机会，二是对于同类问题是否能避免重复选择同一个学生回答。对于机会均等和避免重复选择问题，教师可以使用智能学习工具来解决，如图 5-4-13 所示。

4. 自主阅读

自主阅读，是学生获取知识、提升学习能力的有效途径。特别是在语文、英语等学科的学习中，需要重点培养学生的自主阅读能力。要培养学生的自主阅读能力，就要为学生提供丰富的阅读资料和有效的阅读支持工具。针对这一情况，教师可以利用智慧教学系统中的阅读工具，为学生推送阅读书目及配套的导读资源，引导学生进行自主阅读。

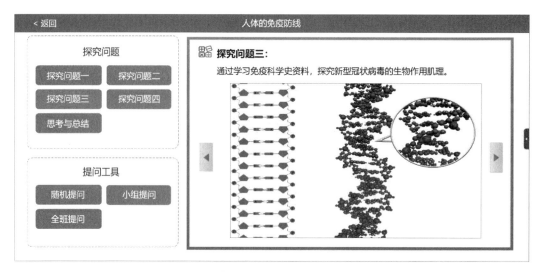

图 5-4-13 使用智能学习工具提问示例

学生可以利用电子词典、背景资料以及阅读批注工具等完成自主阅读活动，并将自己的阅读感受、阅读收获和阅读困惑表达出来，与教师和同伴一起研讨，共享阅读学习策略，拓宽阅读思路，更好地体会文章的文化内涵。英语阅读工具示例如图 5-4-14 所示，语文阅读工具示例如图 5-4-15 所示。

图 5-4-14 英语阅读工具示例

图 5-4-15 语文阅读工具示例

5. 探究学习

探究学习主要有针对探求问题解决方法的探究学习、针对探求任务完成路径的探究学习、针对探求现象背后原因的探究学习等。对于探求问题解决方法的探究学习，学生先在教师的引导下思考可能的问题解决方法，然后对每一种可能的问题解决方法进行验证和评价，分析其是否可行，最后归纳和总结出该类问题的解决方法。对于探求任务完成路径的探究学习，学生先在教师的引导下剖析任务的要求和难点，然后将任务拆解为若干个子任务，分别研究各个子任务的完成路径，最后归纳和总结出该任务完成的途径以及相应的结果。对于探求现象背后原因的探究学习，学生先在教师的引导下猜想引起该现象的可能原因，然后针对每种可能的原因，运用所学的知识分析该原因是否能够引起这种现象，最后经过讨论形成一致意见。

针对上述探究学习活动，在智慧课堂教学中，教师可以借助智能教学系统为学生创设高逼真、强交互、深体验的探究学习支撑环境，并提供导学案、学习资源、探究工具等资源和工具，以有效支持学生开展不同类别的探究学习活动。

例如，初中物理中，在探究"照相机与人眼的成像原理是否相同"这一问题时，教师为学生提供了探究导学案、学科工具和微课/云课等学习资源，如图 5-4-16 所示。学生先通过导学案了解探究任务，然后利用微课/云课了解照相机和人眼的相关知识，再通过虚拟仿真类学科工具来探究人眼的结构、成像机制，思考照相机与人眼的成像原理是否相同，最后将探究结果与同伴一起交流和讨论。

图 5-4-16　探究学习资源示例

6. 知识讲解

教师针对不同的学习内容会采用不同的讲解方法。知识讲解一般有以下几种方法：第一种是教师直接讲解知识是什么，引导学生应用知识解决问题；第二种是教师抛出问题，从问题如何解决的角度讲解知识，引导学生应用知识解决问题。有些知识，通过第一种方法来讲解比较适合。例如，关于英语单词发音，最佳的讲解方法就是教师读学生跟读。有的知识则采用第二种方法比较合适。例如，对于初中物理中的"质量"这一教学内容，如果教师直接讲授什么是质量，学生就会有"为什么已经学习了重力还要学习质量呢？"这样的困惑。在这种情况下，教师可以先引出通过重力很难准确度量物体所含物质多少的问题，启发学生思考学习质量的必要性，在此基础上再讲解质量的相关知识。

在智慧课堂中，教师可以借助图片、视频、虚拟现实等手段可视化地呈现相关问题/任务，并在智能学习工具的支持下讲解知识。例如，对于初中生物中的"鱼鳍在游泳中的作用"这一教学内容，在常规条件下，教师如果通过语言或挂图讲解，学生是很难理解的；而如果在课堂上剪掉鱼鳍做实验，也是难以做到的。这时教师可以借助虚拟仿真工具，从多个角度向学生展示正常的鱼、缺少尾鳍的鱼、缺少胸鳍和腹鳍的鱼、缺少背鳍和臀鳍的鱼的游动状态，如图 5-4-17 所示，并对这些状态进行对比和分析，帮助学生深入理解鱼的不同鳍在游泳中的作用。

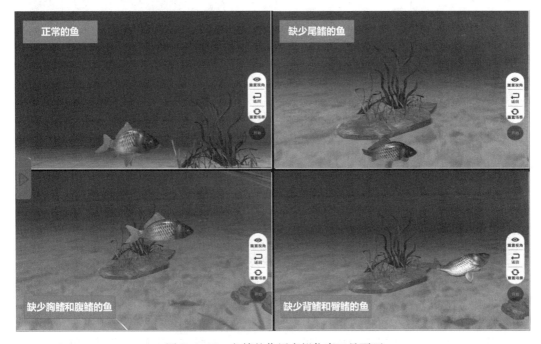

图 5-4-17　鱼鳍的作用虚拟仿真工具页面

7. 展示和汇报

展示和汇报是小组合作学习的重要一环，是课堂教学中发挥学生主体作用的重要方式。在展示和汇报环节，由每个小组选派代表分享和展示小组的学习成果，其他小组成员进行补充，最后采取小组评价与教师评价相结合的方式，对每个小组的学习成果进行评价。在智慧课堂教学中，教师可以利用多机联动功能实现教室主屏与小组屏的互动，如图 5-4-18 所示，引导学生对比和分析各个小组的学习成果，使他们发现本小组在学习过程中存在的问题与不足，进而强化对薄弱环节的学习。

8. 梳理和总结

在常规条件下，梳理和总结多是利用黑板、粉笔或教师口头总结等方式进行的，通过这种方式，很难形象直观、层级化地呈现本节课完整的知识体系与问题解决方法。针对这一问题，在梳理和总结环节，教师利用智慧教学系统中的知识梳理工具，引导学生理清知识点之间的关系，系统地梳理和总结所学的知识，帮助学生查漏补缺，建立和完善知识体系。

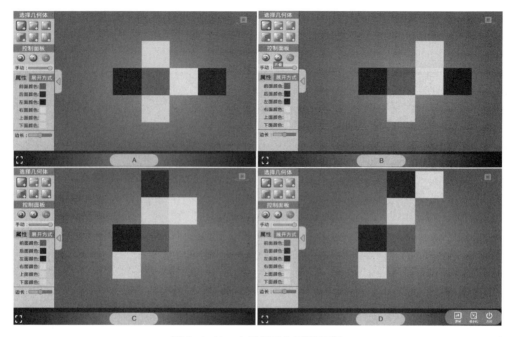

图 5-4-18 小组展示和汇报示例

例如，在对高中生物中的"遗传物质的基础"进行知识梳理时，教师可以引导学生运用思维导图构建起关于遗传物质的知识体系，使学生能够清晰地认识到染色体、脱氧核糖核酸（DNA）、基因之间的关系，如图 5-4-19 所示。

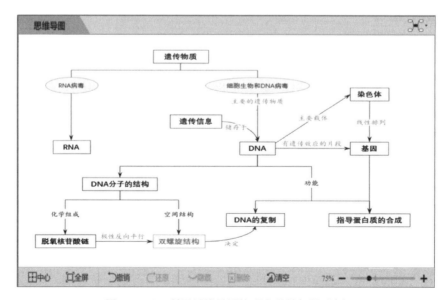

图 5-4-19 利用思维导图梳理和总结知识示例

5.4.3 课后学习活动实施

1. 课后作业

教师在课后要根据不同层次学生的特点，设置分类分层的作业。对于学习困难的学生，要降低作业难度；对于学习水平中等的学生，要通过作业加强其对基本知识的理解和运用；而对学习优秀的学生，要在作业中增加一些难度大和综合性的训练题目。

在智慧课堂中，教师可以借助智慧教学系统布置分类分层的作业，学生可以根据自己的学习情况完成不同类别、不同层次的作业。针对在完成作业的过程中发现的薄弱知识点，学生可以利用教师所提供的学习资源进行学习，也可以利用智能学习工具与同伴交流或向教师请教。

例如，在英语写作课上，学生在教师的指导下完成英文文章的写作任务，同伴和教师分别给出了修改意见。在课后，教师布置了让学生根据课堂上教师和同伴提出的修改意见，对所写的英文文章做进一步修改的作业。考虑到班级学生的实际情况，教师按照基础作业、进阶作业、拔高作业三个层次布置作业，如图 5-4-20 所示。

图 5-4-20　分层次布置作业示例

2. 课后深化学习

在课后，学生仅靠完成作业无法深化学习相关知识。要深化学习相关知识，学生就要对一节课、一个单元或更大范围的课程内容进行系统学习和拓展学习。学生可以利用智能学习工具（如图 5-4-21 所示），根据自己对知识的掌握情况进行有针对性的复习，以及对一个单元或更大范围内的知识进行系统梳理和总结，以完善自己的知识结构体系，提高解决问题的能力。

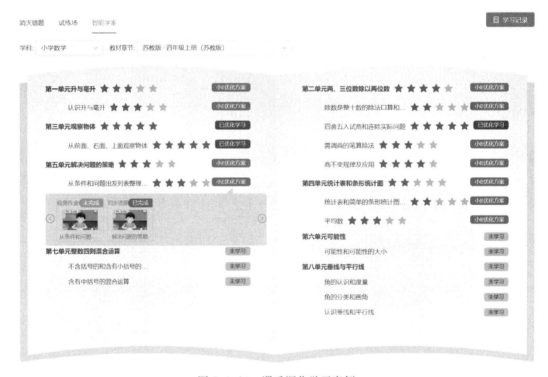

图 5-4-21　课后深化学习案例

3. 课后自我检测

在课后，学生可以利用智能学习工具对本节课的学习总体情况进行自我检测，根据检测结果（如图 5-4-22 所示）发现自己的薄弱知识环节，并利用相关的微课/云课、同质题等资源（如图 5-4-23 所示）进行强化学习。

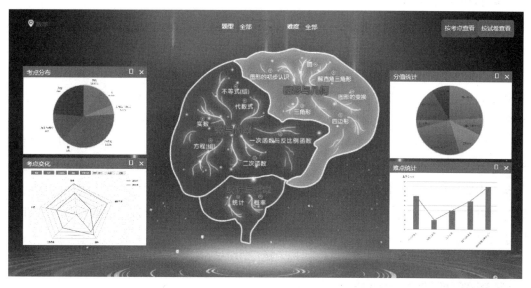

图 5-4-22 自我检测结果示例

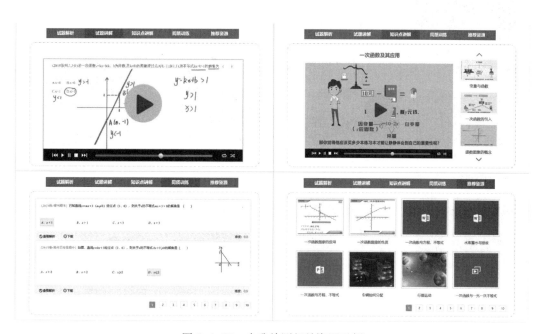

图 5-4-23 自我检测相关资源示例

4. 特色学习活动

教师可以利用智慧教学系统，组织学生课后开展项目学习和主题学习等特色学习活动。在特色学习活动开展过程中，教师将准备好的活动方案、活动工具和活动资源发布给学生。学生按照活动要求，根据活动方案，利用教师所提供的活动工具和活动资源开展相关学习活动，并将自己的学习成果分享到讨论区中，与教师和同伴交流、讨论。智慧教学系统还可以记录学生的学习成果，统计学生的活动参与情况等。

例如，在学习了高中物理中的"核能利用"的有关知识后，教师发布了以"核能"为主题的特色学习活动，如图 5-4-24 所示，围绕核电站、核武器、核裂变、核聚变等内容，让学生从对人类有益还是有害这两方面来对核能的价值进行思考和论述，以加深他们对相关知识的理解。在这一过程中，教师为学生提供活动指导、教师作品、学生作品等资源，如图 5-4-25 和图 5-4-26 所示。

图 5-4-24　特色学习活动示例

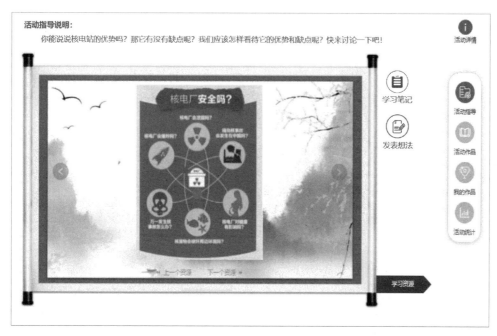

图 5-4-25　特色学习活动资源示例一

图 5-4-26　特色学习活动资源示例二

思考题

1. 按照什么样的思路和原则，才能真正设计出好的智慧课堂教学设计方案，其中最关键因素有哪些？

2. 智慧课堂教学设计中哪些环节是难以实施的？应采取什么样的策略和办法才能更好地实施？

3. 在智慧课堂中，应如何设计学习问题/任务才能更好地驱动学生学习？

4. 智慧课堂教学支撑工具与资源应按照什么样的需求进行设计？

5. 与传统课堂教学活动相比，智慧课堂教学活动有哪些不同？

第6章

智慧课堂教学能力提升

　　教师作为智慧课堂教学的主要设计者与实施者，提升其智慧课堂教学能力，是落实智慧教育理念、打造高质量智慧课堂的前提条件。本章首先分析了智慧课堂教学关键能力，在此基础上，阐述了如何通过智能研训、优质课展示与观摩、课题研究等途径提升教师智慧课堂教学能力。

6.1　智慧课堂教学关键能力剖析

下面从智慧课堂教学准备能力和智慧课堂教学实施能力两个方面来详细阐述教师应具备的智慧课堂教学关键能力。

6.1.1　智慧课堂教学准备能力

1. 系统掌握和运用课程图谱的能力

在智慧课堂教学准备中，教师应能够从所教课程的知识点（片段）及其组织体系、知识点（片段）间的关联关系、知识点（片段）内容，以及衡量学生对知识点（片段）掌握情况和相应能力形成情况的量化评价体系等方面，建立课程图谱，并在进一步的教学工作中对课程图谱进行改进和优化，为教学活动的设计、准备、实施、组织、管理和评价等打下坚实的基础。

2. 智慧课堂教学新模式探索能力

在智慧课堂教学准备中，教师应能够针对课堂教学中普遍存在的瓶颈问题，利用人工智能、大数据、云计算、虚拟现实/增强现实等技术，从课堂教学组织结构重建、教学/学习路径优化、教学方法创新等方面，分层次探索课堂教学模式创新途径，以构建人网融合的教育新体系，解决传统课堂教学中由于技术条件和手段限制而导致的教学瓶颈问题。

3. 智慧课堂教学设计能力

在智慧课堂教学准备中，教师应具备准确把握教学内容的知识体系、与实际问题的对应关系、所需要的教学条件等的能力；应具备准确把握学生认知规律、已有知识水平、存在的共性问题以及问题出现的深层次原因等的能力；应具备基于教学内容和学生情况合理确定教学目标的能力；应具备根据教学内容、学生情况和所确定的教学目标，设计可以有效驱动学生学习的问题/任务的能力；应具备根据所设计的问题/任务，合理选择学习路径，并确定所需要的智慧学习资源和智能学习工具，以及支撑环境等实施条件的能力；应具备结合多场景、全流程的学习数据对学生学习情况进行实时评价的能力。

4. 教学套件资源及学习路网资源准备能力

在智慧课堂教学准备中，教师应能够在教学实践中，有目的地按照教学/学习路径收集和整理教学套件资源及学习路网资源。教师应具备根据教学设计对智慧学习资源的需求，按照不同的教学路径，选择、改进或制作课件、导学案、素材包、工具包、同步练习、试卷等教学套件资源的能力；应具备按照不同的学习路径，选择或制作知识讲解、学习指导、答疑等方面的微课/云课的能力。

5. 作业准备能力

作业设计是智慧课堂教学能力的重要体现。教师设计的作业要符合学生的年龄特点和学习规律，体现分层、弹性化、个性化的特点。因此，在智慧课堂教学准备中，教师应具备设计能激发学生的学习兴趣，调动其学习内驱力的作业的能力；应具备根据学生学习水平的差异情况，设计分层递进式作业的能力；应具备设计能够覆盖知识应用所有边界情况的作业的能力；应具备设计能够引导和驱动学生开展探究学习、合作学习、自主学习等的作业的能力。

6.1.2 智慧课堂教学实施能力

1. 有效讲解知识的能力

在智慧课堂教学实施中，教师应具备让学生明白课程学习目的以及了解课程学习内容的能力；应具备以问题/任务等方式引入知识讲解，启发学生思考的能力；应具备将学科知识与生活实际有机联系起来，创建知识学习与应用情境的能力；应具备借助智慧学习资源和智能学习工具展示知识内在机理，激发学生学习兴趣，促进其全面、系统学习知识的能力。

2. 促进学生自主学习知识的能力

在智慧课堂教学实施中，教师应具备准确判断哪些知识适合学生自主学习的能力；应具备合理利用智慧学习资源和智能学习工具，促进学生自主学习的能力；应具备根据学生的学习内容，集成、选择、改进或制作相应的学习资源和学习工具的能力；应具备引导学生利用智慧学习资源与智能学习工具开展自主学习的能力。

3. 引导学生应用知识解决问题的能力

在智慧课堂教学实施中，教师应具备设计分类分层的问题/任务，引导学生在应用知识解决问题的过程中实现知识迁移的能力；应具备让学生经历应用知识的所有边界情况，全面、系统地掌握知识的能力；应具备利用智能学习工具展示知识动态演化过程，引导学生探寻知识规律与应用方式的能力。

4. 指导学生开展复杂问题探究活动的能力

在智慧课堂教学实施中，教师应具备设计有利于学生开展疑难知识学习和复杂问题解决的探究活动的能力；应具备将智慧学习资源、智能学习工具等智能技术手段与常规条件下的探究手段有机结合，为学生构建虚实结合的探究环境的能力；应具备利用所构建的探究环境，组织、引导和指导学生开展探究活动的能力。

5. 引导学生开展多元化学习活动的能力

在智慧课堂教学实施中，教师应具备设计和发布主题活动、STEAM 活动和创客活动等学习活动的能力；应具备构建主题活动、STEAM 活动和创客活动所需要的智慧学习环境的能力；应具备利用所构建的智慧学习环境，组织和指导学生开展主题活动、STEAM活动和创客活动的能力；应具备利用教育云平台、网络学习空间和所构建的智慧学习环境，组织学生对所取得的学习结果进行交流和展示的能力。

6. 动态分析学习情况的能力

在智慧课堂教学实施中，教师应具备利用智慧教学系统所提供的学习情况大数据，分析个体学生和群体学生学习情况，发现学生学习中存在的个性问题和共性问题的能力；应具备针对学生学习中存在的问题，为学生提供有效的学习资源和工具的能力。

7. 动态优化教学活动及教学资源与工具的能力

在智慧课堂教学实施中，教师应具备基于教与学大数据，以及个体和群体学生画像，诊断教学活动中存在的问题，并对教学活动进行优化的能力；应具备根据教学活动优化的需要，对教学资源与工具进行优化的能力。

6.2　智慧课堂教学能力提升途径一：智能研训

研训即教研和培训，是提升教师智慧课堂教学能力的主要途径。教研主要采取集体备课、现场观摩课和常态听评课等方式，培训主要采取集中讲授和分组研讨等方式。目前，普遍存在研训内容的针对性差，研训对象不精准、有效性差等问题，导致研训效果不佳。提高研训效果的最佳途径，是根据教学质量数据选择研训内容和研训对象，根据研训效果数据选择研训方式，通过建立一体化联动智能研训体系，以及虚拟实践教学研训体系，提升教师智慧课堂教学能力。

6.2.1　建立一体化联动智能研训体系，支撑智慧课堂教学能力提升

通过在多个区域开展人工智能助推教师队伍建设的实证研究，可以得出提升教师智慧课堂教学能力的一个有效途径：针对课堂教学的瓶颈问题，组织相关研究人员，建立智能教育研究团队，持续开展"互联网+"条件下课堂教学新模式和智能技术应用规律研究，并及时将所研究的课堂教学新模式及智能技术应用规律通过多种形式的线上线下混合式研训活动推广给所有教师。在此基础上，逐步建立起区域教学、教研和培训一体化联动的教师智能研训体系。

区域教师智能研训体系建设质量的优劣与很多因素有关，其中最核心的因素是智慧课堂教学新模式实证研究和应用推广团队、智慧课堂教学新模式探索的实证研究体系、智慧课堂教学新模式实证研究和应用推广支撑环境等。

1. 智慧课堂教学新模式实证研究和应用推广团队

在区域教师智能研训体系建设中，建立开展智慧课堂教学新模式实证研究的智能教育研究团队是首要的工作。智能教育研究团队成员的能力水平决定了区域教师智能研训体系的建设水平，也决定了所研究的课堂教学新模式的质量。为了确保研究出高质量的智慧课堂教学新模式，智能教育研究团队应由教育信息化专家、教育专家、区域教研员、一线教师和专业技术开发人员等组成。其中，教育信息化专家和教育专家应来自高校或研究机构，他们长期从事信息化教学创新研究且指导一定数量的中小学教师取得了一批信息化教育研究和实践成果；区域教研员应全员参与；一线教师是指由教研和培训部门遴选出的区域中小学学科带头人以及有一定信息化教学基础的骨干教师。此外，还应有软件及资源方面的专业技术开发人员全过程参与。只有教育信息化专家、教育专家、区域教研员、一线教师和专业技术开发人员共同努力且相互配合，才能确保智慧课堂教学新模式研究持续、深入、有效地开展。建立智慧课堂教学新模式应用推广团队，是推广智慧课堂教学新模式研究成果，让区域全体中小学教师应用的关键。智慧课堂教学新模式应用推广团队应由智慧课堂教学新模式示范教师、培训者和教学指导者等组成。其中，智慧课堂教学新模式示范教师，应尽可能从智能教育研究团队中的一线教师中遴选。智慧课堂教学新模式的培训者和教学指导者，应从区域教研员、示范教师中遴选，在可能的情况下可以邀请高校相关专家参与。在智慧课堂教学新模式实证研究过程中，应遴选出能够深入系统探索并实践所从事学科智慧课堂教学新模式且能起到引领和示范作用的教师。

2. 智慧课堂教学新模式探索的实证研究体系

在区域教师智能研训体系中，建立了智能教育研究团队和应用推广团队之后，接下来的事情就是进行智慧课堂教学新模式实证研究。建立切实可行的、科学的实证研究体系，持续迭代开展智慧课堂教学新模式实证研究，是区域教师智能研训体系建设的关键要素。在智慧课堂教学新模式探索的实证研究中有两个关键点，一个是新模式的探索方向，另一个是新模式的探索方法。

（1）**智慧课堂教学新模式的探索方向**

对于智慧课堂教学新模式，应从教学流程优化、教学活动实施创新和教学组织结构重构等不同层面进行探索；应对教学活动中存在的瓶颈问题进行分类，并分别探索每类问题的解决途径和解决方法；应探索智能技术手段支持课堂教学新模式应用的途径与方法。

（2）**智慧课堂教学新模式的探索方法**

很多区域的中小学都在进行智慧课堂教学新模式的探索，且开展了大量的实践活动，诸如优质课展示活动，"一师一优课、一课一名师"评选活动等。但是到目前为止，尚未形成具有普适性、成体系的智慧课堂教学新模式研究成果。究其原因，主要是智慧课堂教学新模式的探索方法不够科学。智慧课堂教学新模式的探索，不能仅靠理论研究，还要进行实证研究。因此，探索智慧课堂教学新模式的基本方法是：第一，进行实证研究的规划与设计；第二，选择合适的用于实证研究的学校、教师和学生；第三，采取科学、有效的实证方法开展实证研究活动；第四，凝练智慧课堂教学新模式研究成果。

3. 智慧课堂教学新模式实证研究和应用推广支撑环境

创建智慧课堂教学新模式实证研究和应用推广支撑环境，是智能研训体系建设的基础与保障。如果缺乏有效的支撑环境，所有智慧课堂教学新模式的实证研究和应用推广活动都很难开展。智慧课堂教学新模式实证研究和应用推广支撑环境，是以智能技术为基础构建的。智能技术在智慧课堂教学新模式实证研究和应用推广中的作用，主要体现在以下三个方面：首先，智能技术可以有效支持课堂教学新模式实证研究的开展。智能教育研究团队可以借助网络平台观课、评课，获得课堂教学数据，分析课堂教学情况，并在数据分析的基础上多轮迭代改进课堂教学新模式。其次，智能技术可以有效支持线上线下混合式研训活动的开展，使智能教育研究团队可以全面了解和掌握教师参加研训工作的情况，动态调整研训内容和研训活动安排。最后，智能技术可以有效支持教学活动的开展，并为学生深度理解知识、系统探究知识、体验知识应用过程等提供全方位的支持。

6.2.2　通过虚拟实践教学研训，系统提升教师智慧课堂教学能力

虚拟实践教学研训的目标是，让教师建立智慧教学好课模型，并能够按照好课模型设计课、上课和评价他人的课，其研训过程分为观课建模、文献改模、评课升模和实践完模 4 个阶段。

1. 观课建模

观课建模即通过观摩优质课案例初步建立好课模型。教师观摩优质课案例的前提条件是，建立按照学科内容分类、分层次组织的优质课案例库。优质课案例库应包括教学设计、课件、导学案、作业、试卷、名师微课/云课、课堂教学实录、说课课件及录像、教学系统及环境说明、教学反思和专家（同行）点评等。其中，最关键的是教学设计，应从学习逻辑设计、教学/学习路径选择与优化、智能技术应用策略、基于大数据的教学评价与优化等方面系统阐述。教师可以在观摩优质课案例的基础上初步建立好课模型。

在教师建立好课模型的过程中，可以给予教师正确的引导和全过程的指导与帮助。其中，正确的引导，主要是指为教师建立好课模型提供支架。这个支架应从上好一节课所要关注的几个方面为教师提供引导，包括：要以单元或系列知识为单位系统设计教学活动；要以任务/问题为线索驱动学习活动；要选择适合的教学/学习路径开展教学活动并能对其进行动态优化；要准确判定教学过程中的技术赋能融合点，并针对技术赋能融合点的特点选择有效的技术支持方式、合适的智慧学习资源及智能学习工具；要以课程图谱为依据采集教学情况大数据并进行教学质量分析等。全过程的指导和帮助，则是指组织相关专家和教研员等，指导教师建立智慧教学好课模型，并对其初步建立的好课模型提出改进意见。

2. 文献改模

文献改模即利用文献改进模型。在教师初步建立了智慧教学好课模型后，接下来的事情就是从理论层面进一步修正模型，从而使所建立的模型经得起推敲。在这一阶段，要为教师提供相关文献。教师对这些文献进行阅读与梳理，从理论层面对初步建立的好课模型进行修正。显而易见，通过网络提供这些文献是切实可行的途径。

3. 评课升模

评课升模，即评价案例，提升好课模型的质量。教师在利用文献改进模型之后，接下来的事情就是依据改进的好课模型，去评价优质课案例库中的案例。教师与相关专家、区域教研员共同剖析好课模型与案例的契合度和差异点，在反思的基础上提升好课模型

的质量。在这一阶段，要选择合适的且数量足够的优质课案例来开展评价活动。优质课案例的选择非常重要，所选择的案例应能够体现课程教学思路和方法、技术应用策略、所使用的智慧学习资源和智能学习工具等方面的情况。在教师对所选择的优质课案例进行评价之后，相关专家、区域教研员等应提出进一步的改进意见，以帮助教师提升智慧教学好课模型的质量。

4. 实践完模

实践完模，是指在教学实践中完善好课模型。教师在通过评价优质课案例提升好课模型质量之后，应该将所建立的好课模型应用于教学实践，并在实践中不断完善好课模型。

在这一阶段，要为教师布置教学实践任务，让教师通过教学实践任务进一步完善好课模型。所布置的教学实践任务，要能全面覆盖学科教学内容、课型。在完成教学实践任务的过程中，教师应做到以下几点：以单元为单位进行学习逻辑设计；在筛选和优化教学/学习路径的基础上进行教学活动设计；以问题/任务驱动学习活动；充分运用智能技术手段支撑教学活动；充分利用大数据精准调控教学活动等。在教师完成教学实践活动任务之后，相关专家、区域教研员等要对教师的教学实践活动进行观摩、点评，提出指导意见，在此基础上帮助教师完善自己的模型，形成最终的智慧教学好课模型。

6.3　智慧课堂教学能力提升途径二：优质课展示与观摩

智慧课堂优质课展示与观摩，是提升教师智慧课堂教学能力的第二种有效途径。教师应通过参与智慧课堂优质课展示与观摩活动，来提升智慧课堂教学设计与实施等方面的能力。因此，教师如何准备课程，参加优质课展示与观摩活动十分重要。下面重点介绍研讨课、模拟展示课、微课、现场观摩课、智慧学习云课等类型课程的准备思路与方法。

6.3.1　研讨课

1. 展示方式

教师通过说课的方式阐述一节研讨课的教学思路与方法，时间一般为 7~10 min。

2. 材料准备

教师需要准备本节课的智慧课堂教学设计（其模板见表 6-3-1）和教学套件资源，

以及本节课的说课课件和说课录像。教学套件资源应包括教学课件，导学案，图片、音频、视频、动画等素材，专题网站，工具，练习，作业，以及课堂实录等。

表 6-3-1 智慧课堂教学设计模板

学校名称			
课例名称		教师姓名	
学段学科		教材版本	
章节		年级	
教学目标	1. 在立德树人的前提下，充分考虑教学内容与生活实际的联系，以问题和任务为线索构建知识体系，促使学生形成完整的学科能力；而且教学目标应该是可测量的。 2. 充分体现学生思维经验的积累，培养学生的系统思维能力与创新思维能力		
教学重点和难点	1. 教学重点是核心教学内容；对于教学重点，要让学生理解、掌握、熟练应用，直至达到综合应用、触类旁通和自我评价的程度。 2. 教学难点是指对于所教班级的大多数学生而言，理解、掌握和形成应用能力有难度的教学内容，以及不易实现的培养目标		
学情分析	分析学生的认知规律与特点、已有知识与经验基础、思维能力与水平等		
教学方法	1. 体现智慧教育的基本理念和方法，尽可能地让学生自主学习、合作学习、探究学习。 2. 充分运用智能技术支持学生对知识的深度理解与体验、感悟与探究，以及基于大数据的教学活动调控与个性化学习。 3. 充分考虑电子白板、交互式电视、电子书包等不同信息化环境的差异，要充分发挥教育云平台、智慧校园和智慧教室的作用		
教学过程	1. 给出完整的教学流程图。 2. 活动安排要突出教学重点，突破教学难点。 3. 尽可能将教学活动任务化，并且有完整、连续的任务情境和体现能力的学习活动。 4. 尽可能运用智慧教学资源与智能学习工具开展教学活动		
教学反思	1. 影响教学效果的主要原因是什么？（例如，任务设计得不合理、智慧教学资源和智能学习工具应用得不恰当等） 2. 为了进一步突出教学重点，突破教学难点，怎样设计问题情境会更有效？怎样设计学习活动会更有效？怎样使用智慧学习资源或智能学习工具会更有效？		

3. 展示内容

教师利用演示文稿，阐述本节课的教学目标、教学中的瓶颈问题及破解这些瓶颈问题的思路与方法、需要技术赋能的融合点、所使用的智慧学习资源及智能学习工具，以及利用智慧学习资源与智能学习工具开展教学活动的做法和效果。其中，利用智慧学习资源与智能学习工具开展教学活动的做法应重点介绍。

6.3.2　模拟展示课

1. 展示方式

教师通过模拟展示的方式对一节课进行现场上课，时间一般为 12~15 min。

2. 材料准备

教师需要准备本节课的智慧课堂教学设计和教学套件资源，以及本节课的模拟展示录像。教学套件资源应包括教学课件，导学案，图片、音频、视频、动画等素材，专题网站，工具，练习，作业，以及课堂实录等。

3. 展示内容

教师利用演示文稿，展示在本节模拟展示课中运用智能技术支持知识深度理解与体验、感悟与探究的成效，以及基于大数据进行教学活动调控与个性化学习的成效。此外，教师还应尽可能地展现智慧学习资源与智能学习工具的使用情况，以及学生智慧培养方面的教学安排。

6.3.3　微课

1. 展示方式

教师通过说课的方式介绍一个微课的设计思路和应用方法，并播放教学视频，时间一般为 7~12 min。

2. 材料准备

教师展示微课设计说明（其模板见表 6-3-2）、微课程介绍、学生自主学习任务单（其模板见表 6-3-3）、教学视频（技术标准见表 6-3-4）、训练题、微课教学素材。

表 6-3-2　微课设计说明模板

教师姓名		学校名称			
微课名称		视频长度		录制时间	
知识点来源	学科：　　　　　　年级：　　　　　　教材版本：				
知识点描述					

续表

教学目标		
适用对象		
微课类型	（注：可选择如下选项，也可以补充填写） □知识点讲解　　□试题剖析与指导　　□专题讲解	
微课用途	（注：可选择如下选项，也可以补充填写） □课前预习　　□课上自学　　□课后复习　　□其他_____	
设计思路		
教学过程		
	内容	时间
一、片头 （30 s以内）		
二、正文讲解 （8 min左右）		
三、结尾 （30 s以内）		
教学反思	（注意：此部分应填写实际应用微课后的反思与感悟，并描述微课应用的效果与学生反馈。）	

表6-3-3　学生自主学习任务单模板

课程名称：	
知识点来源	学科：　　　　　年级：　　　　　教材版本：
学习目标设计	设计提示与要求： 1. 知识深度理解的目标。 2. 思维学习的目标（如发现、构想、分析、归纳、评价、创造等有关学生智慧培养与发展的目标）。 3. 学习投入的目标（如通过自主学习、探究学习，独立完成生成性学习成果）

	问题/任务层次： □基本问题/任务　　□组合问题/任务　　□疑难问题/任务
问题/任务 设计	设计提示与要求： 　设计的问题/任务具有整体性，可以将其分解为若干个子问题/任务，并在不同的学习环节完成，每个环节完成的子问题/任务都有明确的学习成果，特别是要有生成性学习成果。 　问题/任务设计的要求： 　1. 以学习目标为导向，通过问题/任务驱动学习。 　2. 每个学习环节都由相应的子问题/任务驱动。 　3. 问题/任务能促使交互发生，特别是学生与智能学习工具、智慧学习资源等的交互。 　4. 学习目标和问题/任务，应能显著激发学生学习的内驱力，保证学生全身心投入学习。 　5. 确定问题/任务的学习成果和各子问题/任务的学习成果
学习支架 设计	设计提示与要求： 　1. 充分考虑学生完成任务和选择学习路径的需要。 　2. 充分利用微课资源、工具、平台、网络环境、移动学习环境等信息技术支撑环境。 　3. 为学生设计的支撑环境，不但要能满足学生自主学习、探究学习、合作学习的需要，而且要能满足各类学习成果生成的需要
自主（探究） 学习过程 设计	设计提示与要求： 　1. 与自主学习环节匹配的任务设计。 　2. 任务完成路径设计（这里的任务包括独立完成的任务和合作完成的任务）。 　3. 学生与技术支撑环境的交互方式和交互内容设计。 　4. 完成任务并生成预期学习成果所需要的学习活动序列设计
学习评价 设计	设计提示与要求： 　评价设计应面向任务完成或探究过程中的学习行为，如独立思考和提出问题、小组合作学习成果表达与分享、个人学习成果评价、学生对信息技术支撑环境的使用体验和反思等。 　1. 提出与任务完成相关的问题并独立思考，形成自己的结论。 　2. 对他人的学习成果进行合理评价，并给出相应的证据。 　3. 对自己的学习成果进行合理评价。 　4. 对微课资源、工具、平台、网络环境、移动学习环境等信息技术支撑环境的使用体验和反思，并通过社交软件进行交流和分享

表 6-3-4　教学视频（微课）技术标准

项目	标准
制作教学视频的目标	教学视频（微课）是与学生自主学习任务单配套使用的学习资源。制作教学视频的目标，是帮助学生完成学生自主学习任务单给出的任务，支持学生的个性化学习，支持教师实现从"讲授型"教师到"引导型"教师的转型
视频要求	1. 图像稳定，色彩正常。 2. 话筒录音，声音清晰，无现场杂音。 3. 录屏作品要做到：视听同步，不干扰可视化学习。 4. 拍摄作品要做到：单机拍摄稳定，多机拍摄的镜头衔接自然。 5. 制作设备与软件不限（数字摄像机、数字摄像头、数字照相机、手机、写字板、录课笔、录屏软件等均可）。 6. 视频要有片头、片尾，并显示标题、作者、单位等信息。 7. 主要教学内容和环节有字幕提示或说明。 8. 视频格式为 MP4、FLV、WMV，分辨率为 720×576 像素，时间长度一般为 8 min，最长不超过 10 min。 9. 若需要特殊的播放环境，则应自备专用软件插件

3. 展示内容

教师利用演示文稿，展示在本微课中运用智能技术支持知识深度理解与体验、感悟与探究的成效，以及基于大数据进行教学活动调控与个性化学习的成效。此外，教师还应尽可能地展现智慧学习资源与智能学习工具的使用情况，以及对学生智慧培养的支撑。

6.3.4　现场观摩课

1. 展示方式

教师选择本学科的一节课，在展示与观摩活动现场上课。现场观摩课分为多媒体教学交互设备（电子白板或交互式电视）环境下的同题异构观摩课和电子书包环境下的智慧教育观摩课两种。上课时间一般为 40 min。

2. 材料准备

教师需要准备本节课的智慧课堂教学设计和教学套件资源。教学套件资源应包括教学课件，导学案，图片、音频、视频、动画等素材，专题网站，工具，练习，作业，以及课堂实录等。

3. 展示内容

教师利用演示文稿,展示在本节现场观摩课中智能技术支持知识深度理解与体验、感悟与探究的成效,以及基于大数据进行教学活动调控与个性化学习的成效。此外,教师还应尽可能地展现智慧学习资源与智能学习工具的使用情况,以及学生智慧培养方面的教学安排。

6.3.5 智慧学习云课

1. 展示方式

教师通过说明、功能展示和应用案例展演的方式介绍智慧学习云课,时间一般为 10~12 min。

2. 材料准备

教师需要准备智慧学习云课设计模板(见表6-3-5)、教学课件、学生学习资源包和智慧学习云课介绍演示稿,其中学生学习资源包括教师指导、讲解、答疑微课,优秀学生学习经验分享视频和作品,分层训练题(其编辑要求见表6-3-6)、学习任务单等。

对于智慧学习云课,教师应以单元或专题为单位,以问题/任务及相应的知识为线索,根据不同层次学生个性化学习的需要,设计每节课的课前预习、课堂学习、课后巩固提升,以及单元或专题复习、梳理与总结、提高等方面的支撑资源(学习路网资源)。

表 6-3-5 智慧学习云课设计模板

课程信息			
学校名称		教师姓名	
课例名称		教材版本	
学段学科		年级	
章节/专题		课时安排	
云课总体设计			
教学分析	以单元或专题为单位,设计课前预习、课堂学习及课后巩固提升。要说明学习内容的特点与学情分析;要针对不同层次的学生,设计分层的学习内容与方法		
学习目标	1. 在立德树人的前提下,充分考虑学习内容与生活实际的联系,以问题和任务为线索构建知识体系,促使学生形成完整的学科能力;而且学习目标是可测量的。 2. 充分体现学生思维经验的积累,培养学生的系统思维能力与创新思维能力		

云课总体设计	
学习重点和难点	1. 学习重点是核心学习内容；对于学习重点，要让学生理解、掌握、熟练应用，直至达到综合应用、触类旁通和自我评价的程度。 2. 学习难点是指对于大多数学生而言，理解、掌握和形成应用能力有难度的学习内容，以及不易实现的学习目标
教学方法	1. 体现智慧教育的基本理念和方法，尽可能地让学生自主学习、合作学习、探究学习。 2. 充分运用智能技术支持学生对知识的深度理解与体验、感悟与探究，以及基于大数据的教学活动调控与个性化学习
学习环境	1. 说明学习支撑环境：电子书包、电子白板、交互式电视等。 2. 说明学习支撑系统：体现使用智慧学习资源和智能学习工具进行学习的痕迹、测评报告、学习前后的对比数据等
学习路径图	1. 提供整个专题或单元的知识网络（可利用思维导图绘制）。 2. 说明专题或单元学习的整体任务、子任务（如课前预习、课堂学习及课后巩固提升的具体学习任务设计）。 3. 在学习路径图中说明分层学习任务单、知识点微课、分层训练题等的使用环节

表 6-3-6　分层训练题编辑要求

项目	训练题说明	
题型	语文：填空题、单项选择题、多项选择题、阅读理解题、写作题、简答题	
	数学：选择题、填空题、解答题	
	英语：选择题、填空题、完形填空、阅读理解、补全对话题、书面表达题	
	物理：单项选择题、多项选择题、填空题、作图与实验题、探究与应用题、解答题	
	化学：选择题、填空题、实验题、计算题	
	地理：单项选择题、多项选择题、填空题、材料分析题、简答题	
	生物：单项选择题、多项选择题、填空题、判断题、简答题、实验探究题、综合题	
	历史：选择题、填空题、材料分析题、简答题、历史小短文题	
	政治：单项选择题、多项选择题、简答题、材料分析题	
题文	即题目（附带选项）的内容	
答案	即习题的答案	

续表

项目	训练题说明
难度	习题难度分为易、难两个梯度，"易"倾向于基础题，"难"倾向于进阶题
解析	需附带习题的文字解析；用于对习题答案进行细致分析，确保学生在查看解析后能够自我诊断，准确判定自己的知识薄弱环节
知识点	需标明该习题所属的知识点；学生可以通过习题所属的知识点明确自己的知识盲点的准确位置，以便有的放矢地进行学习

3. 展示内容

教师利用演示文稿，展示智慧学习云课的设计思路和应用方法，以及运用智能技术支持知识深度理解与体验、感悟与探究的成效，以及基于大数据进行教学活动调控与个性化学习的成效。此外，教师还应尽可能地展现智慧学习资源与智能学习工具的使用情况，以及对学生个性化学习和智慧培养的支撑。

6.4　智慧课堂教学能力提升途径三：课题研究

智慧课堂教学课题研究，是指以中小学教师教学实践经验为基础，针对智慧课堂教学中的具体问题展开研究，并得出破解思路与对策，这是提升智慧课堂教学能力与教育教学质量的有效途径。本节首先介绍了智慧课堂教学课题研究选题，在此基础上介绍了智慧课堂教学课题研究方案制定和课题研究结题。

6.4.1　课题研究选题

智慧课堂教学课题研究应围绕智慧课堂教学中存在的瓶颈问题，结合自身的实际情况展开，主要包括智慧课堂新模式研究、课程图谱研究、智能学习工具研究、智慧学习路网研究、基于大数据的教学评价与优化研究等。

1. 智慧课堂教学新模式研究

应针对不同学科教学内容的特点及教学中存在的问题，研究人工智能、大数据、虚拟现实/增强现实等智能技术条件下的智慧课堂教学新模式；应针对探究式、体验式、合作式和混合式等新型教学方式在课堂中的应用，研究智慧课堂教学新模式。

2. 课程图谱研究

应选择某一学科的一个单元的内容，针对量化学习目标过程中存在的问题，结合教学和学生的实际情况，开展课程图谱研究。构建课程图谱是以内核问题/任务集为线索，将知识与解决问题的方法和策略关联起来的过程，其中内核问题/任务集应覆盖知识应用的各种边界情况，应从记忆、理解、应用、分析、综合、评价、创造等层级体现课程标准的相关要求，应以定量的方式体现知识应用水平。

3. 智能学习工具研究

应围绕某一学科的某一学习内容，从知识深度理解、复杂问题探究、主题学习、综合性学习、跨学科学习等方面，探索智能学习工具对教师智慧教和学生个性化学的支持作用。

4. 智慧学习路网研究

应针对某一学科的一个单元的内容，开展智慧学习路网研究。可以从教学与学习路径构建、教学套件资源建设和学习路网资源建设等方面开展学习路网的研究工作。教学与学习路径的构建研究应在课堂教学新模式研究的基础上展开。教学套件资源和学习路网资源建设研究，应在教学与学习路径构建的基础上开展。

5. 基于大数据的教学评价与优化研究

对于基于大数据的教学评价与优化方面的课题研究，应从如何利用评价结果数据改进教学方式和方法，有效引导学生进行个性化学习等方面展开。

6.4.2 课题研究方案制定

1. 研究背景

应围绕国家政策、时代背景、教育对智慧课堂的迫切需求、学校开展智慧课堂教学的情况等方面，阐述课题研究的背景。

2. 国内外研究现状分析

应根据所选课题的研究主题，选择有代表性的文章、研究报告、文件和书籍等，对相关研究的进展进行分析。应找出制约智慧课堂教学开展与质量提升的瓶颈问题，并分析导致这些瓶颈问题出现的深层次原因。

3. 研究问题与意义

应在分析国内外研究现状的基础上确定研究问题，该研究问题的解决对于提高智慧课堂教学质量会起到极大的促进作用。

4. 研究目标与内容

在研究目标中，应阐述本课题是针对什么样的问题开展研究，拟取得什么样的成果；应围绕智慧课堂教学新模式、课程图谱、智能学习工具、智慧学习路网、基于大数据的教学评价与优化等中的一个方面或多个方面阐述拟取得的研究成果。所取得的研究成果既可以是模型、方法、研究观点，也可以是典型案例。

在研究内容中，应阐述如何将研究目标中拟解决的问题分解为若干个子问题，以及针对各个子问题开展什么样的研究，才能取得研究目标所描述的研究成果。

5. 研究方法与技术路线

在课题研究过程中，应根据研究问题的特点选择合适的研究方法。可以采用调查、文献研究、访谈、个案研究、行动研究等研究方法开展课题研究工作。在选择研究方法时，要说明该研究方法主要用于解决本研究哪些方面的问题。在技术路线方面，应阐述解决问题的途径和办法，提出验证问题解决途径和方法有效性的技术路线。

6. 研究计划

研究计划应对课题研究做出总体规划，并对研究活动各个阶段的主要内容、方式和方法以及预期的成果进行全面的安排和叙述。应根据课题组成员的研究水平等实际情况，结合学校的教学进度，合理安排各个研究阶段，如课题启动、实证研究、阶段性成果梳理、研究成果展示与观摩活动、参加优质课评选活动、研究成果总结、课题结题等的时间区间。

7. 研究预期成果

课题研究报告一份、研究工作报告一份、智慧课堂教学案例集一套、研究论文若干篇。

8. 课题组成员及分工

课题组成员根据课题研究的实际需要确定，应由学科教师、教研员、信息技术教师和学校分管教学工作的领导等组成。课题负责人应由课题组中专业水平高、组织能力强的教师担任，课题组中的每个成员应分别承担课题研究的相关任务。

6.4.3　课题研究结题

1. 结题报告编制

课题结题报告应包括课题研究计划的执行情况、研究内容、主要研究成果、其他研究成果、考核指标完成情况、附证明材料的成果转化情况和取得的经济社会效益、主要问题及下一步建议、项目主要及其他成果列表、专家评审意见等方面的内容。其中，研究内容应着重阐述课题的研究思路、研究方法与技术路线和研究过程。主要研究成果应对照研究目标阐述课题研究所取得的具体成果，此外还要把课题研究所得出的结论和观点表述出来，把问题的解决方案、操作步骤、经验以及创新之处等总结和提炼出来。其他研究成果应列出在项目研究过程中发表的论文。主要问题及下一步建议应阐述本课题在实证研究过程中存在的问题，并对进一步的课题研究规划提出建议。

2. 应用案例编制

应从智慧课堂教学新模式、课程图谱、智能学习工具、智慧学习路网、基于大数据的教学评价与优化等方面，编写智慧课堂教学应用案例集。智慧课堂教学新模式方面的应用案例，应充分体现课堂教学是按照新模式展开的。课程图谱和基于大数据的教学评价与优化方面的应用案例，应充分体现如何基于课程图谱采集大数据，如何利用所采集的大数据对教学质量进行测评等。智能学习工具和智慧学习路网方面的应用案例，应充分体现智能学习工具对疑难知识理解、复杂问题探究等的有效支持，以及学习路网所发挥的优化教学活动、提高教师备课和讲课质量、有效支撑学生个性化学习等的作用。

3. 论文撰写

应着重围绕智慧课堂教学新模式、课程图谱、智能学习工具、智慧学习路网、基于大数据的教学评价与优化等方面所取得的研究成果，撰写研究论文。在撰写论文时，应围绕某一问题，阐述国内外相关研究的进展情况、本研究着重做了哪些方面的改进和突破，以及取得的研究结果是什么。

6.5 智慧课堂教学能力提升途径四：项目式培养

研训活动可以培养教师某一些方面的智慧课堂教学能力，但是很难系统、完整地培养教师的智慧课堂教学能力。而课题研究，往往会使教师对智慧课堂教学实践能力的关注度不够。优质课展示与观摩活动，有利于培养教师的智慧课堂教学实践能力，但局限于某一节课，缺乏完整性。因此，全面系统提升教师智慧课堂教学能力，既需要以课题研究的方式，统领教师智慧课堂教学能力提升全过程，又需要将研训、优质课展示与观摩等活动有效结合起来。这就需要以项目的形式培养教师智慧课堂教学能力。下面阐述如何以项目的方式培养教师智慧课堂教学能力。

6.5.1　培养目标

1. 总体目标

着眼于智慧课堂创新型教师培养及教师团队建设，以智能技术为支撑，以促进规模化教育与个性化教育有机结合和学科核心素养培养为目的，打造一批在信息化教学创新方面，能够承担课程改革重任，有引领和示范作用的专家型教师。建设多个能够应用人工智能、大数据、云计算、虚拟现实/增强现实等智能技术，创新教与学模式，破解教学中存在的瓶颈问题，全面推动探究式、体验式、合作式、混合式等新型教学模式在课堂教学中应用的"智教深融"（即人工智能与教育深度融合）教师团队，在学科教学创新、跨学科教学、实践育人、改革评价方式等方面，引领智慧课堂教学创新发展方向。

通过项目的实施，探索智能技术支持教学活动实施的规律，包括：利用智能学习工具，科学设计、改进、优化教学流程，创新教学活动实施方法，帮助学生解决疑难知识理解与实际应用的问题；通过智慧学习资源引入优质教学资源，实现课堂教学组织结构创新，支持学生个性化学习；依据课程图谱，采集教学大数据，绘制学生画像和教师画像，精准评价教学质量等。

通过项目的实施，教师能够成为在智能技术条件下动态、精准、全面地发现学科教学中存在的问题，并针对这些问题改进、优化，乃至创新教学方法的专家型教师。所培养的专家型教师，不仅能够全面、系统、深入地掌握智能技术在教学中的应用规律和方法，更能够在智能技术的支持下解决教育教学问题，成为教学改革创新的专家。

2. 阶段目标

教师智慧课堂教学能力培养项目的目标，包括学科教师个人培养目标和学科教师创新共同体（团队）培养目标两个阶段目标。

（1）**学科教师个人培养目标**

① 种子教师。通过第一年的培养，教师具备主动应用智能技术促进自我反思与发展的意识，能够系统地梳理现有教学活动在教学手段和教学条件方面存在的问题，并积极探索信息化环境下解决这些问题的新思路和新方法；能够选择合适的教学资源、教学工具和教学系统组织学生开展教学活动，探索课堂教学新模式。

② 卓越教师。在具备种子教师能力的基础上，通过第二年的培养，教师能够改进、优化、创新教学流程，创新教学方法，并在此基础上应用智能技术支持教学活动；能够实现课堂教学组织结构创新，支持学生个性化学习；能够在智能技术的支持下，建立课

程图谱，并依据课程图谱采集教学情况大数据，为教师智慧教和学生个性化学提供科学依据；形成智能技术条件下破解教学瓶颈问题的途径和方法，进而形成新型课堂教学模式。

③ 专家型教师。在具备卓越教师能力的基础上，通过第三年的培养，教师能够构建有效的智慧学习支撑环境，支持学生深度理解学科知识、体验知识应用过程、开展探究活动，以及学习的自我诊断等；能够实现全学科和各类课程与活动的创新。

（2）学科教师创新共同体（团队）培养目标

① 学习共同体。在第一年，不同学科的教师基于共同的目标，借助所创设的智能技术与学科深融的学习环境汇聚在一起，在互帮互助的氛围中进行持续的、具有挑战性的跨学科学习并共同探讨相关问题，消除学习壁垒。学习共同体作为教师专业成长的催化剂，可以促使教师不断提高自身的教学能力，而教师教学能力的提高最终可以反哺学习共同体，促进其能力的提升。

② 研究共同体。在第二年，在学习共同体的基础上形成研究共同体。研究共同体在理解智慧教育理念与方法的基础上，研究智慧教学系统的特点与功能；结合不同的学科背景，研究如何利用教学套件资源开展跨学科的教学实践；研究如何利用学习路网资源支持学生开展个性化学习；基于所采集的学生学习情况数据开展教学评价研究，形成研究共同体。

③ 智教共同体。在第三年，研究共同体能够在先进的教学理论与学习理论的指导下，使智能技术成为有效支持知识传递和知识建构的工具；能够通过跨学科的研究与合作创新，把智能技术的多种要素渗透到学科教学内容、教学对象、教学资源、教学方法、教学过程、教学评价等各个方面，从而营造智慧教育环境，实现既能充分发挥教师主导作用又能突出体现学生主体地位的以"自主、探究、合作"为特征的新型教学模式，把学生的主动性、积极性、创造性比较充分地发挥出来，使传统的课堂教学组织结构发生根本性变革。

6.5.2 培养思路

教师智慧课堂教学能力培养项目的核心，是培养智能技术与学科教学深度融合背景下的教育理论扎实、教育技术应用适切、教学方法新颖、教育思想先进的教师。它以"创建智慧教育环境、提升教师智慧素养、创新教师发展模式、优化教师数据管理"为驱动策略，打造可复制、可推广的智慧课堂教学能力提升模型。

1. 教育理论扎实

理论知识的缺乏是制约教师专业发展的瓶颈。跨领域、多视角的理论学习和研究，可以让教师对于智能技术与学科教学深度融合有系统、全面而深刻的理解，并通过不断的实践和探索逐步提升教学能力。

2. 教育技术应用适切

智能技术与学科深度融合的基础和前提是教师扎实而熟练地掌握智能技术的应用技能。人工智能、大数据、云计算、虚拟现实/增强现实等智能技术手段发展迅速，深刻地影响着教育的发展。对于教师而言，只有扎实而熟练地掌握智能技术的应用技能，才能将智能技术领域的新方法和新工具与教学活动有机融合起来，才能在教育教学改革实践中处于引领的位置。

3. 教学方法新颖

教学方法体现在教学设计、课堂教学、课后教学这三大环节，智能技术与这三个环节深度融合的过程，就是教学方法在教学实践中不断创新的过程。教师要根据教学要求，克服传统教学方法的弊端和缺陷，把智能技术与学科教学有机融合起来，促使学生开展自主学习、合作学习、探究学习等。

4. 教育思想先进

推动大数据在教育精准评价方面的应用，让大数据、人工智能等新技术助力教育减负增效；运用多学科知识与技能来解决问题，为培养学生批判性思维与解决问题的能力、沟通与交流能力、协作与合作能力、创造与创新能力提供有效途径，助力课堂提质增效。

6.5.3　培养方式

教师智慧课堂教学能力培养项目的阶段目标与相应的培养方式如表 6-5-1 所示。

表 6-5-1　教师智慧课堂教学能力培养项目的阶段目标与相应的培养方式

比较项	阶段		
	第一阶段	第二阶段	第三阶段
个人目标	种子教师	卓越教师	专家型教师
团队目标	学习共同体	研究共同体	智教共同体

续表

比较项		阶段		
		第一阶段	第二阶段	第三阶段
培养方式	理论基础	专题讲座（集中培训）； 网络研修（自主学习）	专题讲座（集中培训）； 网络研修（自主学习）	专题讲座（集中培训）； 网络研修（自主学习）
	技能养成	名校跟岗实践（集中培训）； 课题研究（集中培训）	名师工作室浸润（集中培训）； 课题研究（集中培训）	智慧教育示范区访学调研（集中培训）； 课题研究（集中培训）
	路径创新	小组研修（网络研修）； 思维启发（集中培训）； 学科智慧教学实践（现场实践）	工作坊浸润（网络研修）； 过程指导（集中培训）； 学科智慧教学实践（现场实践）	共同体创新（网络研修）； 成果凝练（集中培训）； 学科智慧教学实践（现场实践）
	任务驱动	特色项目课程建设（网络研修）； 学科教学套件资源建设（集中培训）； 问题诊断（现场实践）； 参赛锤炼（现场实践）； 研究论文（自主学习）	特色项目课程建设（网络研修）； 学科教学套件资源建设（集中培训）； 路径探索（现场实践）； 参赛锤炼（现场实践）； 研究论文（自主学习）	特色项目课程建设（网络研修）； 学科教学套件资源建设（集中培训）； 成果培育（现场实践）； 参赛锤炼（现场实践）； 研究论文（自主学习）
	拓展提升	阅读与思考（自主学习）	阅读与思考（自主学习）	阅读与思考（自主学习）

6.5.4　培养方案

教师智慧课堂教学能力培养项目一般分为三个阶段，每个阶段的时间是一年。第一阶段完成种子教师培养，第二阶段完成卓越教师培养，第三阶段完成专家型教师培养。

1. 第一阶段：种子教师培养

教师智慧课堂教学能力培养项目第一阶段培养方案如表 6-5-2 所示。

表 6-5-2 教师智慧课堂教学能力培养项目第一阶段培养方案

培养模型	培养方式	培养主题	培养思路
理论基础	专题讲座	人工智能时代的智慧教育前沿	教育理论扎实
		课题研究的实施步骤与要求	
		课堂教学问题设计优化	教学方法新颖
		新一轮基础教育课程改革背景下的课程领导力	
		智能技术与学科教学深度融合的模式与方法	教育技术应用适切
		跨学科学习让课堂教学悄然改变	教育思想先进
	网络研修	"教育信息化基础"理念课	教育理论扎实
		"教育信息化技术"案例课	教育技术应用适切
		"教育信息化应用"提升课	
技能养成	名校跟岗实践	教师以学习共同体为单位,进入名校跟岗实习:进行智能技术与学科教学深度融合实践;了解名校教学教研和综合管理的理念、制度、特色和经验	教学方法新颖 教育技术应用适切
	课题研究	教师以学习共同体为单位,彼此之间交流合作,互帮互助,名师指导课题研究:确定课题选题,制定课题研究方案;确定课题研究计划,课题立项与申报,启动课题研究工作	教育理论扎实 教学方法新颖
路径创新	小组研修	专家入校听课评课,开展小组学习研讨,每季度一次(学前/小学/初中/高中)	教学方法新颖
	思维启发	专家为教师提供将学科教学和智能技术有机融合起来的思路与路径	教学方法新颖 教育技术应用适切
	学科智慧教学实践	将学科智能学习工具和智慧学习资源应用于智慧教学实践	教学方法新颖 教育技术应用适切
任务驱动	特色项目课程建设	每个学习共同体都确定一门融合多学科的区域级特色项目课程,并完成课程内容设计、实施方案制定,选择有代表性的内容开展实验教学,并形成教学套件资源样例	教育理论扎实 教学方法新颖 教育技术应用适切 教育思想先进
	学科教学套件资源建设	每位教师都完成一个单元的教学套件资源	教学方法新颖 教育技术应用适切

续表

培养模型	培养方式	培养主题	培养思路
任务驱动	问题诊断	每个共同体都完成一份区域智能技术与学科教学融合的现状调研报告	教学方法新颖 教育技术应用适切 教育思想先进
	参赛锤炼	每位教师都至少参加一次全国性的信息技术与教学融合优质课大赛	教育理论扎实 教学方法新颖 教育技术应用适切
	研究论文	每个共同体都准备一篇与智慧教学相关的论文	教育理论扎实 教学方法新颖 教育技术应用适切 教育思想先进
拓展提升	阅读与思考	阅读专家推荐的相应阶段的智慧教育和教师专业成长阅读书目，每季度阅读一本书	教育理论扎实 教学方法新颖 教育技术应用适切 教育思想先进

2. 第二阶段：卓越教师培养

教师智慧课堂教学能力培养项目第二阶段培养方案如表 6-5-3 所示。

表 6-5-3 教师智慧课堂教学能力培养项目第二阶段培养方案

培养模型	培养形式	培养主题	培养思路
理论基础	专题讲座	名师工作室的建设与应用	教育理论扎实
		科研方法与教师研修	
		智能学习工具支持下的深度学习	教学方法新颖
		构建智慧课堂新教学模式	
		智慧课堂教学设计方法与教学策略	教育技术应用适切
		智能技术支持下的教学创新	
		项目式的跨学科学习	教育思想先进
	网络研修	智能技术与学科教学深度融合示范课	教育技术应用适切
		信息化教学理念与创新	教育理论扎实
		人工智能支持下的课堂教学新模式	教学方法新颖

续表

培养模型	培养形式	培养主题	培养思路
技能养成	名师工作室浸润	根据不同学科和学段，教师进入名师工作室跟岗浸润：名师成长修炼，师徒结对；名师工作室建设和名师工作室教研活动组织与开展；名师课堂听课观摩	教学方法新颖 教育技术应用适切
	课题研究	以研究共同体为单位，组织名师和教研员为教师的课题研究提供进一步的指导和帮助；在分析数据和阅读相关资料的基础上，撰写课题研究的开题报告；进行问卷调查与统计，积累案例，定期开展活动，记录并分析活动过程，提交课题研究的中期报告	教育理论扎实 教学方法新颖
路径创新	工作坊浸润	专家入校组织开展学科工作坊指导工作，每季度一次（学前/小学/初中/高中）	教学方法新颖 教育思想先进
	过程指导	专家在教师智慧教学实践过程中给予指导	教学方法新颖 教育技术应用适切
	学科智慧教学实践	将学科智能学习工具和智慧学习资源应用于智慧教学实践	教学方法新颖 教育技术应用适切
任务驱动	特色项目课程建设	按照特色项目课程建设方案，完成 50% 以上的课程内容及教学套件资源建设工作，并同步开展项目课程教学	教育理论扎实 教学方法新颖 教育技术应用适切 教育思想先进
	学科教学套件资源建设	每位教师都完成一个学期的教学套件资源	教学方法新颖 教育技术应用适切
	路径探索	每个共同体都提供一份区域的智能技术与学科教学深度融合实施路径的分析与实践报告	教学方法新颖 教育技术应用适切
	参赛锤炼	每位教师都至少参加一次全国性的信息技术与教学融合优质课大赛	教育理论扎实 教学方法新颖 教育技术应用适切
	研究论文	每个研究共同体都至少发表一篇与智慧教学相关的论文	教育理论扎实 教学方法新颖 教育技术应用适切 教育思想先进

续表

培养模型	培养形式	培养主题	培养思路
拓展提升	阅读与思考	阅读专家推荐的相应阶段的智慧教育和教师专业成长阅读书目，每季度阅读一本书	教育理论扎实 教学方法新颖 教育技术应用适切 教育思想先进

3. 第三阶段：专家型教师培养

教师智慧课堂教学能力培养项目第三阶段培养方案如表 6-5-4 所示。

表 6-5-4　教师智慧课堂教学能力培养项目第三阶段培养方案

培养模型	培养方式	培养主题	培养思路
理论基础	专题讲座	学科共同体课题研究	教育理论扎实
		智能技术支持下教育创新发展的思路与方法	
		"互联网+"背景下课堂教学新模式构建	教学方法新颖
		基于微课的先学后导教学模式	
		大数据支持下的教学精准评价与优化	教育技术应用适切
		学习路网资源建设	
		从跨学科研究到跨学科学习	教育思想先进
	网络研修	智慧教学支撑环境建设	教育技术应用适切
		智慧教学实践与应用	
		教学创新方法应用	教学方法新颖
技能养成	智慧教育示范区访学调研	根据不同学段，教师进入国家级智慧教育示范区/示范校调研访学，学习智慧教育先进地区的经验	教学方法新颖 教育技术应用适切
	课题研究	由教育信息化专家和教育专家、名师和教研员等组成智能教育研究团队对教师进行指导：深化课题研究，完成所有研究任务，并准备课题结题材料	教育理论扎实 教学方法新颖

续表

培养模型	培养方式	培养主题	培养思路
路径创新	共同体创新	专家入校对智慧教育共同体创新进行指导	教学方法新颖 教育技术应用适切 教育思想先进
	成果凝练	专家指导智慧教育共同体对这两年的智慧教学与教研成果进行总结和提炼	教学方法新颖 教育技术应用适切 教育思想先进
	学科智慧教学实践	将学科智能学习工具和智慧学习资源应用于智慧教学实践	教学方法新颖 教育技术应用适切
任务驱动	特色项目课程建设	按照特色项目课程建设方案，完成剩余课程内容建设及教学套件资源建设工作，并全面开展项目课程教学	教育理论扎实 教学方法新颖 教育技术应用适切 教育思想先进
	学科教学套件资源建设	每位教师都完成一个学年的教学套件资源，并将其用于日常教学实践	教学方法新颖 教育技术应用适切
	成果培育	基于前两年的成果，每个智慧教育共同体都申请一项与智慧教育相关的项目	教学方法新颖 教育技术应用适切
	参赛锤炼	每位教师都至少参加一次全国性的信息技术与教学融合优质课大赛	教育理论扎实 教学方法新颖 教育技术应用适切 教育思想先进
	研究论文	每个智教共同体都至少发表一篇与智慧教学相关的论文	教育理论扎实 教学方法新颖 教育技术应用适切 教育思想先进
拓展提升	阅读与思考	阅读专家推荐的相应阶段的智慧教育和教师专业成长阅读书目，每季度阅读一本书	教育理论扎实 教学方法新颖 教育技术应用适切 教育思想先进

思考题

1. 中小学教师应具备什么样的能力才能够胜任智慧课堂教学?

2. 智慧课堂教学能力与传统课堂教学能力之间的联系和区别是什么?

3. 如何有效提升中小学教师智慧课堂教学能力?请阐述智慧课堂教学能力的培养途径和方式。

4. 如何应用智能技术支持教师专业发展?请给出一种可行的方案。

5. 请从教学理念与关键能力的角度,评价当前智慧课堂教学现状,并给出优化建议。

第 7 章

智慧课堂典型案例

　　本章介绍的涉及小学、初中、高中的 12 个智慧课堂典型案例，是从获得全国信息技术与教学融合创新展示与培训活动特等奖的课程中遴选出来的。每个案例从案例背景、教学设计及案例资源三个方面，呈现优秀教师的教学智慧，为相关教师开展智慧课堂教学实践活动和优质教育资源建设提供借鉴。

7.1　小　学　案　例

小学案例选取了语文学科《荷花》、数学学科《平行四边形的面积》、信息技术学科《目的地导航》和音乐学科《外婆的澎湖湾》4 个智慧课堂典型案例。

7.1.1　体验学习，入情入境——《荷花》

小学语文《荷花》教学案例在课堂教学中运用体验式教学模式，通过虚拟现实技术营造真实情境，实现三维场景漫游，让学生经历感受、领悟、思考的过程；基于网络学习空间，利用智能学习工具和智慧学习资源，组织、引导和指导学生开展课文个性化学习，针对学习中存在的问题开展小组讨论；利用智慧教学系统——理想学堂，组织学生开展课后作业和拓展阅读等学习活动；培养学生的发散思维和审美能力，感受荷花带来的无限震撼，激发学生热爱大自然的情感。

1. 案例背景

本案例的基本信息如下。

授课教师：崔曦月　　　　　　　　　　　年级：三年级

学校：长春市朝阳区明德小学校　　　　　学科：语文

教材版本：人教版（部编版）①　　　　　类型：导读式智慧课堂

来源：第十九届全国信息技术与教学融合创新展示与培训活动特等奖展示课例

2. 教学设计

（1）教学内容分析

《荷花》是人教版三年级语文下册第一单元第三课的内容，主要写的是作者在公园的荷花池边观赏荷花，陶醉于如诗如画的美景而浮想联翩，赞美了荷花以及大自然的美丽。文章巧妙地从荷花的视角将一池荷花在风中摇曳起舞的姿态写得活灵活现，不仅写出了荷花的风姿，还写出了荷花的神韵，让读者如身临其境。课文按照观察荷花的顺序来叙述，语言朴实优美，想象力丰富，对荷花的描写想象逼真，富有感染力，表达了作者对大自然的热爱之情。教师在教学过程中以学生为主体，注重学生对学习过程的体验，

---

① 即由教育部组织编写、人民教育出版社出版的教科书版本。

运用信息技术手段，创设真实的情境，使学生充分感受荷花的美，发展学生的形象思维能力和审美能力，培养他们热爱大自然的思想情感。

（2）**学情分析**

三年级的学生思维活跃、求知欲强、乐于表达，已经具备一定的观察能力、欣赏能力和阅读理解能力，对于部分学生还需要进一步培养。但是对于北方的孩子来说，他们多数是通过网络、书籍来感受荷花的美，缺乏对荷花的直观感受和仔细观察。因此，学生对荷花有极大的好奇心，但想仅通过文本阅读来达到人景合一的目的是十分困难的，需要通过直观的图像、视频等方式帮助学生加深对文本的认识与理解。学生在字词掌握程度和语言表达能力上存在较大的差异，多数学生对生字掌握得较好、语言表达也比较完整，个别学生存在学习上的困难。在教学中，需要采用多种生动的教学方法，使学生提高知识和能力水平，激发学生热爱大自然、热爱生活的美好情感。

（3）**教学目标分析**

① 知识与能力。有感情地朗读课文，抓住重点语句理解课文内容，感受荷花的美，进而掌握描写植物的方法，达成初步仿写的目的。（教学重点）

② 过程与方法。通过对《荷花》一文的阅读和仿写，提高学生赏析课文的能力，掌握抓住重点语句理解课文的方法，通过课文仿写提升写作水平。（教学难点）

③ 情感态度与价值观。感受荷花的神韵和风姿，激发学生对美好事物的向往、对大自然的热爱。

（4）**驱动学习的问题/任务设计**

任务1：运用虚拟现实技术，实现三维漫游，感受荷花的美丽，学生通过小组交流选择一个最能准确形容荷花美丽的词语或成语。

任务2：阅读课文第2~3自然段，画出你认为最能表现荷花美的句子，谈一谈你的感受。

任务3：利用学习资源包，自主学习，结合课文发现和总结荷花的特点。

任务4：认真体会第4自然段，感受作者描写的精彩之处，完成仿写训练。

任务5：课后写一种自己喜爱的植物，完成后上传至理想学堂，和同学相互交流与分享。

（5）**实施条件分析**

① 教学环境：平板电脑智慧教室。

② 教学支撑工具与资源：

a. 利用虚拟现实眼镜和三维漫游视频渲染气氛，触发情感，激发学生的学习兴趣。

b. 提供学习资源包，助力学生深度学习，并借助带有配音的场景，使学生"走"入文本，调动学生情感。

c. 借助动态图、声效和弹幕，体会作者用词的精准，引导学生感受荷花蓬勃向上的精神，及时分享心得和感悟。

d. 利用诵读软件，引导学生对课文进行批注，实现读写结合。

e. 拓展课外阅读资源和指导微课，达成延续性学习的目的，使学生产生对同类作品的兴趣。

（6）教学活动安排

本节课采用导读式教学模式，根据教学内容和学生情况创设情境、设置学习任务，使学生在真实的情境中，循序渐进地完成学习任务；采用"体验学习"的方式，借助虚拟现实眼镜和三维漫游视频，把学生"导"入一个真实的情境，使他们充分感知教材，理解课文内容，了解荷花的美及荷花的特点，掌握描写植物的方法，并进行写作练习，发展学生的想象力和创造力，激发学生热爱大自然、观察大自然的兴趣。

① 情境导入。

师生活动

师：上节课，通过初读《荷花》，同学们已能够通顺地阅读这篇文章，这节课请跟随教师再次走进这片荷花池，感受它的美丽。

师：你们都看得入迷了，相信你们一定有不同的感受。在小组中交流你们的感受，然后选择合适的词语写在纸条上，并把纸条贴到黑板上吧。

技术支持策略

借助虚拟现实眼镜和三维漫游视频创设生动的学习情境，将荷花直观地呈现在学生眼前，使学生初步感知荷花的美。

设计意图

营造学习气氛，吸引学生的注意力，使他们通过多个感官加深学习体验，体会文章主旨。学生利用自己原有认知结构中的相关经验去同化当前视频反映的内容，并进行思考。

② 走进课文。

师生活动

师：同学们，你们的这些想法就在叶圣陶先生笔下的这篇文章当中。就让我们一起走进课文，深入感受一下叶圣陶先生笔下的荷花。请你们阅读课文的第 2～3 自然段，边读边画出你们认为最能表现荷花美的句子，谈一谈你们的感受。

生：阅读课文，完成自学任务。

技术支持策略

运用配音软件，进行配乐朗诵。

设计意图

情景交融，训练学生的阅读与朗诵技能，锻炼学生的语言表达能力。

③ 合作学习。

师生活动

师：同学们通过阅读和思考，已经有了自己的想法，请你们在小组内进行交流。在交流的过程中也可以借助教师提供的学习资源包去完善你们的想法。

生：借助学习资源包进行小组合作，深入分析课文。

技术支持策略

学习资源包，可以为学生提供学习支架，帮助学生理解课文，解决学习过程中遇到的问题，提高学习效率。

设计意图

通过小组讨论，增强学生合作学习的意识，培养学生之间的友情。

④ 成果汇报。

师生活动

师：请各个小组的代表对讨论结果进行汇报。

组一学生：我们选择了课文中第 2 自然段的一句话"荷叶挨挨挤挤的，像一个个碧绿的大圆盘"，通过教师提供的荷叶动态展示图，我明白了荷叶挨挨挤挤、又多又密的特点。

师：请小组汇报的同学和其他同学分别有感情地朗读这句话。

组二学生：我们小组认为最美的句子是荷叶"像一个个碧绿的大圆盘"，大圆盘是它的形状，写出了荷花又大又圆的特点；碧绿是它的颜色，从学习资源包的图片中，我们可以感受到这种绿色。

师：你们能把关于描写荷花大和绿的句子读出来吗？你们读得真棒。从朗读中教师感受到了荷叶又大又绿。哪个小组还想说一说？

组三学生：我们小组认为最美的句子是课文中第 2 自然段的"白荷花在这些大圆盘之间冒出来"，我们在学习资源包中找到了"冒"字的意思，在这里，是指"向外透或往上升"的意思。

师：既然字典中的"冒"字是这个意思，那么能不能把"冒"换成"长"呢？

组四学生：我们小组觉得不能，通过观看学习资源包中的荷花动态图，"冒"让我感受到白荷花在生长过程中往上冲的那股劲。

师：你们说得真好。教师想请三名同学来读一读这三句话。（① 小草自然也不甘落后，努力地往上挤，吃力而兴奋地冒出了嫩绿的稚芽。② 春天，杨树的枝头冒出一个个小小的芽苞，好像一颗颗绿宝石。③ 如果一株一株看，梨树就像地下冒出来的一个又一个的喷泉。）

师：从这三句话中，大家读出了什么？

生：从"冒"字体会到了荷花那种兴奋、激动、争先恐后、努力向上的心情。

师：同学们，在第2~3段中还有哪些语句给你们这样的感受呢？

组五学生：在第2~3段中，作者写出了荷花的三种形态，在学习资源包里，我也找到了"含苞待放""半开放""绽放"的荷花样态。

师：同学们不但观察仔细，还抓住了它的特点。【板书：细致观察　抓住特点】正是因为荷花的形态如此之美，才会吸引众人观赏。因此，作者也不由得感叹：如果把眼前的一池荷花看作一大幅活的画，那画家的本领可真了不起。画家是谁啊？（大自然）作者又是谁呢？（叶圣陶）

师：同学们，叶圣陶先生不单单把动态的荷花和静态的荷花写得如此之美，文章的开头部分也与众不同。谁来说一说？

生：文章的开头是"清晨，我到公园去玩，一进门就闻到一阵清香。我赶紧往荷花池边跑去。"作者通过描写"闻到一阵清香"来引出荷花。

师：是啊，作者写得多巧妙啊。他将荷花的香味做了文章的开篇，多么与众不同啊。这就是叶圣陶先生的独到之处。老师再伴着配乐读一下精彩的段落，请同学们闭上眼睛，再次体会荷花的美。（我忽然觉得自己仿佛就是一朵荷花，穿着雪白的衣裳，站在阳光里。一阵微风吹过来，我就翩翩起舞，雪白的衣裳随风飘动。不光是我一朵，一池的荷花都在舞蹈。风过了，我停止了舞蹈，静静地站在那儿。蜻蜓飞过来，告诉我清早飞行的快乐。小鱼在脚下游过，告诉我昨夜做的好梦……）

技术支持策略

通过同屏互动工具，增加信息传递的即时性，帮助学生随时分享和展示成果。

设计意图

学生以汇报的形式分享探究结果，活跃了课堂学习气氛，加强了学生之间的交流，锻炼他们的语言表达能力；师生互动，一步步深入探究荷花的特点，培养学生深入思考的习惯。

⑤ 仿写训练。

师生活动

师：请同学们利用诵读软件，再次感受文章中的优美句子，然后完成仿写训练，并拍照上传（我忽然觉得_____，一阵微风吹过来，_____。风过了，_____。过了好一会儿，_____。）

生：完成仿写训练，在班级空间中查看其他同学的作品，进行学习，为优秀作品添加评语。

师：同学们，你们的想象力叫我佩服！大自然不用笔、不用纸，就描绘出这么美丽的画卷。叶圣陶先生不但能把荷花写得如此之美，也能把你们喜欢的植物刻画得栩栩如生。

技术支持策略

利用照片上传工具，帮助学生展示与分享成果；利用阅读批注工具，实现同伴互评；利用诵读软件，达到读写结合的目的。

设计意图

仿写训练为学生提供了想象的空间，学生可以结合自己的生活经验，在思考、分析以及归纳的基础之上，通过联想、仿写来描述自己的感受，实现知识的拓展和内化，提高想象力和思维能力。

⑥ 课后拓展。

师生活动

师：荷花如此美丽，难怪成为自古以来文人墨客的最爱，你知道哪些文人赞美过荷花吗？

生：《爱莲说》当中的"予独爱莲之出淤泥而不染，濯清涟而不妖"等。

师：你们了解的可真多。看来无论是现代文还是古诗词，都不乏对美丽事物的描写，教师相信在你们的笔下也会产生一篇篇的美文。今天的作业是写一种自己喜爱的植物，完成后上传至理想学堂，与同学们交流和分享。

技术支持策略

利用理想学堂收集作业，根据相关数据进行评价，了解学生的作业完成情况。

设计意图

师生互动，总结文人墨客赞美荷花的诗句，并进行升华，丰富学习内容。课后作业，帮助学生巩固所学知识，掌握描写植物的方法，加深学习体验。

（7）**教学评价**

本节课采用小组互评、班级共评和教师点评三种评价方式。

3. 案例资源

本案例的资源包括说课课件、说课实录、教学课件等，见本书配套的数字课程。

7.1.2　静思其变，触类旁通——《平行四边形的面积》

小学数学《平行四边形的面积》教学案例采用探究式教学模式，借助平板电脑教学环境和数学学科工具，让学生更加直观地体验图形变换、切割、拼组的动态过程，经历猜想、探究、验证、总结的环节，帮助学生发展空间观念、锻炼逆向思维，掌握基本的数学思想，培养推理能力和合作意识。

1. 案例背景

本案例的基本信息如下。

授课教师：张辰　　　　　　　　　　　　年级：五年级

学校：天津师范学校附属小学　　　　　　学科：数学

教材版本：人教版①　　　　　　　　　　类型：探究式智慧课堂

来源：第十八届全国信息技术与教学融合创新展示与培训活动特等奖展示课例

2. 教学设计

（1）教学内容分析

《平行四边形的面积》是人教版五年级数学上册第六单元《多边形的面积》第一课的内容，是促进学生发展空间观念的重要内容。本节课在学生对平行四边形有了初步认识，并学习了长方形、正方形面积计算方法的基础上展开教学，对于学生后面学习三角形、梯形面积计算公式有着重要的作用。

（2）学情分析

五年级的学生已经具有了一定的自主学习、迁移推理能力，但还需要进一步提高。大多数学生对数学知识有着浓厚的兴趣，喜欢探究和推理，但有少数学生在数学学习方面因为存在困难而丧失兴趣，需要教师关注并进行有针对性的辅导。在学习平行四边形面积计算方法之前，学生已经了解了平行四边形的基本特征，掌握了长方形和正方形的面积计算公式，并能灵活运用。在教学中，需要采用智能技术手段，帮助学生通过猜想、探究、验证、总结等体会数格法和割补法，掌握平行四边形面积的计算方法，培养学生的数学转化思想，提高他们分析、推理和解决问题的能力。

---

① 即由人民教育出版社出版的教科书版本。

（3）**教学目标分析**

① 知识与能力。

a. 理解数格法和割补法，并能够应用这两种方法探索平行四边形的面积计算公式。

b. 掌握平行四边形的面积计算公式，并能够理解、记忆、背诵。（教学重点）

② 过程与方法。学生能够通过猜想、探究、验证、总结环节，把平行四边形转化成长方形，并找到两者之间的关系，从而推导出平行四边形的面积公式，发展空间观念和培养数学转化思想，形成初步的推理能力。（教学难点）

③ 情感态度与价值观。学生通过小组合作、探究学习等活动，提高合作意识。

（4）**驱动学习的问题/任务设计**

任务1：通过小学数学动画，复习长方形、正方形面积的知识，回忆学习过的平面图形面积计算公式推导过程，猜想平行四边形面积计算公式。

任务2：用数格法验证平行四边形的面积计算是否正确。

任务3：用割补法验证平行四边形的面积是否是"底乘高"。

任务4：总结平行四边形的面积计算公式，猜想利用数学转化的思想还能解决哪些问题。

任务5：用思维导图整理思路，并利用互动平台进行分享和交流。

（5）**实施条件分析**

① 教学环境：平板电脑智慧教室。

② 教学支撑工具与资源。

a. 提供学科资源和工具，把抽象的知识以动态的形式呈现，使其更加形象、直观，辅助学生进行小组合作和探究学习，让学生经历猜想、探究、验证、总结等环节，体验图形变换、切割、拼组的动态过程，加深对知识的理解。

b. 利用平板电脑上的数据统计分析工具，实时查看学生的做题情况。

c. 课后提供微课资源并布置作业，帮助学生掌握数学转化思想，并运用该思想解决相关问题。

（6）**教学活动安排**

本节课在促进学生思考、探究、合作这一理念的指导下，采用"复习导入——设疑猜想——探究验证——总结提升"的教学流程，通过设计不同层次的任务，提供学科学习工具，让学生动手操作，经历图形转换过程，掌握面积计算方法，积累活动经验，体会基本的数学思想，提高动手操作和解决问题的能力。

① 复习导入。

师生活动

教师组织学生打开平板电脑中的小学数学动画，复习长方形、正方形面积的相关知识，然后揭示本节课的主题"平行四边形的面积"。

技术支持策略

通过平板电脑中的动画软件进行复习，激发学生的学习兴趣，并引入本节课的主题。

设计意图

回忆学习过的平面图形面积计算公式推导过程，其中渗透着数学转化思想，为后面开展平行四边形面积探究活动提供支持。

② 设疑猜想。

师生活动

教师以图 7-1-1 所示的问题作为问卷题目，通过平板电脑发放给学生，让学生猜想平行四边形的面积；在学生完成问卷后，再将学生的回答情况通过平板电脑呈现出来。

技术支持策略

运用平板电脑上的互动平台发布问卷，实时分析数据并呈现结果。

设计意图

强化师生互动，激发学生学习兴趣和探究欲望。

③ 探究验证。

师生活动

教师引导学生自主利用"几何"学科工具进行数格、圈画，以验证此平行四边形的面积是否是 18 cm^2。

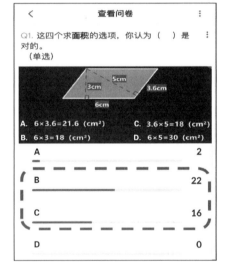

图 7-1-1　问卷题目及学生
的回答情况

在学生完成自主探究后，组织学生通过弹幕分享、传屏等方式汇报自己的验证方法。

教师进一步引导学生用割补法验证平行四边形面积的计算方法是否为"底乘高"；学生自主用学科工具通过剪切和拼组的方式将平行四边形"转化"为长方形。

教师随机点名，选择学生到讲台上用白板展示自主探究成果，阐述是否能用"底乘高"计算平行四边形的面积，并说明理由。

教师对学生展示的自主探究成果进行总结，得到将平行四边形转化为长方形的 4 种拼接方法，并组织学生以小组为单位研讨："这些方法有什么共同点吗？"，如图 7-1-2 所示。

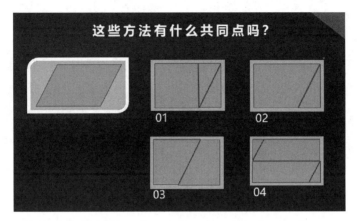

图 7-1-2　将平行四边形转化为长方形的 4 种拼接方法

全班同学借助互动平台展开讨论，寻找这些拼接方法的共性，并以小组为单位用电子白板汇报讨论结果，然后进行组间互评、教师点评。教师向学生推送微课，让学生在探究之后自主观看微课，深化探究成果。

技术支持策略

通过平板电脑上的"几何"学科工具，让学生体验图形转化过程，培养学生的思考能力和探究能力。利用互动平台上的弹幕分享功能、话题讨论功能，让学生相互交流，锻炼归纳总结能力和语言表达能力。提供微课资源，讲解图形的转化关系。

设计意图

让学生利用"几何"学科工具体验图形圈画，平行四边形切割、拼组的动态过程，获得对图形转化的直观感受，加深对相关知识的理解，从而突破教学重点和难点。组织话题讨论，让学生进行合作与交流。为学生提供微课资源，让他们进一步深化对诸多平行四边形"转化"方法共性的认识。

④ 总结提升。

师生活动

总结：教师在电子白板上和学生一起总结平行四边形面积计算公式的推导过程，总结平行四边形的面积计算公式，并将数学转化思想渗透于其中，如图 7-1-3 所示。

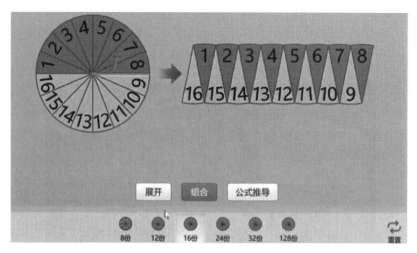

图 7-1-3　渗透数学转化思想的公式推导界面

提升：教师利用"几何"学科工具引导学生猜想利用数学转化思想还能解决哪些问题。

梳理：组织学生利用思维导图整理思路，并利用互动平台的话题讨论功能进行分享与交流。

技术支持策略

利用"几何"学科工具，化抽象为形象，培养学生的转化思想；运用思维导图，梳理知识脉络；通过互动平台，为学生提供交流学习收获和心得的空间。

设计意图

让学生体验从已知经验探究未知问题的过程，理解和总结平行四边形面积计算公式的推导过程，从而突破教学难点。让学生猜想利用数学转化思想还能解决什么问题，培养学生直观想象的能力。系统梳理知识脉络并组织讨论，让学生畅所欲言，分享本节课学到的知识，收获成功的喜悦。

（7）**教学评价**

本节课采用了小组互评、班级共评、基于平板电脑的自动评价和教师点评 4 种评价方式。

3. 案例资源

本案例的资源包括说课课件、说课实录、教学课件、教学素材等，见本书配套的数字课程。

7.1.3 生活情境，实践体验——《目的地导航》

小学信息技术《目的地导航》案例，采用探究式教学模式，借助百度地图，以规划出行路线为突破口，让学生在解决实际问题的过程中学会使用地图软件，培养信息获取及整合能力，提高信息素养，掌握信息时代的基本技能，树立使用互联网服务生活的意识。通过提供与学习路径适配的微课程资源，支撑学生个性化学习，实现由"以教为中心"向"以学为中心"的转变。

1. 案例背景

本案例的基本信息如下。

授课教师：李兴中	年级：四年级
学校：济南市章丘区鲁能实验小学	学科：信息技术
教材版本：山东教育出版社	类型：探究式智慧课堂

来源：第十八届全国信息技术与教学融合创新展示与培训活动特等奖展示课例

2. 教学设计

（1）教学内容分析

《目的地导航》是山东教育出版社出版的小学信息技术第二册第三课的内容，介绍了信息时代学生应该掌握的一种基本技能。本节课的主要内容是让学生学习地图软件的功能，包括定位、路线规划、实时路况、测距、分享、全景地图以及卫星地图等功能，使他们可以按照实际需求，规划最佳出行路线。教师在教学过程中要以学生为主体，注重学生的学习体验，并运用信息技术手段，培养学生自主探究的能力和信息素养，突破教学重点和难点。

（2）学情分析

作为信息时代的"原住民"，四年级的学生从一出生就被各种信息所包围，他们对各种新鲜事物充满兴趣，但是缺乏对海量信息的提取、筛选、辨别以及使用能力。因此，要对学生进行正确的引导，使他们能够使用地图软件查找目的地并合理规划出行路线，培养利用互联网分析问题、解决问题的能力和利用互联网共享实时位置信息的能力，帮助他们树立使用互联网服务生活的意识，做数字化时代的合格公民。

（3）教学目标分析

① 知识与能力。

a. 能在地图软件中搜索目的地，并选择最佳的出行路线。

b. 能根据出行方式等规划路线，查看实时路况，利用地图测距离，并能向他人发送地图位置信息。（教学重点）

② 过程与方法。让学生经历规划与选择最佳出行路线的过程，提高规划与决策能力。（教学难点）

③ 情感态度与价值观。树立使用互联网服务生活的意识，在学习和生活中积极主动地使用信息技术。

（4）驱动学习的问题/任务设计

任务1：自主探究百度地图的功能。

任务2：用全景模式介绍自己家乡的著名景点。

任务3：根据实际需求，合理规划出行路线。

任务4：分享规划的出行路线，并进行讨论和交流。

任务5：学习百度地图的数据更新机制。

（5）实施条件分析

① 教学环境：计算机教室。

② 教学支撑工具与资源

a. 提供百度地图软件，让学生自主探究其功能。

b. 提供导入视频，激发学生探究学习的兴趣，并通过网络平台的监测功能，实时提醒学生集中注意力。

c. 提供学习任务单，让学生通过完成学习任务单上的任务层层深入，规划出符合需求的出行路线，加深对知识的理解和应用。

（6）**教学活动安排**

本节课采用探究式教学模式，结合生活实际创设情境，以规划出行路线为突破口，培养学生发现问题、解决问题的能力，以提高他们的信息素养。学生在自主探究和合作学习的过程中，学习本节课的知识，掌握使用地图软件根据需求规划路线、查看实时路况的技能，培养学生的空间想象力和合作意识，帮助学生树立使用互联网服务生活的意识。

① 自主学习（课前）。

师生活动

教师为学生推送"纸质地图""车载导航"和"手机地图"微课，让学生观看微课；借助网络，以"目的地导航"为题，向学生发布学习任务单，引导学生完成相应的任务。教师可以查看学生观看微课的情况和完成学习任务单的情况。

技术支持策略

让学生利用搜索引擎查找所需的信息，培养学生检索、筛选、组织信息的能力。通过智慧教学系统推送微课资源。

设计意图

通过课前导学，引导学生探究导航的应用领域，为本节课的学习打下基础。

② 情境导入。

师生活动

教师通过视频，引出学习任务，进而引出本节课的学习内容——利用地图软件进行出行路线规划。

技术支持策略

借助视频创设学习情境，使学生将所学知识与生活实际结合起来。

设计意图

通过学习任务引出学习内容，充分调动学生的学习积极性，激起他们的学习兴趣。

③ 认识百度地图。

师生活动

教师发布学习任务单，为学生推送《认识搜索框》微课、《了解工具条》微课、《定位及缩放》微课，以及《全景地图与卫星图功能》微课，组织学生自主探究百度地图的功能，包括定位、路线规划、实时路况、测距、分享、全景地图以及卫星图等功能。

在学生全面了解百度地图的功能后，让学生把自己家乡最著名的景点搜索出来，并用全景模式介绍该景点。

技术支持策略

设计微课和学习任务单，指导学生进行自主学习；使用百度地图的全景模式，应用并内化所学的知识。

设计意图

引导学生自主学习，让学生介绍家乡著名的景点，培养学生热爱家乡的情感，锻炼他们的语言表达能力。

④ 探索规划路线

师生活动

教师为学生提供《路径选择指导》微课，让学生自主观看微课，学习如何进行路径规划。该微课的主要内容包括：

a. 规划济南去武汉的路线，根据最快到达的原则，选择出行方式——"飞机"。

b. 确定起始位置"齐鲁医院"。

c. 确定终止位置"济南遥墙国际机场"。

d. 根据实时路况，选择出行方式——"驾车"。

　　e. 把规划好的路线分享给其他有需要的人。

　　在学生观看微课之后，教师组织学生以小组为单位进行交流和讨论，利用学科工具完成图 7-1-4 所示的小组探究活动；并适时提醒学生在利用百度地图规划路线时，要综合考虑距离、路况、天气、出行时间段、出行目的、是否环保等因素，来选择步行、骑行、公交车、驾车等出行方式。

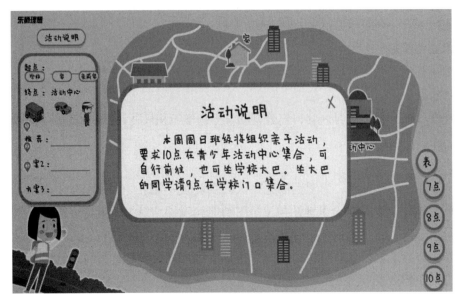

图 7-1-4　小组合作探究活动

　　学生以小组为单位，利用教师提供的学科工具，规划出行路线，如图 7-1-5 所示。教师组织学生以小组为单位汇报所规划的出行路线，然后进行总结和点评。

技术支持策略

　　通过微课，学生可以系统地学习路线规划方法；通过学科工具，教师可以将学习任务直观、生动地呈现在学生面前，为学生提供探究的支架；通过网络监测，教师可以查看学生的学习情况和学习效果；通过计算机传屏分享功能，教师可以组织学生以小组为单位进行学习成果汇报。

设计意图

　　设计与生活实际密切相关的问题，引导学生一步步深入学习本节课的知识，提高学生应用所学知识解决实际问题的能力。组织小组汇报，加强学生之间的交流，锻炼学生的语言表达能力，培养学生合作学习、深入思考问题的意识。

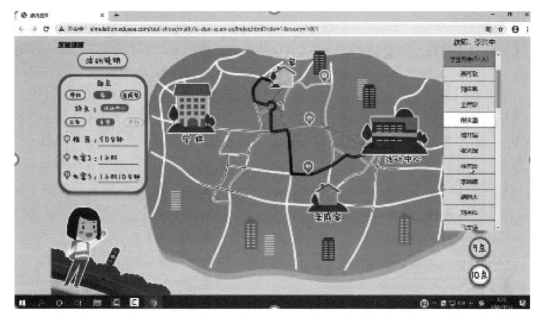

图 7-1-5　学生汇报规划的路线

⑤ 拓展延伸（课后）。

师生活动

教师为学生推送拓展微课（《数据采集者》《物资支援》《北斗导航系统》），让学生填写知识拓展卡，了解百度地图的数据更新机制，了解地图数据采集员的辛勤付出。学生联系生活实际，了解地图软件的使用方法，享受地图软件给人们生活带来的便捷。

技术支持策略

通过课后微课，搜集网络信息，了解百度地图更新机制。

设计意图

提供拓展知识，丰富学生的学习内容，培养学生的发散思维能力；让学生做到理论联系生活实际，培养学生积极主动使用信息技术的意识。

（7）**教学评价**

本节课采用小组互评、班级共评、基于计算机的自动评价和教师点评 4 种评价方式。

3. 案例资源

本案例的资源包括说课课件、说课实录等，见本书配套的数字课程。

7.1.4　远程互动，交流鉴赏——《外婆的澎湖湾》

小学音乐《外婆的澎湖湾》教学案例利用远程互动智慧教室，将位于天津市的河北工业大学附属红桥小学与位于甘肃省甘南藏族自治州的碌曲县城关小学的师生实时连接起来，利用平板电脑课堂、唱吧等信息技术手段，提升学生的课堂参与度，使两校学生互相取长补短，实现"两校孩子共上一节课"的同步课堂，优化教育资源共享策略。

1. 案例背景

本案例的基本信息如下。

授课教师：孙枭翔　　　　　　　　　　　年级：五年级

学校：河北工业大学附属红桥小学　　　　学科：音乐

教材版本：人音课标版①　　　　　　　　类型：远程互动智慧课堂

来源：第十八届全国信息技术与教学融合创新展示与培训活动特等奖展示课例

2. 教学设计

（1）教学内容分析

本案例选自人民音乐出版社出版的五年级音乐上册第四课《可爱的家》的第一课时，歌曲《外婆的澎湖湾》是一首民谣歌曲，4/4 拍，宫调式二段体结构。歌曲的第一部分曲调平稳，由低音缓缓进入，能够使人联想到童年时漫步在熟悉的沙滩上，留下一串串脚印的生动情景，抒发了对美丽家园和外婆的思念之情。歌曲的第二部分，节奏整体拉宽，旋律舒展，情绪亲切热情，大切分节奏的运用更好地表达了歌曲的情绪和对童年的怀念。

（2）学情分析

五年级是小学高年级阶段，这一时期学生的认知水平和知识接受能力有了一定的提高，他们对学习音乐的兴趣较大，渴求新知识，渴望得到教师和同学的认可。

两校学生的学习情况存在差异，但互有所长，可以相互取长补短。在音乐知识方面，河北工业大学附属红桥小学的学生掌握得更好，在歌曲情趣表达和对民族乐的认识方面，碌曲县城关小学的学生更擅长。

---

①　即根据教育部颁布的《普通高中音乐课程标准》编写、由人民音乐出版社出版的教科书版本。

（3）**教学目标分析**

① 知识与技能。

a. 通过聆听和学习歌曲，能够用优美、圆润的声音有感情地演唱歌曲。（教学重点）

b. 认识小切分节奏型音符与前八后十六节奏型音符的构成，能正确演奏乐器，能够聆听辨别小切分节奏型音符与前八后十六节奏型音符。（教学难点）

② 过程与方法。学生能够通过演唱不同的歌曲，来表达不同的情绪。

③ 情感态度与价值观。学生能够体会自己美好的童年时光，树立乐观、积极向上的人生态度。

（4）**驱动学习的问题/任务设计**

任务 1：聆听歌曲《外婆的澎湖湾》，思考并回答问题。

问题 1：这首歌曲是几几拍的？

问题 2：这首歌曲的情绪是怎样的？

问题 3：这首歌曲的速度是怎样的？

任务 2：趣味游戏"音符变身"，认识小切分节奏型音符与前八后十六节奏型音符，利用平板电脑模拟自己喜欢的乐器进行演奏；扫描二维码，听音频，回答问题：该音频的节奏型是什么？

任务 3：打开"唱吧"移动应用程序（App），利用旋律线学习演唱，并将演唱音频分享到学习群中，学生相互评价和相互学习。

任务 4：两校学生合作表演，共同演唱《外婆的澎湖湾》。

任务 5：根据课前投票调查，确定"我"想送给对方小朋友的童年歌曲，并分享童年歌曲。

（5）**实施条件分析**

① 教学环境：远程互动智慧教室。

② 教学支撑工具与资源。

a. 提供可模拟多种乐器的平板电脑，确保每个学生都能找到自己喜欢的乐器进行演奏学习。

b. 提供"唱吧"App，方便学生利用旋律线学习演唱。

c. 提供校际同步平台和校际网络平台，支持两校师生实时互动，支持两校学生共同参与课前、课中、课后的学习活动，提高两校学生的课堂参与度。

d. 提供网络学习空间，用于发布课堂学习任务，获取课堂反馈，了解学生的学习情况。

（6）教学活动安排

本节课旨在培养学生的审美感知素养、艺术表现素养、文化理解素养。教师采用参与—体验的教学方法，根据实际教学环境，在把握教学内容、分析两校学生学习情况异同的基础上，设计学习任务和学习活动，打造同步课堂，并利用校际网络平台和多种信息技术手段，使两校学生均能获得较强的课堂参与感，从而达成教学目标。

① 激情导入，引入新课。

两校师生以歌曲的形式相互问好。

主讲课堂教学活动

主讲教师播放视频，提出问题：这个风光旖旎的地方是何处？学生回答澎湖湾。师生共同走进《外婆的澎湖湾》

异地课堂教学活动

学生观看主讲教师播放的视频，与主讲教师、本地教师以及对方学校的学生进行线上互动。

技术支持策略

用视频呈现澎湖湾的优美景色，引出本节课的主题。利用远程互动智慧课堂终端、拾音设备、跟踪摄像机、学生全景摄像机等设备，采集两校课堂的教学信息，实现远程互动，支持两校学生同上一堂优质课。

设计意图

师生相互问好，促进师生情感交流，便于后续教学活动的开展；播放视频，引入问题，吸引学生的注意力，激发学生的学习兴趣。注重互动，提高学生对异地课堂的参与度。

② 沙滩寻宝，初步感知。

主讲课堂教学活动

教师描述有一个带有三把锁的宝箱，提出打开这个宝箱的三个问题：

a. 这首歌是几几拍的？

b. 这首歌的情绪是怎样的？

c. 这首歌的速度是怎样的？

播放歌曲，要求两校学生共同倾听音乐，并回答关于音乐知识的问题。

异地课堂教学活动

两校学生观看教学课件所呈现的内容，然后根据教师的要求倾听音乐，思考问题。

技术支持策略

通过"沙滩寻宝"游戏，吸引学生的学习兴趣。

设计意图

创设情境，以问题引导，让学生倾听音乐，感知歌曲的旋律、节奏，体验歌曲的情感，提高学生的课堂参与度。

③ 趣味游戏，"音符变身"。

主讲课堂教学活动

a. 主讲教师展示十六分音符并提出问题："你认识这个音符吗?""四拍里有几个十六分音符?"，并组织学生回答。

b. 主讲教师通过播放"音符变身"游戏，引出前八后十六节奏型音符，再次提出问题：如果将前八后十六节奏型音符的前两个音符用四拍连接起来，该如何演奏? 组织学生用平板电脑模拟自己喜欢的乐器进行演奏练习，并及时给予反馈。

c. 主讲教师通过播放"音符变身"游戏，引出小切分节奏型音符，再次提出问题：如果将小切分节奏型音符的中间两个音符连接起来，该如何演奏? 组织学生用平板电脑模拟自己喜欢的乐器进行演奏练习，并及时给予反馈。

异地课堂教学活动

a. 本地教师组织学生回答主讲教师提出的问题。

b. 本地教师组织学生用平板电脑模拟乐器，演奏并认识前八后十六节奏型音符和小切分节奏型音符。

c. 本地教师观察并倾听学生的演奏情况，适时给予反馈和指导。

技术支持策略

利用平板电脑模拟的乐器，学生可以便捷地认识音符，演奏乐器，对前八后十六节奏型音符和小切分节奏型音符形成初步认识。

设计意图

学生利用模拟的乐器击打出音符对应的声音，可以更好地理解和掌握相关的音乐知识，培养音乐聆听和感知的能力。

④ 聆听音乐，强化练习。

主讲课堂教学活动

教师利用网络学习空间发布任务：聆听音乐，选择正确的节奏型，学生扫描二维码，完成学习任务。教师根据实时的学生学习任务完成情况反馈数据，为学生提供指导和帮助。未完成学习任务的学生可以通过点击相关链接观看微课，学习相关音乐知识。

异地课堂教学活动

a. 本地教师组织学生扫描主讲教师发布的二维码，获取学习任务。

b. 学生聆听音乐，选择正确的节奏型，完成学习任务；未完成学习任务的学生可以通过点击相关链接观看微课，学习相关音乐知识。

c. 本地教师根据学生的课堂学习情况，给予其个别化指导。

技术支持策略

教师通过网络学习空间，发布学习任务，获取课堂反馈，了解学生的学习情况。

设计意图

培养学生的音乐聆听和感知能力。

⑤ 自主演唱，学习分享。

主讲课堂教学活动

主讲教师布置利用"唱吧"App 根据旋律线进行演唱的学习任务，并发布注意事项，同时要求学生将演唱音频分享到学习群中，以便相互学习，相互点评，取长补短，并评选出"音乐之星"。教师邀请点赞数高的学生演唱歌曲。

异地课堂教学活动

a. 本地教师组织学生利用"唱吧"App 进行演唱，并在学生演唱的过程中进行巡视和指导。

b. 本地教师组织学生分享作品，并进行交流和点评。

c. 本地教师与主讲教师共同评选"音乐之星"，并邀请"音乐之星"上台领取奖品。

技术支持策略

学生借助"唱吧"App 自主练习歌曲演唱；学生通过学习群分享与点评演唱音频，达到共同进步的目的。

设计意图

鼓励学生自主练习歌曲演唱，调动学生的学习积极性，让他们体验歌曲的情感；并通过相互分享与点评，加深学生对歌曲的理解，培养学生的批判性思维。

⑥ 分享歌曲，共同成长。

主讲课堂教学活动

a. 主讲教师打拍子指挥两校学生共同演唱歌曲。

b. 河北工业大学附属红桥小学学生观看碌曲县城关小学学生表演的歌舞《邦锦美朵宁吉莫拉》，并为其演唱《童年》。

异地课堂教学活动

a. 学生跟随主讲教师的节拍合唱歌曲。

b. 学生聆听河北工业大学附属红桥小学学生演唱的歌曲《童年》，并表演歌舞《邦锦美朵宁吉莫拉》。

技术支持策略

两校学生在校际网络平台和校际同步平台的支持下合作互动。

设计意图

两校学生合作演唱歌曲，并相互为对方演唱歌曲。远程互动式教学促进了师生之间、同学之间的情感交流，以及学生的情感、认知和行为能力的协调发展。

（7）**教学评价**

本节课采用小组互评、基于学习群的班级共评、基于平板电脑的自动评价和教师点评4种评价方式。

3. 案例资源

本案例的资源包括说课课件、说课实录、教学课件等，见本书配套的数字课程。

7.2 初 中 案 例

初中案例选取了语文学科《蝉》、英语学科 *Module 2 What can you do*？、数学学科《轴对称的性质》和美术学科《透视及其应用》4个智慧课堂典型案例。

7.2.1 情境学习，细致深入——《蝉》

语文学科《蝉》教学案例采用情境教学法，以充分发挥学生的主体性和创造性。该案例让学生在解开蝉的诸多谜团的过程中探索蝉的生物特征、生活习性等知识，掌握写作技巧，体会文章的科学性与人文性，培养严谨求实的科学态度和敬畏生命的人文情怀。

1. 案例背景

本案例的基本信息如下：

授课教师：韦碧莹　　　　　　　　　　年级：八年级

学校：苏州高新区第一初级中学校　　　学科：语文

教材版本：人教版（部编版）　　　　　类型：导读式智慧课堂

来源：第十八届全国信息技术与教学融合创新展示与培训活动特等奖展示课例

2. 教学设计

（1）**教学内容分析**

这篇课文选自法国昆虫学家法布尔的著作《昆虫记》，作者采用生动活泼的笔法，把蝉写得活灵活现，具有很强的可读性。

本篇课文的原文由 4 个部分组成，分别是"蝉和蚁""蝉的地穴""蝉的歌唱""蝉的卵"，本篇课文节选了其中的两个部分——"蝉的地穴"和"蝉的卵"，并用小标题的形式分割。第一部分是"蝉的地穴"，主要描写蝉从幼虫到成虫的过程。这一部分从蝉在地表的洞口写到蝉在地下洞穴中活动，再由蝉在洞穴中活动写到蝉在地上脱壳，揭开了蝉的地下洞穴以及其幼虫在地下的生活之谜。第二部分是"蝉的卵"，主要介绍了蝉从产卵到幼虫的生长过程。作者按照事件发生的先后顺序，先写蝉产卵和蝉卵遇到的危险，再写蝉卵的孵化和幼虫的活动，包括蜕皮、悬挂、落地到藏身地下的经过，这样就与开头部分提及的"蝉的初次出现"紧密衔接，把蝉从卵到幼虫，再从幼虫到成虫的生长过程连为一体了。整个过程观察细致，记录详尽，体现了作者的研究之道和科学探索的精神。

这篇课文用文艺笔调介绍蝉的生长过程和生活习性，无异于"讲昆虫故事"，字里行间洋溢着对生命的尊重与热爱，能够激起人们对蝉这种小生灵的敬佩与同情。

（2）**学情分析**

① 认知基础。学生曾在初一年级的练习中对说明文有所接触，能大体识别基本的说明顺序、说明方法，但还不能准确掌握说明文的表达效果、文体特征，对于如何将事物说明清楚以及说明文这种实用类文体的功能也理解得并不深入。

② 学法基础。本篇课文属于自读课文，经过初一年级的训练，学生能初步运用批注法去阅读文章，也能针对重点和难点内容组织小组讨论。通过对本篇课文的学习，学生基本掌握了说明文的学习要点和写作方法。但对于本篇课文科学性与文学性兼顾的特点的掌握和对法布尔精神的领会存在不足。

（3）**教学目标分析**

① 把握蝉的习性，学习通过细致观察，运用拟人、比喻等写作手法和准确的语言，抓住事物特征并将其说明清楚的方法。（教学重点）

② 体会科学小品文文学性与科学性兼顾的特点，感受作者严谨求实的科学精神和敬畏生命的人文情怀的统一。（教学难点）

③ 激发学生阅读科学小品文的兴趣，培养学生自主学习说明文的能力。

（4）**驱动学习的问题/任务设计**

问题 1：听蝉声并结合实际经验，回答"你们真的了解蝉吗？"

问题 2：在人们固有的观念中，蝉剖树产卵、吸食汁液，是害虫。但为什么在法布尔的笔下，蝉却如此神奇、可爱呢？再读《昆虫记》，曾经令人生厌的苍蝇、寄生虫，为何也带着神奇的光环？

问题3：除了通过描写蝉的可爱来表达对蝉的热爱、同情之外，法布尔还通过一个特殊的安排来表达自己的人文情怀，你能找到吗?

（5）**实施条件分析**

① 教学环境：平板电脑智慧教室。

② 教学支撑工具与资源。

a. 利用电子导学案，帮助学生完成课前自主预习。

b. 使用图片、视频，给学生直观感受，调动学生的多种感官，增强教学效果。

c. 在学生解说环节，使用语音识别技术将学生语音转换为文字并投屏显示，使学生可以将自己的解说和原文做对比。

d. 建立学习群，让学生讨论疑点和难点，培养学生批判思辨能力和创新思维能力。

e. 提供网络学习平台，便于学生课后上传文字、图片或视频，分享给同学。

（6）**教学活动安排**

本节课运用情境教学法，通过解开蝉的诸多谜团来探索蝉的生物特征、生活习性等知识，将"谜"贯穿于课堂教学活动的始终，以激发学生的学习兴趣；采用小组合作讨论的方式，让学生建构起关于蝉的知识体系；通过问题引导的方式，使学生逐步感受到作者严谨求实的科学精神和敬畏生命的人文情怀。

① 情境导入。

师生活动

吵闹等似乎已经成为蝉的代名词，也成为人们关于夏天固有的记忆之一。学生听蝉声，描述自己的感受。教师提问："你们真的了解蝉吗?"

技术支持策略

通过蝉声音频，导入学习内容。

设计意图

调动学生的学习积极性，激发学生的学习兴趣。

② 穿越蝉之迷宫。

师生活动

教师在蝉的各个生长阶段设置关卡，并给出图片提示，让学生从课文中找出闯关依据，从而查漏补缺，完整地了解蝉的一生：产卵→幼虫蜕皮→掘地隐蔽→四年地穴生活→脱壳→成虫。

技术支持策略

学生将答案输入网络学习平台的讨论框，并可以修改答案。答案及修改过程会同步呈现在教师的平板电脑上，教师可以随时检查学生的学习情况。

设计意图

通过趣味游戏帮助学生梳理主要内容。

③ 趣说已解之谜。

师生活动

法布尔在细致的说明中，解开了许多有关蝉的谜团。【板书：谜】

a. 读"地穴之谜""天敌之谜"，任选一张图片，分析该图片是否能真实地展示蝉的形象。

明确：让学生结合图片理解课文内容，多维度感受蝉的形象，并说明蝉的特点（例如，蝉的地穴：坚固、深邃、功能强大；蝉产卵：数量多，以防御危险）；了解举例子、做比较、列数字、拟人等说明方法，并初步体会作者的科学精神和人文情怀。

b. 组织学生观看视频，让他们"挑战"法布尔，现场解说"金蝉脱壳"全过程，在学生解说过程中，利用语音识别技术将学生语音转换为文字，并将这些文字与课文进行对比，看看学生与法布尔对这一过程的解读，谁更胜一筹，是否各有千秋？

明确：如何生动、准确地说明事物（传神的动作描写、拟人的修辞、合理的说明顺序、精确的语言）。从课文中可以看出法布尔细致的观察力和丰富的想象力，感受科学小品文的科学性与人文性。

c. 总结科学小品文的特点：多样的说明方法、生动的修辞、丰富的描写、充沛的情感等。

技术支持策略

a. 通过图文对照，促使学生深入理解课文内容。

b. 利用语音识别技术将学生语音转换为文字，以便将学生的解说与课文进行对比。

c. 学生借助网络学习平台，针对重点、难点问题展开交流和讨论。

d. 学生利用投屏工具实时分享解说"金蝉脱壳"的全过程。

设计意图

将科学小品文置于一个整体情境中，通过设置关卡，让学生在闯关的过程中把握说明对象的特征，提高口语表达能力。

④ 破译未解之谜。

师生活动

师：在人们固有的观念中，蝉剖树产卵、吸食汁液，是害虫。但为什么在法布尔的笔下，以及在我们的解读中，蝉却如此神奇可爱呢？再读《昆虫记》，曾经令人生厌如苍蝇、寄生虫，为何也带着神奇的光环？让我们回到课文，探寻法布尔之谜。

学生自由发言并热烈讨论，进一步明确：作者细致入微和持之以恒的观察，人格化的描写，是内心情感的流露；"四年""苦工""一个月""享乐""掘土四年""沐浴""刹那""来之不易"等关键词，表达了对昆虫的热爱。法布尔之谜，饱含对蝉的热爱、同情、悲悯，对它生存本能的歌颂。

教师追问：除此之外，法布尔还通过一个特殊的安排，来表达他的人文情怀，你们能找到吗？

生：展现事物的本质特点，可以调换说明顺序，将最能体现蝉神奇本领的筑地穴写在前面，而没有按照蝉的生长阶段顺序进行说明。

教师引导：从根本上说是对生命的尊重与敬畏。

背景链接：法布尔出身于农民家庭，少年时父亲经商失败，他不得不辍学。虽然生活艰辛，但法布尔没有放弃，坚持自学。……为了观察昆虫，他干脆扎根荒原，甚至为了测试昆虫的听力而发射大炮。……他出版了10卷《昆虫记》，并绘制了700多幅真菌图。

师生共读，聆听法布尔内心独白，他曾反驳当时反对他的人："你们把昆虫开膛破肚，而我是在它们活蹦乱跳的情况下进行研究；你们把昆虫变成一堆既恐怖又可怜的东西，而我则使得人们喜爱它们；你们在酷刑室和碎尸场里工作，而我却在蔚蓝的天空与鸣蝉的歌声中观察。"

讨论：法布尔是一个富有同情心的、充满爱心的人。法布尔之谜的谜底是对生命的敬畏与尊重。【板书：生命、敬畏、尊重】

技术支持策略

通过互动平台向学生推送丰富的图文资料，让学生在感知文本的基础上，运用"知人论世"的方法，深入理解与感悟文本的内涵。

设计意图

让学生从文到人，再从人到文，探索课文的深层意蕴。

⑤ 拓展再寻新谜。

师生活动

布置课后作业，包括：

a. 当日作业。阅读《昆虫记》有关蝉的其他片段《蝉和蚁》《蝉的歌唱》，解开蝉蚁纠葛、蝉如何歌唱等更多关于蝉的谜团。

b. 阶段性作业。阅读《昆虫记》，徜徉于生命谜海；完成相关练习题，巩固关于科学小品文的知识；打开线上博物馆，发现更多生命的前世今生；跟踪一只昆虫的活动，以图片、文字、视频相结合的形式制作自己的"昆虫记"，并将其上传至网络学习平台；教师、学生实时交流，拓展课堂边界。

c. 选做作业。学有余力的同学，可以任选题目写一篇科普文章，并制作相应的电子书。

技术支持策略

a. 利用网络资源，为学生提供《昆虫记》有关蝉的其他片段，拓展其课外阅读资源。

b. 以图片、文字、视频相结合的形式，记录一只昆虫或者其他动物的活动。

c. 借助网络学习平台，教师、学生可以进行实时交流。

设计意图

课后作业是课堂与课外的连接点，可以让学生由单篇文章阅读走向多篇文章阅读，乃至整本书阅读；信息技术手段可以丰富作业形式，增强作业设计的层次性。

（7）教学评价

本节课采用小组互评、班级共评和教师点评三种评价方式。

3. 案例资源

本案例的资源包括说课课件、说课实录、教学课件、教学素材等，见本书配套的数字课程。

7.2.2　任务驱动，寓学于乐——*What can you do*？

初中英语 *What can you do*？教学案例采用翻转课堂教学模式，让学生在课前观看微课，学习基础知识；在课中开展游戏式和任务式学习，调动学生学习英语的积极性，寓学于乐；在课后设置分层练习和测试，让学生巩固所学的知识，同时对学生进行情感教育，培养学生自信、自强的意识。

1. 案例背景

本案例的基本信息如下。

授课教师：张周　　　　　　　　　　　年级：七年级

学校：合肥一六八玫瑰园学校　　　　　学科：英语

教材版本：外研版①　　　　　　　　　类型：导读式智慧课堂

来源：第十七届全国信息技术与教学融合创新展示与培训活动特等奖展示课例

2. 教学设计

（1）教学内容分析

What can you do？是一个单元的教学内容，主要写了 What can you do，并且以此为题

---

① 即由外语教学与研究出版社出版的教科书版本。

引发学生的思考和讨论。该单元包含 listening、pronunciation and speaking、reading and vocabulary、writing 四大部分内容。其中，listening 部分，是让学生整体感知单词的读音或者发音；pronunciation and speaking 部分，锻炼学生说的能力，以便日后能更好地和人沟通；reading and vocabulary 部分，锻炼学生读的能力，让学生加深对文章或者单词的整体感知和理解；writing 部分，注重培养学生的思考与创新能力。整节课以这 4 个维度展开，让学生充分理解英语的魅力所在。

（2）学情分析

七年级的学生上课积极活跃，对新事物充满好奇心，他们已经具备了一定的信息技术应用能力，同时模仿能力以及自学能力也有所加强，但是教师还需要培养学生的自信心。

教师为了解学生对于本单元内容的熟悉情况，设置了两项个性化课前作业：微课学习及作业平台在线测试。教师通过作业平台反馈的数据了解学生的学习情况，发现不少学生相应的语法知识储备不足；通过分析跟读工具所反馈的跟读数据，发现学生的整体听读能力比较高。

（3）教学目标分析

① 知识与能力。

a. 正确使用重点单词（如 fly、kite、swim）、词组（如 look forward to、get on well with sb.、be good at、fly a kite）和句型（如 I want/would like to do）。

b. 掌握情态动词 can 的用法，包括该词在特殊疑问句、一般疑问句、肯定句、否定句中的用法，以及一般疑问句的肯定回答及否定回答。（教学重点）

c. 学会用 can 提问并谈论某人的能力，利用 can 创作社团海报和撰写加入社团的申请信，在情境中练习 can 的用法。（教学重点和难点）

② 过程与方法。

a. 引导学生去观察、分析、反思与归纳，并培养学生的思维品质。

b. 引导学生课前主动预习与自学，课中合作与探究，课后积极复习并养成良好的习惯。

③ 情感态度与价值观。让学生逐渐认识和肯定自己的能力，增强自信心，培养敢于争先的意识。

（4）驱动学习的问题/任务设计

任务 1：观看视频并回答问题：什么鸟不会飞？不会飞的鸟会做什么？

任务 2：利用交互式一体机对词组进行分类，复习重点词组，总结"play+"的用法。

任务 3：双人竞技，练习和巩固"play+"的用法。

任务 4：以小组合作的形式调查"你会干什么，不会干什么"。

任务 5：读包含 can 一词的绕口令，看谁读得快。

任务 6：在平板电脑上创作社团海报。

任务 7：撰写加入社团的申请信。

任务 8：在作业平台上完成个性化练习。

任务 9：为励志短片 I can 配音。

（5）**实施条件分析**

① 教学环境选择：

平板电脑智慧教室。

② 教学支撑工具与资源

课前

a. 通过观看微课和跟读，加强对本节课所讲授的基础知识的学习。

b. 基于作业平台所采集的学生学习情况数据和所生成的可视化词云进行教学分析，实现精准备课。

课中

a. 利用交互式一体机设计交互式教育游戏，充分调动学生学习英语的积极性，寓学于乐。

b. 利用交互式一体机所提供的方便的书写和绘画功能，进行屏幕展示、批注，以及多屏互动等，在智慧课堂教学中实现有效互动。

c. 学生通过键盘或语音输入作业并提交，智能批改工具即时批改，并逐句给出修改建议。学生根据修改建议对作业进行修改。同时，智能批改工具还可以实现同伴互评、学生作业共性问题分析、薄弱点统计等功能。

课后

a. 通过作业平台进行课堂教学效果检测，实现精准练习。

b. 利用配音工具为励志短片配音，增加作业的趣味性，并对学生进行情感教育，培养学生自信、自强的意识。

（6）**教学活动安排**

语言学习的最好方式就是在真实的情境中进行知识习得、内化与应用，基于此，本案例开展任务式教学，让学生在真实的语境中进行听说读写训练，激发他们的学习动机；基于"情境""问题"和"活动"，引导学生学习和运用语言去探讨未知、构建新知，让学生在真实的语境中解决问题，逐步提高外语学习能力。

① 自主学习（课前）。

师生活动

学生跟读课文，观看教师微课，完成测试，教师利用大数据分析学生出现的问题。

技术支持策略

微课支持学生学习新知识；跟读工具支持学生进行发音训练，并熟读课文；大数据技术支持对数据进行采集和统计分析，帮助教师充分了解学生的学习情况。

设计意图

培养学生的自学能力，同时精准定位学情，为优化课堂教学提供依据。

② 热身。

师生活动

教师组织学生观看视频并回答问题：

Is there a bird that can't fly?

What is it?

And what can it do?

学生利用小组抢答板进行抢答，屏幕上实时呈现各组的答案。

技术支持策略

利用小组抢答板，活跃课堂气氛，提高学生参与度，并进行实时评价。

设计意图

通过导入视频吸引学生的注意力；通过小组抢答激发学生的学习兴趣，活跃课堂的氛围。

③ 复习单元一 & 单元二

师生活动

a. 教师随机选择学生对 "play sports" 和 "play instruments" 进行分类，完成超级分类任务。

b. 教师选择两名学生，以游戏的方式进行比赛。比赛中屏幕上出现一些 "play+" 词组，要求学生点击正确的词组，若点击正确则加分，否则扣分，得分高的一方获胜。

技术支持策略

学生利用交互式一体机对词组进行分类，并复习重点词组，总结 "play+" 的用法；学生借助交互式一体机完成双人竞技游戏，实现"玩中学"，练习和巩固 "play+" 的用法。

设计意图

游戏化教学，既可以激发学生的学习兴趣，又可以让学生对所学的知识进行及时的练习和巩固，从而加强对知识的记忆，有助于学生建立自己的知识体系。

④ 练习 can 的用法。

师生活动

组织学生开展小组合作学习，让他们利用"A：What can you do？B：I can... A：Can you...？B：Yes，I can. /No，I can't."进行口语练习，并完成小组成员能干什么，不能干什么的调查。学生的讨论结果可同步显示在屏幕上，教师随机选择小组汇报。

教师呈现关于 can 的绕口令，组织学生利用平板电脑中的口语测评工具进行练习；学生根据该工具的反馈结果，向教师或小组其他成员学习发音，优化自己的口语表达。

技术支持策略

a. 利用平板电脑中的"学生讲"工具，可以将多台学生机的画面同步显示在屏幕上，有助于教师实时了解学生的讨论结果。

b. 利用平板电脑中的"随机点名"工具随机选择汇报小组，活跃课堂氛围。

c. 利用平板电脑中的"口语测评"工具，从速度和发音标准程度这两个维度即时对全班学生的口语表达情况进行测评。

设计意图

学生在小组中分享自己在日常生活中"可以"或者"不可以"干什么，以与本节英语课所要讲解的内容相对应。在讨论过程中，教师随时了解学生的讨论情况，进而给予学生精准的指导。小组汇报有助于拉近教师和学生之间的距离，提高学生的英语口语能力，并显著提高课堂效果。

⑤ 制作社团海报。

师生活动

教师为学生展示音乐社团的海报，并向学生介绍海报设计的要点，组织学生利用平板电脑中的画板工具制作邀请他人加入社团的海报，学生制作完海报后将其发送至教师端，屏幕上滚动显示学生作品，教师对学生作品进行点评。

教师向学生提问："这么多的社团，你有想要加入的社团吗？"，并布置撰写社团申请信的任务，同时在屏幕上显示社团申请信的写作要点。

学生利用平板电脑中的智能批改工具完成社团申请信的撰写。

技术支持策略

平板电脑中的批注作答工具，支持学生对社团申请信进行展示和批注，支持教师对学生撰写的社团申请信进行点评；平板电脑中的智能批改工具，支持学生撰写和批改社团申请信。

设计意图

制作社团海报和撰写社团申请信的任务，可以让学生在真实的语境中进行写作训练，激发学生的学习动机，逐步提高学生的外语学习能力。

教师对学生作品的点评，可以使学生汲取其他学生作品的优点和经验，反思自己的作品，促使学生改进与思考，充分挖掘学生的学习潜能。

⑥ 拓展提升（课后）。

师生活动

教师组织学生利用配音工具，为励志短片 *I can* 配音；并根据学生课堂学习的不同情况，让学生进行个性化练习。

技术支持策略

利用作业平台的数据分析功能，教师可以精准地把握学生的学习情况，让学生针对重点内容反复练习；利用配音工具，学生可以给视频配音，从而增加作业的趣味性。

设计意图

通过布置的个性化作业，让学生进一步巩固所学的知识；通过布置配音任务，培养学生的自信心。

（7）教学评价

本节课采用小组互评、班级共评、基于平板电脑的自动评价和教师点评 4 种评价方式。

3. 案例资源

本案例的资源包括说课课件、说课实录、教学素材等，见本书配套的数字课程。

7.2.3 观察探究，几何直观——《轴对称的性质》

初中数学《轴对称的性质》教学案例采用探究式教学模式，以轴对称图形为主线，设置了画、赏、析、辨、拼、创 6 个环节，驱动学生进行自主学习、合作学习和探究学习。整合智能教学平台和数字教育游戏，增加课堂的交互性和趣味性，化解教学重点和难点，培养学生的识图能力、创新能力，发展学生的几何直观能力，并以脸谱、汉字、剪纸等为载体，让学生体会我国传统文化中的对称美，感受数学的应用价值。

1. 案例背景

本案例的基本信息如下。

授课教师：顾彦　　　　　　　　　　　　　年级：八年级

学校：苏州高新区通安中学　　　　　　　　学科：数学

教材版本：苏科版①　　　　　　　　　　　类型：探究式智慧课堂

来源：第二十届全国信息技术与教学融合创新展示与培训活动特等奖展示课例

2. 教学设计

（1）教学内容分析

本节课选自江苏科学技术出版社出版的八年级数学上册《轴对称的性质》，前一节课已经完成了对轴对称图形概念和性质的学习，本节课是对这些知识的巩固和拓展，为学生后续学习线段、角、三角形的对称性做铺垫。

（2）学情分析

八年级的学生已经初步具备了通过分析具体的图形进行想象、推理和阐述观点的能力，对本节课教学内容的接受度较高。加之作为信息时代的"原住民"，学生对信息技术有着浓厚的兴趣，且具备一定的动手能力，喜欢在活动中进行探究。

（3）教学目标分析

① 知识目标。进一步了解轴对称、轴对称图形的概念，掌握轴对称的性质，并能够运用轴对称性质构造简单的轴对称图案，体会轴对称的内涵。

② 能力目标。学生经历赏、辨、拼等活动，能够准确地识别及画出轴对称图形，并能够利用轴对称的性质设计轴对称图案，提高动手能力和识图能力。（教学重点和难点）

③ 素养目标。让学生体会我国传统文化中的对称美，发展几何直观能力和创新能力，提升学生审视美、欣赏美的能力；让学生感受数学的应用价值；培养学生的团队意识和竞争意识。

（4）驱动学习的问题/任务设计

课前任务 1：观看视频《生僻字》，按照要求画出汉字的另一半，每个小组完成一项练习。

课前任务 2：按照要求画出所给汉字的另一半。

课中任务 1：欣赏戏剧脸谱，从数学的角度观察并说出戏剧脸谱的共同点。

课中任务 2：总结画点对称的方法，复习轴对称的性质，玩快速辨别轴对称汉字的游戏。

课中任务 3：利用 24 块墙砖，拼搭电视背景墙图案（轴对称图形）。

课中任务 4：利用百度搜索"折叠剪纸"，查看有关折叠剪纸的图片、教程等，小组

---

① 即由江苏科学技术出版社出版的教科书版本。

合作设计图案，按要求（剪出仅有一条对称轴的轴对称图形；剪出有多条对称轴的轴对称图形）完成个性化的创意剪纸作品。

课后任务 1：完成拓展任务。

课后任务 2：填写课堂学习评价表。

（5）**实施条件分析**

① 教学环境：平板电脑智慧教室。

② 教学支撑工具与资源

a. 利用图片、视频等将传统文化直观地呈现在学生面前，将数学文化浸润在数学课堂中，从而加深学生对数学的认识和理解。

b. 嵌入教育游戏，激发学生对数学课程的兴趣，化解教学难点。

c. 利用网络资源提升学生的信息素养。

d. 利用程序为学生打分，使评价多元化，从而激发学生学习的积极性，提高课堂教学效率。

（6）**教学活动安排**

本节课以学生为主体，采用探究式教学模式，借助智慧教室将信息技术与数学教学有效融合起来，实现混合式教学。整个教学过程以脸谱、汉字、剪纸等为载体，做到"做中学、做中思、做中悟"，环环相扣，培养学生的识图能力和几何直观能力，以更好地达成教学目标。

【活动一】戏剧脸谱欣赏——感受轴对称

师生活动

教师讲解戏剧脸谱艺术的由来：戏剧脸谱艺术是中华民族传统文化的标识之一，中国传统戏曲演员使用丰富的色彩、线条、纹样与图案画出不同的脸部妆容，来凸显戏曲中人物的性格和特征。呈现戏剧脸谱图片，引导学生从数学的角度观察和思考戏剧脸谱的共同点。

技术支持策略

在教学课件中嵌入戏剧脸谱图片，比单纯用语言阐述戏剧脸谱更形象、生动，可以帮助学生复习轴对称图形的概念。

设计意图

以戏剧脸谱切入主题，引导学生用数学的眼光看世界，感受非物质文化遗产中的对称美。

【活动二】作品再探——理解轴对称

师生活动

a. 教师根据课前任务 1 的完成情况，进行点评，讲解易错点。

b. 教师展示课前任务 2 的部分优秀学生作品，组织学生讨论和交流画出另一半汉字的方法。

c. 教师总结：可以先通过折纸、扎孔等方法找出各顶点的对称点，然后运用轴对称的性质来构造轴对称图形。

技术支持策略

利用智能教学平台发布作业，查看学生的作业完成情况，分享优秀的学生作品。

设计意图

a. 根据学生课前作业完成情况，答疑解惑，复习轴对称的性质。

b. 让学生通过欣赏优秀作品，领略方块字的对称美，培养对传统文化的兴趣，增强审美意识。

【活动三】汉字辨别——巩固轴对称

师生活动

a. 教师组织学生两两一组玩轴对称图形游戏，通过小游戏找出下列汉字中的轴对称图形。

查、凸、田、周、千、干、国、墨、杜、
甲、旧、呈、盒、金、固、全、巨、苦、
果、早、平、五、吴、末、刃、美、箥

b. 教师根据学生的游戏完成情况，讲解游戏中容易错误辨别的轴对称汉字，并按照游戏排名给各组评分。

技术支持策略

利用游戏化教学的方式让学生巩固所学的知识，寓教于乐，优化了学生的学习体验，激发了学生的学习内驱力。

设计意图

强化关于轴对称性质的训练，锻炼学生的识图能力，激发兴趣，突出重点。

【活动四】拼图设计——运用轴对称

师生活动

a. 教师发布学习任务单，让学生开展自主探究活动：运用 24 块墙砖拼搭电视背景墙图案，如图 7-2-1 所示。要求是：电视背景墙的整体图案是轴对称图形；可以选用一种或两种颜色。

　　b. 学生扫描学习任务单上的二维码，在平板电脑上进行拼图设计，完成拼图并上传所设计的图案。

　　c. 教师组织学生进行作品互评，让学生为优秀作品点赞，并按点赞数的高低给各组评分。

图 7-2-1　学生利用平板电脑独立完成电视背景墙图案设计

技术支持策略

利用平板电脑进行拼图，易于操作、效果直观，利用平板电脑上传作品并为作品点赞方便、快捷，师生、生生互动效果好，有利于突破教学难点。利用平板电脑中的时钟工具的定时器功能，可以设置倒计时，帮助学生有效地把控自主探究的时间，提高课堂学习效率，提升学习专注度。

设计意图

通过欣赏、拼搭等活动，培养学生的动手能力，使他们进一步了解轴对称、轴对称图形的概念，掌握轴对称的性质，并能运用轴对称性质构造简单的轴对称图形。

【活动五】创意剪纸——感悟轴对称

师生活动

　　a. 教师组织学生观看视频《民间剪纸》，布置小组探究活动：利用百度搜索"折叠剪纸"，查看有关折叠剪纸的图片、教程等。

　　b. 让学生通过小组合作设计图案，按照要求完成个性化创意剪纸作品。

　　c. 组织学生以小组为单位展示优秀作品，并让各个小组互评，评选出优胜小组。

技术支持策略

　　a. 学生利用网络观看视频、检索信息，做到"活学活用"。

b. 教师利用展台工具，将学生设计的个性化创意剪纸作品呈现出来，优化了教学互动体验，让学生有更多展示自我的机会，提高其学习的积极性。

设计意图

深化学生对于知识的运用，同时让学生深入了解剪纸艺术，对传统文化进行传承和创新。

【课堂小结】

理清课堂任务与数学知识点之间的关系，明确数学与传统文化之间的联系。

【课后拓展】

教师布置拓展题，以进一步培养学生的知识迁移能力。

a. 写出 5 个轴对称的汉字。

b. 下面这些美丽的剪纸各有几条对称轴？

c. 请找出下列图形符号所蕴含的规律，并在空白处填上恰当的图形名称。

d. 利用网络了解中国瓷器，参照"官窑瓷器"的图片，自己设计一件瓷器。要求利用轴对称性质画出瓷器造型图，并在班级内展示。

（7）**教学评价**

本节课采用小组互评、班级共评和教师点评三种评价方式。

3. 案例资源

本案例的资源包括说课稿、说课课件、说课实录、学习任务单等，见本书配套的数字课程。

7.2.4 细观其象，透析其知——《透视及其应用》

初中美术《透视及其应用》教学案例是一节微课案例。本案例根据教材特色，结合学校环境，讲解透视知识点，并展示了教师手绘教室透视图的过程及效果。向学生展示如何表现空间关系，有助于发展学生的空间想象力和艺术创造力，可以作为学生课前、课中和课后的自主学习资源。

1. 案例背景

本案例的基本信息如下。

授课教师：付宏琴　　　　　　　　　　　年级：七年级

学校：柳州市第二十五中学　　　　　　　学科：美术

教材版本：人教版　　　　　　　　　　　类型：微课

来源：第十七届全国信息技术与教学融合创新展示与培训活动特等奖展示课例

2. 教学设计

（1）教学内容分析

《透视及其应用》是人教版七年级美术上册第四单元第一课《描绘我们的校园》第二课时的内容。透视是绘画的基础理论知识。本节课属于"造型·表现"课，旨在让学生学习透视的概念和规律，了解平行透视和成角透视的基本知识，学习透视画法，培养学生的观察能力、艺术表现能力，以及热爱学校的情感。

（2）学情分析

七年级的学生刚从小学进入初中，还处于适应期。大多数学生通过学习小学美术已经具备了一定的观察能力和欣赏能力，部分学生缺乏学习美术的主动性，对于这部分学生仍需要培养他们的学习兴趣。学生在日常生活中经常接触透视现象，但对于透视的知识还比较陌生，还不能正确地表现空间关系。因此，学生虽然对透视现象和透视规律有极大的兴趣，却无法用画笔描绘出来。在绘画基本功的掌握方面，学生基本上掌握了线条的绘画技巧，具备初步的视觉感受能力和空间想象能力，但艺术表现能力还有待提高。

（3）教学目标分析

① 知识与能力。

a. 学生能够了解透视现象、透视规律，并能够用自己的语言进行概括。

b. 学生能够理解平行透视和成角透视，并能够分析两者的区别。（教学重点）

② 过程与方法。学生能够通过观看微课、讨论与交流、展示与评价等活动，运用透

视知识分析物体之间的空间关系，并能够画出符合透视规律的简单的教室效果图，学会用透视知识表现空间之美。（教学难点）

③ 情感态度与价值观。

a. 学生能够在绘画实践中认识到透视知识来源于生活，并发展空间想象力，形成基本的美术素养。

b. 学生通过观察校园、描绘校园，激发热爱班级、热爱学校的情感。

c. 学生通过小组内的讨论和交流，培养同学之间的友谊。

（4）驱动学习的问题/任务设计

问题1：绘画中的透视是什么？

问题2：透视有什么规律？

问题3：什么是平行透视？什么是成角透视？什么是视平线？

问题4：如何画出教室的透视线和视平线，以及符合透视规律的简单的教室效果图。

（5）实施条件分析

① 教学环境：美术多媒体教室。

② 教学支撑工具与资源。

a. 教师利用图片讲解透视规律，清晰直观，便于理解。

b. 教师利用动画讲解平行透视与成角透视的概念，直观易懂，有利于攻克教学重点。

c. 教师演示"用平行透视画法绘制教室效果图"的视频片段，有利于突破教学难点。

d. 教师展示不同的空间效果图，引发学生深入探索的兴趣。

（6）教学活动安排

① 情境导入。以学生怎么都画不好教室的空间关系图开头，创设学生日常遇到困难的情境，引出本节课的学习内容"我们在画有空间关系的场景时，必须要掌握透视这一技法，才能使画面真实有立体感，那么什么是透视呢？"，使学生融入其中，激发学生的学习兴趣。

② 透视原理讲解。教师给出学生对于透视的两种不同的认识，一个学生认为"透视就是透过物体表面，可以看到物体内部结构。就像我们可以透过图7-2-2（a）所示的这辆汽车的外壳，看到汽车的内部零件"；另一个学生指出"教师所说的透视是一种在二维平面上画出三维效果的绘画技法，如图7-2-2（b）所示。"

教师将光学中的透视与美术中的透视做对比，说明美术中的透视是一种绘画技法，以帮助学生更好地区分这两个概念。

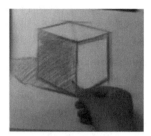

(a) 光学中的透视　　　　　　　　(b) 美术中的透视

图 7-2-2　两个透视概念的对比讲解

学生提问："透视有什么规律呢？"，教师用生活中常见的实景图片，讲解三种透视规律：近大远小、近高远低和近实远虚。这些实景图片清晰直观，易于学生理解。

教师从学生的视角出发，用动画来讲解平行透视、成角透视和视平线的概念，分析图 7-2-3 所示的图片中的透视线，化抽象为形象，让学生直观感受空间关系，提高学生的空间想象能力。

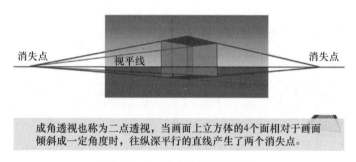

图 7-2-3　成角透视讲解画面

教师利用动画展现教室中的透视线和透视关系，如图 7-2-4 所示。

图 7-2-4　教室透视规律讲解画面

③ 手绘示范画。教师演示绘画过程，如图 7-2-5 所示，边画边解释原理，以加深学生对透视的理解，攻克本节课的教学难点。

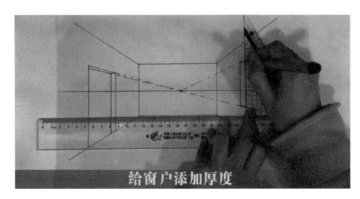

图 7-2-5 教师演示画面

④ 总结。教师展示运用透视画法绘制的作品，让学生明确学会了透视技法后，可以画出房屋效果图、公园效果图、街道效果图、建筑效果图等；同时也拓展了学生的视野，引导学生留心观察生活，激发了学生的绘画兴趣。

3. 微课程资源

本案例的资源包括微课、学习任务单、说课课件、说课实录、教学课件、教学素材等，见本书配套的数字课程。

7.3　高中案例

高中案例选取了数学学科《椭圆的标准方程》、物理学科《电荷及其守恒定律》、生物学科《中心法则知多少》和体育学科《羽毛球正手击高远球》4 个智慧课堂典型案例。

7.3.1　探究学习，直观想象——《椭圆的标准方程》

数学学科《椭圆的标准方程》教学案例采用探究式教学模式。该案例将课前任务和课中探究任务结合起来，设置数学实验；借助智能学习工具生成数学模型，让学生直观地理解椭圆的特征；利用电子白板增强课堂的便利性和互动性，使抽象复杂的问题变得易于理解，培养学生将几何问题代数化的意识，使学生感受数学之美，感受到数学与实际生活之间的联系。

1. 案例背景

本案例的基本信息如下。

授课教师：姜文杰 章节：选修 2-1（2.2）

学校：威海市实验高级中学 学科：数学

教材版本：人教版课标实验 B 版① 类型：探究式智慧课堂

来源：第十七届全国信息技术与教学融合创新展示与培训活动特等奖展示课例

2. 教学设计

（1）教学内容分析

人民教育出版社出版的普通高中课程标准实验教科书数学选修 2-1（B 版）第二章《圆锥曲线与方程》，是高考重点考查的内容。《椭圆的标准方程》是 2.2 节《椭圆》第一小节的内容，是继圆以后运用"曲线和方程"理论解决具体的二次曲线问题的又一个实例。本节课是椭圆的第一课时，椭圆的学习为后面研究双曲线、抛物线提供了基本模式和理论基础，因此这节课具有承前启后的作用，是本章教学的奠基课程。

（2）学情分析

学生已经学习了直线和圆的方程，具备了用代数的方法解决几何问题的基本能力。在此基础之上，学生将在本章学习用坐标法研究曲线的方程和性质。但是由于间隔的时间较长，学生在学习解析几何时存在一定的障碍。

（3）教学目标分析

① 知识与能力。

a. 了解圆锥曲线名称的由来，明确焦点、焦距的概念，会用定义法解椭圆标准方程。

b. 掌握椭圆的定义及其标准方程，体会几何条件代数化的重要意义。（教学重点）

c. 理解椭圆的截线定义和轨迹定义及它们的统一性，会推导椭圆标准方程。（教学难点）

② 过程与方法。通过实验探究，观察椭圆的形成过程并归纳椭圆的定义，使学生认识到几何问题代数化的重要意义，培养学生观察、辨析、类比、归纳问题的能力。

③ 情感态度与价值观。学习数学史话，使学生在学习过程中感受数学文化。探究椭

---

① 即由人民教育出版社出版的普通高中课程标准实验教科书（B 版）版本。

圆的定义，使学生形成对立统一的辩证唯物主义观，让学生在感受几何图形的对称美、简洁美、曲线美的同时，培养学习数学的兴趣。

（4）驱动学习的问题/任务设计

任务1：针对课前活动A（见"教学活动安排"），回答相关问题。具体问题见"教学活动安排"中的"合作探究，形成概念"。

任务2：学生以小组为单位利用数学软件进行合作探究，并解决相关问题。

问题1：用铅笔画的椭圆与用平面截圆锥得到的椭圆一样吗？椭圆的轨迹定义与阿波罗尼奥斯提出的椭圆的截线定义有什么联系？

问题2：丹德林（Dandelin）创造性地提出了双球模型，在圆锥中放置两个与圆锥相切的小球，两个小球同时还与截面相切。使用数学软件并结合丹德林双球模型，如图7-3-1所示，你能找到轨迹定义与截线定义之间的联系吗？

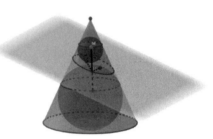

图7-3-1 丹德林双球模型

任务3：针对课前任务B（见"教学活动安排"），思考以下问题。

问题1：图形上的点满足怎样的几何约束条件？

问题2：你所画出的图形是什么图形？你能解释其中的原因吗？

任务4：针对课前活动C（见"教学活动安排"），思考相关问题。具体问题见"教学活动安排"中的"巩固定义，加深理解"。

（5）实施条件分析

① 教学环境：平板电脑智慧教室。

② 教学支撑工具与资源。

a. 三维模型，直观导入。利用数学软件制作三维模型，合理设置数学探究活动，培养学生的数学直观想象素养。

b. 过程模拟，情境抽象。结合电子白板及平板电脑的交互功能，利用数学软件合理设置数学实验，让学生经历从具体情境中抽象出椭圆模型并归纳椭圆定义的过程，培养学生的数学抽象素养。

c. 展示作品，引导推导。利用交互式一体机的授课助手与电子白板功能，展示学生作品，引导学生完成对椭圆标准方程的推导，提升学生的数学运算素养。

d. 归纳总结，思维导图。利用思维导图、蒙层、交互功能等，充分展现知识之间的逻辑关系，提升学生的逻辑推理素养。

（6）**教学活动安排**

本节课在培养学生的数学直观想象素养、数学抽象素养和提升学生的数学运算素养、逻辑推理素养的目标下，根据教学内容和学情分析，采用基于任务驱动的探究式教学模式。

a. 将课前任务和课上探究任务结合起来，设置数学实验，调动学生的积极性。

b. 借助信息技术建立数学模型，并将数学模型直观地展示给学生，以便于学生的理解。

c. 引导学生推导方程，把几何条件代数化，并让学生通过探讨折纸中的数学问题来感受数学与实际生活之间的联系。

① 自主学习（课前）。

学生完成教师布置的三个课前活动。

课前任务 A：取一条细绳，把细绳的两端用图钉（或手）固定在纸上的两点（F_1，F_2），用笔尖（M）把细绳拉紧，在纸上慢慢移动，观察画出的图形是什么？

课前任务 B：如图 7-3-2 所示，$|AB| = 4$，图中一系列圆是圆心分别为 A，B 的两组同心圆，每组同心圆的半径分别为 1，2，3，…，随着"加 1"依次递增，试按照下列步骤作图：描出与 A，B 两点的距离的和等于 8 的交点；用光滑的曲线顺次连接所描出的各个交点。

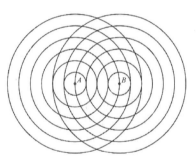

图 7-3-2　分别以 A 和 B
为圆心的两组同心圆

课前活动 C：用一张纸剪一个圆，在圆内选取一个异于圆心 C 的点 F，在圆上取点 A_1，折纸使得 A_1 与 F 重合，打开纸，就得到一条折痕，画出折痕与相应半径的交点；再在圆上取点 A_2，折纸使得 A_2 与 F 重合，打开纸，又得到一条折痕及相应的交点，如此进行下去，折痕越多越好，尽量使圆上的各个位置都有被选取的点，然后用平滑的曲线将这些点连接起来。

② 走进生活，认识椭圆。

师生活动

师：展示圆锥和平面，如图 7-3-3 所示，提出问题"用平面截圆锥，得到的截线有几种情况？"用数学软件演示学生的猜想，并通过数学史话，让学生了解古希腊数学家发现圆锥曲线的过程，同时引出本节课的学习内容——椭圆。

生：观察圆锥和平面，进行思考，然后回答问题。

师：用多媒体展示生活中的一些椭圆形物体。

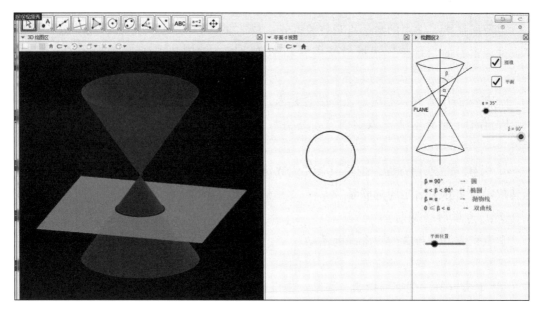

图 7-3-3　教师展示圆锥和平面

生：回答生活中还有哪些椭圆物体。

技术支持策略

利用数学软件建立数学模型，将平面截圆锥的过程，直观地呈现给学生。以多媒体的形式呈现生活中的椭圆物体，使学生将数学与生活实际联系起来。

设计意图

从数学史话导入，可以迅速引起学生的兴趣。借助数学软件演示平面截圆锥的截线，可以使学生了解圆锥曲线名字的由来，感受数学来自生活，并从感性上认识椭圆。

③ 合作探究，形成概念。

师生活动

教师回顾课前活动 A，引导学生思考并回答以下问题。

问题 1：在画曲线的过程中，有哪些量是不变的？

问题 2：动点 M 满足怎样的几何约束条件？

问题 3：两个定点 F_1 和 F_2 的位置是任意的吗？请用数学软件进行探究，并填空：

当 $|MF_1|+|MF_2|>|F_1F_2|$ 时，轨迹为_____

当 $|MF_1|+|MF_2|=|F_1F_2|$ 时，轨迹为_____

当 $|MF_1|+|MF_2|<|F_1F_2|$ 时，轨迹为_____

学生回顾课前活动 A，思考后回答问题 1 和 2，并利用数学软件进行探究实验，回答问题 3，在探究过程中发现随着 F_1 和 F_2 之间的距离变大，椭圆越来越扁，反之越来越圆。

教师书写椭圆的定义，指出定义中的关键点，并利用数学软件展示椭圆的光学性质，简要介绍定义的提出时间。

技术支持策略

学生在平板电脑上使用数学软件建立数学模型，并进行实验和观察，使学生对椭圆的特征和定义有更清晰的认识。

设计意图

探究过程使学生体会椭圆的几何性质，理解焦点的含义；便于学生总结定义，感受数学的严谨性，提高课堂学习效率。

④ 巩固定义，加深理解。

师生活动

a. 教师向学生介绍丹德林双球模型，提出问题：用铅笔画的椭圆与用平面截圆锥得到的椭圆一样吗？椭圆的轨迹定义与阿波罗尼奥斯提出的椭圆的截线定义有什么联系？组织学生利用数学软件进行合作探究。在学生探究的过程中，教师随时进行指导。

b. 学生以小组为单位利用数学软件进行合作探究：利用全等三角形，得到椭圆上的一点到两个焦点的距离之和为定值。

c. 教师组织学生回顾课前活动 B，展示优秀的学生作品，并进行激励性评价。

d. 学生通过课前实验，结合椭圆的概念，不难发现画出的曲线是椭圆。

e. 教师组织学生回顾课前活动 C，并提出下列问题。

问题 1：将 A_1 与 F 重合，得到的折痕与线段 A_1F 什么关系？

问题 2：动点满足怎样的几何约束条件？

问题 3：所得的这些交点构成的曲线是什么曲线？你能解释其中的原因吗？

f. 学生结合课前的折纸实验，对上述三个问题进行了思考，在课堂上举手发言。教师展示优秀的学生折纸作品，并对学生的发言进行点评。

g. 教师利用数学软件演示多次折纸的效果，如图 7-3-4 所示，其原理是，通过建立直角坐标系，用坐标和方程表示问题中涉及的几何元素和几何曲线，将几何问题转换成代数方程交给计算机来处理。

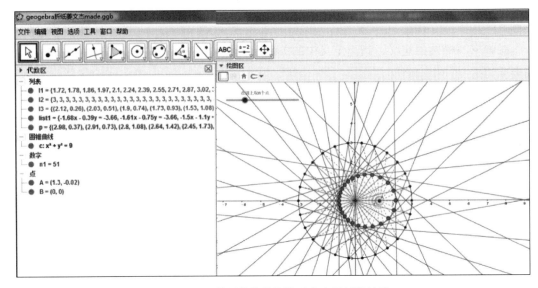

图 7-3-4　利用数学软件演示多次折纸的效果

技术支持策略

a. 利用数学软件开展合作探究，让学生能够更好地回答"用铅笔画的椭圆与用平面截圆锥得到的椭圆是否一样"这个问题。

b. 利用数学软件直观地呈现多次折纸的动态效果，可以在不进行烦琐工作的情况下引出坐标系。

设计意图

a. 教师对椭圆的截线定义与轨迹定义进行了统一，使学生将感性认识和理性认识结合起来，体现出数学中的不变性思想，加深了学生对椭圆定义的理解。

b. 通过画椭圆和折纸活动，引发学生的好奇心，加深他们对椭圆概念的理解。

c. 通过数学软件展示数学图形的美，结合椭圆的作图原理，引出了坐标系的重要意义，以及本节课的第二个重点——椭圆标准方程的推导。

⑤ 合理建系，推导方程。

师生活动

教师提问：解曲线方程的基本步骤是什么？

学生独立思考回答问题。

教师提问：如何建立坐标系？

学生小组合作讨论建立坐标系的最佳方案。

教师引导学生思考：为什么要这样建立坐标系？有没有别的建立坐标系的方案？

【活动】推导椭圆的标准方程。

建系。将直接 F_1F_2 作为 x 轴，将线段 F_1F_2 的中垂线作为 y 轴，建立平面直角坐标系，如图 7-3-5 所示。

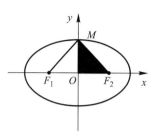

设点。设 $M(x, y)$ 为椭圆上的任意一点，椭圆的焦距为 $2c(c>0)$，则 F_1 为 $(-c, 0)$，F_2 为 $(c, 0)$，又设 M 与 F_1、F_2 的距离之和等于 $2a(a>c>0)$。

几何条件。$|MF_1|+|MF_2|=2a$。

代数化。因为 $|MF_1|=\sqrt{(x+c)^2+y^2}$，$|MF_2|=\sqrt{(x-c)^2+y^2}$，所以 $\sqrt{(x+c)^2+y^2}+\sqrt{(x-c)^2+y^2}=2a$。

图 7-3-5　直角坐标系

学生在教师的引导下合理建系、设点，找到几何条件并代数化，初步得出椭圆方程。

教师引导学生思考 a、c 的几何意义，以理解椭圆的焦距为 $2c$，M 与 F_1 和 F_2 的距离之和等于 $2a$。引导学生化简方程 $\sqrt{(x+c)^2+y^2}+\sqrt{(x-c)^2+y^2}=2a$，得到椭圆的标准方程，并用交互式一体机展示学生的推导过程。

在学生完成对椭圆标准方程的推导之后，教师引导学生观察椭圆标准方程，寻找判断焦点位置的方法，并让学生在平板电脑中完成对焦点在 x 轴上和焦点在 y 轴上的两种标准方程的对比，教师实时查看学生的完成情况。

技术支持策略

a. 学生利用平板电脑的交流与演示功能和知识梳理功能，进行交流和讨论，思考建立坐标系的最佳方案。

b. 教师利用交互式一体机展示推导过程，以实时了解学生在学习过程中存在的问题，为学生答疑解惑。

设计意图

a. 学生使用不同的方案建立坐标系，并通过比较得出最简洁的方案，而不是被动地按照教科书或教师给出的方法建立坐标系，这有助于学生养成扎实严谨的科学态度。

b. 教师介绍椭圆的几何意义，为后面的化简做铺垫。

c. 椭圆标准方程的推导有一定难度，学生在教师的引导下通过小组讨论完成方程的推导，有助于培养战胜困难的意志品质并感受数学的简洁美和对称美。

d. 教师通过类比的方法，让学生参照焦点在 x 轴上的情形，写出焦点在 y 轴上时的椭圆标准方程，使学生能够正确地认识并区分这两种标准方程。

⑥ 典例探究，巩固提升。

师生活动

教师向学生推送典型例题，特别是与生活实际紧密联系的数学问题，同时引导学生逐层深入，养成解椭圆标准方程先看焦点位置的良好习惯。

学生利用平板电脑独立完成。

技术支持策略

教师利用交互式一体机展示典型例题的解答过程，为学生提供解题思路和正确的解答步骤。

设计意图

加深学生对椭圆的焦距与标准方程之间关系的理解，同时会求椭圆标准方程的基本量，掌握解动点轨迹方程和椭圆标准方程的方法。

⑦ 归纳总结，提高升华。

师生活动

a. 教师让学生用思维导图描述自己学习本节课的收获，并在电子白板上展示。

b. 学生从知识、方法和数学思想三个角度，评价对本节课内容的掌握情况以及学习收获。

技术支持策略

学生利用思维导图对所学的内容进行归纳和总结，建构知识体系，巩固新知识。

设计意图

a. 让学生交流学习本节课的收获，既调动了学生学习的积极性，又培养了学生的归纳和总结能力以及数学应用意识。

b. 让学生探寻解决问题的方法，能激发学生的学习热情。

（7）**教学评价**

本节课采用小组互评、班级共评、基于平板电脑的自动评价和教师点评 4 种评价方式。

3. 案例资源

本案例的资源包括说课课件、说课实录、教学课件、教学素材等，见本书配套的数字课程。

7.3.2　学生中心，科学探究——《电荷及其守恒定律》

物理学科《电荷及其守恒定律》教学案例采用探究式教学模式，让学生通过做实际的实验以及虚拟仿真实验，将直接经验与间接经验有机结合起来，并在探究过程中利用信息技术将抽象的问题形象化，有助学生深度理解与体验、感悟与探究知识，发展空间想象力，培养对物理学习的兴趣和解决实际问题的能力。

1. 案例背景

本案例的基本信息如下。

授课教师：韦懿馨 年级：高二年级

学校：柳州市柳江中学 学科：物理

教材版本：人教课标实验版① 类型：探究式智慧课堂

来源：第十八届全国信息技术与教学融合创新展示与培训活动特等奖展示课例

2. 教学设计

（1）教学内容分析

静电场是普通高中课程标准实验教科书高中物理选修 3-1 的第一章，是高中阶段电学内容的开始，是学习电磁学和光学等知识的重要基础。《电荷及其守恒定律》是第一章第一节的内容，主要介绍了 4 个概念：电荷、电荷量、元电荷和比荷；三种起电方式：摩擦起电、接触起电和感应起电；电荷守恒定律。本节课主要说明起电的实质是电荷转移，而电荷守恒定律研究电荷分配规律，在日常生活中发挥着很大的作用。

（2）学情分析

高二学生已经具备了抽象能力和概括能力，对物理知识的理解更深刻，分析、解决问题更全面。经过测试，可以知道学生已经掌握了电荷的基本知识，熟悉电荷之间转移的关系，虽然本节课所要讲授的内容有一定的难度，但只要有一定的空间想象能力，掌握起来并不困难。

（3）教学目标分析

① 知识与能力。

a. 知道两种电荷及其相互作用，知道电荷量的概念。

b. 知道摩擦起电，摩擦起电不是创造电荷，而是使物体中的正负电荷分开。

c. 理解静电感应现象，知道感应起电不是创造电荷，而是使物体中的正负电荷分开。

d. 知道电荷守恒定律。（教学重点）

e. 知道什么是元电荷。

② 过程与方法。

---

① 即由人民教育出版社出版的普通高中课程标准实验教科书版本。

a. 让学生经历探究电荷守恒定律的过程，提升学生发现问题、解决问题的能力。

b. 让学生从微观的角度认识物体带电的本质，提高学生的空间想象力。

③ 情感态度与价值观。让学生从生活中学习物理知识，提高学习兴趣，感受物理学习的乐趣，感悟人生道理。

（4）驱动学习的问题/任务设计

任务 1：动手实践，熟悉验电器和静电计的工作原理。

任务 2：实验探究，认识电荷守恒定律。

任务 3：问题驱动，阅读课本，寻找答案。

任务 4：利用身边的器材做关于静电现象的小实验，并分享至班级 QQ 群。

（5）实施条件分析

① 教学环境：平板电脑智慧教室。

② 教学支撑工具与资源。

a. 视频导入，激发兴趣。通过视频激发学生的学习兴趣，让学生直观地了解静电是如何形成的，并掌握实验的操作步骤。

b. 多元资料，辅助探究。通过 QQ 群发布多元学习资源包，辅助小组开展探究学习。

c. 同屏技术，时时关注。教师将学生的实验操作过程投射到屏幕上，因而可以时时关注学生的学习情况，当学生遇到疑难问题时给予指导。

（6）教学活动安排

物理课程教学，要引导学生在生活中发现物理问题，观察事物的物理规律，充分发挥学生的主体性和创造性，并适当展开想象，初步养成利用物理知识解决实际问题的习惯。基于上述要求，在教学过程中采用"新课引入、实践探究、知识应用、梳理总结、拓展延伸"的探究式教学模式。

① 新课引入。

师生活动

师：播放《神奇的静电现象》视频，引出静电是如何形成的问题；播放《静电的形成》视频，让学生建立原子空间结构，初步了解电荷转移和静电的相关知识，并能够使用相关知识解决生活实际问题。

生：观看视频，谈感受。

技术支持策略

利用视频引出静电现象，让学生明确本节课的学习内容，并引发学生思考。

设计意图

激发学生的学习兴趣，与图片相比，视频可以更直观地呈现原子的结构，使学生更容易理解电荷是如何转移的，并明白起电的实质是电荷转移。

② 实践探究。

师生活动

师：组织学生利用学科工具做实验，让学生了解验电器和静电计，并用接触和靠近的方法使用静电计检验被毛皮摩擦过的橡胶棒是否带电。

生：进行摩擦起电实验，熟悉验电器和静电计的工作原理。

师：利用交互式一体机将学生的探究过程呈现在屏幕上，以实时了解学生实验开展情况。

生：汇报实验过程及结论，进一步总结接触起电和感应起电的原理以及实质。

师：以动画的形式模拟演示验电器的工作过程，如图 7-3-6 所示，引出金属导电机理：金属内有自由移动的电子（自由电子），正离子在自己的平衡位置附近振动而不移动，并具有"近异远同"的特点，从而引出对电荷守恒定律的探究。

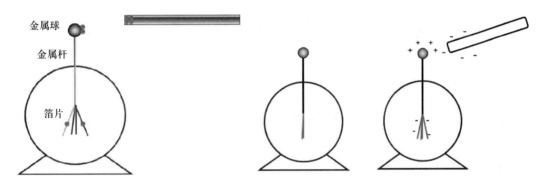

金属球
金属杆
箔片

图 7-3-6 验电器工作过程模拟演示画面

师：组织学生进行实验探究：取一对用绝缘柱支撑的导体 A 和 B，使它们彼此接触。起初它们不带电，贴在下部的金属箔是闭合的。把带正电的球 C 移近导体 A，如图 7-3-7 所示，金属箔有什么变化？先把导体 A 和 B 分开，然后移去球 C，金属箔有什么变化？再让导体 A 和 B 接触，又会看到什么现象？结合金属结构，解释看到的现象。

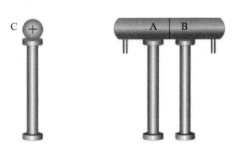

图 7-3-7 实验探究图示

生：经过探究得出结论：电荷既不能被创造出来，也不能被消灭，它只能从一个物体转移至另一个物体，或从物体的一部分转移至另一部分，在转移的过程中系统的电荷总数保持不变；一个与外界没有电荷交换的系统，电荷的代数和总是保持不变的。

技术支持策略

利用虚拟仿真实验，学生可以观察实验现象和进行实验操作；利用交互式一体机的推屏功能，教师可以更好地观察学生的实验操作情况，并在必要时对学生进行个性化的指导。

设计意图

进行实验操作，学生可以更加透彻地理解知识，突破电荷转移等学习难点；教师可以对学生的实验操作进行实时监控，以进一步优化教学过程。

③ 知识应用。

师生活动

师：呈现以下问题。

对于电荷的多少该如何表示？它的单位是什么？

什么是元电荷？一个电子就是一个元电荷吗？

元电荷的值是多少？它的值最早是由哪位物理学家测定的？

什么是比荷？电子的比荷是多少？

让学生认真阅读课本找出答案。

生：认真阅读课本，找出相应的答案。

电荷的多少用电荷量表示，单位为库仑（C）。

一个电子所带的电荷量为元电荷，带电体所带的电荷量只能是元电荷的整数倍。

元电荷的值：$e \approx 1.60 \times 10^{-19}$ C。

带电体的电荷量与质量的比值称为比荷。

师：组织学生利用所学的知识回答问题，并随机选取学生借助交互式一体机展示解题过程。

技术支持策略

利用交互式一体机的推屏功能，直观地展示学生的解题过程，使学生巩固所学的知识。

设计意图

通过回答问题与展示解题过程，学生可以进一步内化与应用知识。

④ 梳理总结。

师生活动

学生通过小组合作，借助平板电脑绘制思维导图，构建知识体系，并发布至 QQ 群进行分享。

教师和每组选出的学生代表构成评委，对各个小组的合作学习情况并进行评价。

技术支持策略

学生利用思维导图梳理知识，建构知识体系。

设计意图

小组合作学习，可以培养学生的沟通能力，帮助学生形成完善的知识体系。教师和学生的点评，可以对学生的学习情况进行量化评价，以更好地促进学生学习。

⑤ 拓展延伸。

师生活动

教师组织学生进行小组合作学习，利用身边的器材做关于静电现象的小实验，并将相关视频发布至班级 QQ 群进行分享。

技术支持策略

利用平板电脑录制视频，利用班级 QQ 群进行资源共享。

设计意图

让学生利用身边的器材做关于静电现象的小实验，使学生对所学的知识进行巩固和升华，激发学生对物理学习的兴趣。

（7）教学评价

本节课采用小组互评、基于 QQ 群的班级共评、基于平板电脑的自动评价和教师点评 4 种评价方式。

3. 案例资源

本案例的资源包括说课课件、说课实录、教学课件、教学素材等，见本书配套的数字课程。

7.3.3 生命观念，协作思辨——《中心法则知多少》

生物学科《中心法则知多少》教学案例采用项目式教学模式，辅以游戏、辩论赛等活动形式，以及小组讨论、小组展示、小组答辩等协作模式，引导学生发现问题、提出问题，鼓励学生积极参与、观察探究，让学生体验科学家探索生物遗传奥秘的过程。同时，利用交互设备增强课堂交流的同步性，借助多媒体设备增强学生的感性认识，促使学生形成生物学的结构与功能观、物质与能量观、进化与适应观。

1. 案例背景

本案例的基本信息如下。

授课教师：穆遥　　　　　　　　　　　年级：高一

学校：大庆实验中学　　　　　　　　　学科：生物

教材版本：人教课标实验版　　　　　　类型：探究式智慧课堂

来源：第二十届全国信息技术与教学融合创新展示与培训活动特等奖展示课例

2. 教学设计

（1）教学内容分析

本课选自人民教育出版社出版的普通高中课程标准实验教科书高中生物必修 2《遗传与进化》第 4 章第 2 节《基因对性状的控制》第一部分的内容。它一开始介绍了"基因指导蛋白质的合成"，说明了基因和蛋白质之间的关系。《中心法则知多少》是对这个重要知识点的总结，为学生接下来学习基因、蛋白质与性状的关系等知识做了铺垫，将学生的关注点从生物的分子水平转向生物的外在表现，在整个高中生物知识体系中起到了承上启下的作用。

（2）学情分析

在学习能力方面，本节课的授课对象基础扎实，学习态度认真，具有一定的概念整合能力与小组探究能力。在信息技术能力方面，在学习本节课之前学生已经习惯了教师使用电子白板作为主要的授课媒介，并可以熟练使用移动学习终端进行学习。在教学接受度方面，学生已经习惯了分组讨论，也接触了项目式教学模式。

（3）教学目标分析

① 知识与能力。学生能够概述中心法则的步骤及相应的条件；了解不同生物不同细胞的中心法则的区别。（教学重点）

② 过程与方法。学生通过设计"推测核糖核酸（RNA）病毒的中心法则流程"实验，掌握中心法则的内容，将中心法则应用于现实场景，解决实际问题，完成对该知识点相关概念的建构任务；通过小组讨论，提高学生的团队合作能力与综合评价能力。（教学难点）

③ 情感态度与价值观。让学生了解科学研究的合作精神，并尝试使用信息技术解决科学难题，培养学生为科学事业的发展贡献力量的精神。

（4）驱动学习的问题/任务设计

任务 1：使用电子白板自主绘制中心法则示意图。

任务 2：进行小组对抗赛，探索脱氧核糖核酸（DNA）的结构与性质。

任务 3：阅读相关材料，进行分组讨论，通过观察教科书中的密度梯度离心实验图像，提出新的弥散复制假说，并使用电子白板完成对 DNA 复制实验结果的猜想。

任务 4：进行小组对抗赛，通过小组间的对抗赛回顾基因表达的知识点。

任务 5：推测 RNA 逆转录病毒侵染细胞的过程，并进行实验模拟。

（5）**实施条件分析**

① 教学环境选择：平板电脑智慧教室。

② 教学支撑工具与资源

a. 教师利用网络学习空间建立线上小组讨论区，发布项目学习任务。

b. 教师利用相关视频，设计能够引发学生思考、激发学生学习内驱力的系列问题。

c. 教师设计数字游戏，通过小组对抗赛的方式，激发学生的学习积极性，让学生深化所学的知识。

d. 学生使用线上画板绘制中心法则示意图，完成对 DNA 复制实验结果的猜想和填空练习，并借助电子白板协作完成批改工作。

e. 通过虚拟仿真实验，推测 RNA 逆转录病毒侵染细胞的过程，在线完成实验。

f. 将弹幕引入课堂教学，让学生展开热烈讨论，随时分享彼此的所思所想，增加师生、生生之间的交流。

g. 教师利用数据统计分析技术，分析学生限时训练的完成情况，从而精准地了解学生的知识掌握情况。

（6）**教学活动安排**

本案例以项目学习为主线，辅以视频、游戏、对抗赛等形式，并通过小组讨论、小组展示、小组辩论等让每一个学生都参与到小组活动中。在教学过程中，教师引导学生通过听、看、操作、思考等方式正确认识科学探究，更加主动地参与到学习中来。

① 分组自学（课前）。

师生活动

师：组织学生分组，并借助班级网络学习空间发布有关生物实验的微课及项目学习任务。

生：先根据微课内容整理并填写学习任务单，然后自学相关内容，最后进行小组讨论。

技术支持策略

课前使用智慧学习工具进行分组，增强了小组的凝聚力；发布有关生物实验的微课，提升了学生学习生物知识的兴趣；使用线上交流平台，使学生打破了传统教学的束缚，可以随时随地完成小组合作学习。

设计意图

让学生通过微课提前了解学习内容并进行思考；让学生通过项目学习提升归纳和总

结能力，增强对学科"大概念"体系的认知。

② 视频引导，确定方向。

师生活动

师：播放相关视频，提出以下问题，并随机选择学生回答问题。

问题 1：为什么利用 DNA 可以确定人的身份？

问题 2：DNA 是如何传递生物遗传信息的？

问题 3：中心法则的基本过程是怎样的？

生：观看视频，回答上述问题。

师：总结补充，并提示第二个问题是本节课程的重点问题。

技术支持策略

利用视频提升学生的课堂参与度；使用电子白板的随机提问功能维持学生的课堂活跃度。

设计意图

教师引导学生结合生活实际，提出将本节课的全部内容串联起来的核心问题——"DNA 是如何传递生物遗传信息的?"，以激发学生的学习兴趣，培养学生发现问题的能力。

③ 合作探究，组间交流。

师生活动

a. 探索 DNA 的结构与性质。教师发布学习任务及相关材料，学生分组协作探究 DNA 分子结构与性质的相关知识；发布分组活动，将 1—2 小组作为 DNA 分子结构探索组，将 3—6 小组作为 DNA 性质探索组，学生分组活动，使用教师提供的资料进行小组讨论，完成对 DNA 分子结构和性质相关知识的学习。

DNA 分子结构探索组采用话剧表演的方式分享学习成果，生动形象地呈现了 DNA 分子结构发现史；DNA 性质探索组则展开对抗赛，以检验各个小组的活动完成情况。教师随机抽选两个小组的成员利用平板电脑做游戏，游戏内容是关于 DNA 分子结构与性质的判断题，并且在游戏结束后由赢者为输者讲解。

学生根据所学的内容在相互交流和教师的指导下绘制中心法则示意图。

b. 探究 DNA 复制模型。教师发布关于弥散复制假说及科学家所做的实验的资料。

小组讨论。各个小组根据相关材料了解关于 DNA 复制的三种猜想，并观察教科书中的密度梯度离心实验图像，然后进行小组讨论，分析半保留复制与全保留复制的区别，尝试提出新的弥散复制假说。

小组展示。学生以小组为单位利用线上画板工具绘制对 DNA 复制实验结果的猜想，并将猜想结果实时上传至教师端。教师随机抽取小组展示猜想结果。

小组辩论。被抽到的小组的代表阐述本组的猜想结果，并与其他小组进行小组辩论，得出关于 DNA 复制的正确结论。

最后教师随机抽取两个小组进行挑战赛，即在电子白板上完成填空游戏，通过小组间的比赛回顾基因表达的相关知识，使学生更加深入地理解经典中心法则。

技术支持策略

a. 使用线上课堂工具发布分组活动，教师可以针对不同的小组发布不同的活动和材料。

b. 使用线上画板工具，学生可以在小组内分享绘制结果，教师可以在主屏实时查看每一个学生的绘制情况。

c. 借助交互式一体机，教师可以组织学生进行交流与展示。

设计意图

a. 以游戏的形式开展课堂活动，不仅增加了学习的趣味性，还可以加深学生对相关知识的记忆。

b. 通过小组讨论、小组展示和小组辩论的方式验证对 DNA 复制实验结果的猜想，有助于增强学生的思辨能力、锻炼学生的表达能力。

c. 借助填空游戏，对 DNA 复制、转录、翻译等进行梳理和比较，有助于学生理解与巩固中心法则和基因表达的相关知识，提升学生的综合能力。

④ 变式实验，深入拓广。

师生活动

师：发布视频与图像形式的学习材料，要求学生以小组为单位设计线上实验，并推测 RNA 逆转录病毒侵染细胞的过程。

生：以小组为单位完成线上实验，根据学习材料绘制 RNA 逆转录病毒侵染细胞的过程，并将绘制结果上传至教师端。

师：随机选择一个学生进行主屏展示和讲解。

生：以小组为单位进行辩论，并在辩论过程中得出正确的 RNA 逆转录病毒侵染细胞的过程。

技术支持策略

利用线上画板工具，学生可以自己动手进行实验。利用授课助手，教师可以将学生的实验结果投至主屏，便于进行同屏互动和组间讲解。

设计意图

组内讨论，可以培养学生的发散性思维；主屏讲解，可以锻炼学生的表达能力。

⑤ 以题代练，巩固提升。

师生活动

教师发布课堂限时训练一，学生用平板电脑答题，并统计错误率，如图 7-3-8 所示。教师精准定位答题错误的学生，鼓励学生深入剖析错误。

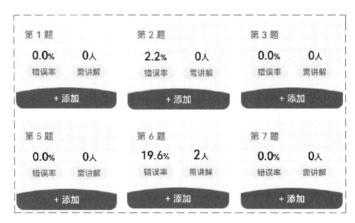

图 7-3-8　平板电脑显示学生课后练习情况

教师发布课堂限时训练二，提升难度，让学生识图答题。

技术支持策略

教师使用在线练习功能发布问题，实时统计学生的错误率，精准找到答题错误的学生。

设计意图

以题代练，有利于学生进行自我剖析。

⑥ 综合归纳，评价升华。

师生活动

师：提出以下两个问题，发布本节课的课后作业，并鼓励学生以思维导图的方式对相关知识进行整理。

问题 1：核心问题是否解决？

问题 2：中心法则的探索过程可以带来哪些启示？

学生以小组为单位进行交流和讨论，回答问题，并完成导学案。

生：进行线上投票，选出表现最好的小组，并填写《综合评价反思表》。

技术支持策略

在班级网络学习空间中发布《综合评价反思表》，让学生对自己的学习情况有明确的认知。

设计意图

选出表现最好的小组，让学生增强自豪感；通过学生填写的《综合评价反思表》，从多个维度完成教学评价。

（7）教学评价

本节课采用小组互评、基于网络学习空间的班级共评、基于平板电脑的自评、基于《综合评价反思表》的自评和教师点评5种评价方式。

3. 案例资源

本案例的资源包括教学课件、说课课件、课堂实录、课内小话剧实录、《综合评价反思表》、作业等，见本书配套的数字课程。

7.3.4 以赛代练，以学定教——《羽毛球正手击高远球》

体育学科《羽毛球正手击高远球》教学案例采用翻转课堂教学模式。教师在课前提供教学资源，传授技能；诊断学情，以学定教。在课中，进行有针对性的教学，驱动学生内化知识与技能；提供个性化练习，让学生自主探究；以赛代练，让学生巩固知识、提高能力。在课后，发布高阶任务，实现学生能力的扩展和延伸。同时，借助"酷浪小羽"App、羽毛球拍传感器和智能运动手表，利用其综合分析数据、三维模拟、实时动画、回放显示等功能，动态调控练习内容，实现智慧教学，提高课堂教学效率。

1. 案例背景

授课教师：张艳红	章节：第八章第五节
学校：天津市第一百中学	学科：体育
教材版本：人教课标实验版	类型：探究式智慧课堂

来源：第十八届全国信息技术与教学融合创新展示与培训活动特等奖展示课例

2. 教学设计

（1）教学内容分析

本课选自人民教育出版社出版的普通高中课程标准实验教科书《体育与健康》，第二课时的内容——改进正手击高远球技术。改进正手击高远球技术是第一课时高远球技术的提升和扩展，是对羽毛球击球动作的进一步规范与提高，本节课是学生掌握正确动作、形成肌肉记忆的关键课程。

（2）**学情分析**

本节课的授课对象是高二年级选修羽毛球项目的学生。羽毛球运动是一门选修课程，学生对其有着浓厚的兴趣。他们虽然有一定的技术基础，但技术动作不规范，击球效果不理想，缺乏专业的指导和明确的训练目标。他们乐于参加比赛，但缺乏自律性，对技术动作的要求不严格。

（3）**教学目标分析**

① 运动能力。学生能够把握击球高度和击球时机、发力顺序和鞭打动作，掌握正手击高远球技术的训练方法，改进正手击高远球技术，并能够在比赛中予以运用。（教学重点和教学难点）

② 健康行为。学生能够安全地参与羽毛球运动，并能够掌握和运用安全防护知识，形成基本的健康技能，养成良好的锻炼习惯。

③ 体育品德。学生能够展现良好的合作精神、竞争意识，培养顽强的意志品质和积极乐观的学习态度，能够按照基本规则进行比赛。

（4）**驱动学习的问题/任务设计**

任务 1：学生课前观看有关羽毛球正手击高远球动作的视频，然后模仿练习，分享心得。

任务 2：用游戏激发学生的学习兴趣，学生以小组为单位，练习与纠正动作，强化和规范击球技术。

任务 3：提供个性化练习，让学生自主选择，并进行强化练习。

任务 4：参与单打和双打教学比赛，将学习的击打技巧应用于实践。

任务 5：课后学生加入"酷浪小羽"App 高远球动作训练计划，完成课后锻炼任务。

（5）**实施条件分析**

① 教学环境：运动场地（配有智能运动手表、羽毛球拍传感器等智能感知设备）。

② 教学支撑工具与资源。

a. 学生在课前观看《击球示范讲解》视频，并进行模仿与练习，以较好地掌握基本技能；对于在观看过程中产生的问题和疑惑，可以在课堂上向同学、教师咨询。

b. 利用羽毛球拍传感器和智能运动手表，学生可以获得综合数据，并据此选择有针对性的练习方法纠正自己的击球动作，教师则可以给予学生精准的反馈和指导。

c. 利用羽毛球拍传感器的挥拍轨迹记录、三维模拟、实时动画等功能，学生可以回放比赛，观看自己的整场表现，并进行反思和评价，培养批判性思维，提高学习效率。

d. 通过分析运动数据，对预计运动负荷和实际运动负荷进行对比，以合理调控练习密度，确保体育锻炼的科学性。

（6）**教学活动安排**

在教学模式方面，教师力求改变灌输式的教学方法，强调讲解和示范，创设有利于学生主动参与、乐于探究、合作学习的良好教学氛围。在设计教学路径时，教师采用"布置任务—个性化练习—小组合作、比赛实践—教师总结—拓展延伸"的探究式教学模式，以赛代练、动态调控课堂活动，深化学生的学习体验。

① 自主学习（课前）。

师生活动

师：在"酷浪小羽"App 上发布有关羽毛球正手击高远球动作的视频，并向学生提出课前自主学习的要求。

生：利用"酷浪小羽"App 观看有关羽毛球正手击高远球动作的视频，并进行模仿练习，同时在微信群中分享自己的学习心得。

技术支持策略

教师借助"酷浪小羽"App 向学生推送视频资源，并对学生的观看情况进行监测。

设计意图

通过观看视频，学生自主模仿练习羽毛球正手击高远球动作，促进动作技能的提高，为本节课的学习打下基础。

② 建立课堂教学常规，进行热身活动。

师生活动

师：让学生明确本节课的学习任务，并对学生进行安全教育。

生：自觉整队集合，并向教师问好。要求：集合迅速、精神饱满、注意力集中。

师：教师设计 Tabata 训练的准备活动，播放相关音频，做好引领和示范动作。

生：学生跟随音乐进行热身活动和熟悉球性的基本练习。要求：动作规范到位。

技术支持策略

播放 Tabata 训练的音频，使热身活动更具节奏感。

设计意图

建立课堂教学常规，形成良好的班级秩序，以集中学生的注意力；对学生进行安全教育，避免学生在运动过程中受伤，使他们养成良好的运动习惯；通过热身活动，帮助学生激活全身肌肉，防止学生在课堂练习中出现损伤。

③ 击球接力，游戏激趣。

师生活动

师：讲解和示范正手击高远球技术，并解答学生在课前练习过程中遇到的问题，引导学生进行练习。同时进行巡视，对学生的练习进行指导和纠错。

生：先自主练习，再异质分组，开展击球接力比赛。

比赛结束后，教师进行点评。教师在点评时着重分析学生的团队意识和责任意识。

技术支持策略

羽毛球拍传感器，可以识别学生挥拍的力度、弧度等，反馈学生能量消耗、挥拍次数、击球类型等综合表现指数，使教师可以及时对学生进行指导和纠错。

设计意图

教师解答学生在课前练习中遇到的问题，纠正和规范学生的击球动作；通过体验式互动和游戏，激发学生的学习兴趣。

④ 自主练习，有效提高动作技能。

师生活动

师：根据学生课前练习情况的相关统计数据，提供原地掷羽毛球、击悬挂羽毛球、击自抛羽毛球这三个练习供学生进行选择和练习。

生：根据羽毛球拍传感器在练习过程中给出的精准数据，自主选择练习内容，如图 7-3-9 所示。

图 7-3-9　学生练习及反馈数据

师：给予学生进一步的指导，规范学生的击球动作。

生：通过智能运动手环，分析自己的击球动作是否能形成合力，击球轨迹是否协调一致，并分享个人击球数据。

技术支持策略

羽毛球拍传感器，可以精准记录学生击球的相关数据，使学生可以有针对性地对自己的击球动作进行纠正。

设计意图

教师依据学生课前练习的相关数据，为学生提供有针对性的自主练习，并能够动态调控练习，有助于实现智慧教学，提高课堂教学的时效性。

⑤ 组织比赛，让学生将所学技能应用于实践。

师生活动

师：组织单打和双打教学比赛，明确比赛规则和要求。在比赛过程中，进行巡视、点评和指导。

生：自主参加比赛，展示学习到的技能。

生：通过智能感知设备，回放比赛，观看自己的整场表现，并进行自我反思和评价。

技术支持策略

借助羽毛球拍传感器的挥拍轨迹记录、三维模拟、实时动画功能，学生可以回放比赛，观看自己的整场表现。

设计意图

组织单打和双打教学比赛，有助于学生将正手击高远球技术更好地应用于实践，从而激发学生进行体育学习的兴趣，并使他们对自己的实践进行反思、评价，培养批判性思维。

⑥ 总结反思，布置作业。

师生活动

师：指导并示范如何利用泡沫轴进行放松拉伸训练，拉伸背部、大腿、臀部、大臂的肌肉。

生：完成拉伸练习。

师：结合学生综合表现数据、目标达成度，对本节课学生的学习状态、表现等进行点评，并总结本节课教学的重点、难点及遇到的问题。

生：聆听教师的点评和总结，回忆和梳理本节课的内容，并进行自我反思和自我评价，同时进行小组交流、评价、反思。

师：组织学生回收器材。

生：回收和整理器材。

师：布置课后作业，要求学生加入"酷浪小羽"App 高远球动作训练计划，进行自主学习与练习。

生：自主练习，提高训练水平，快速形成肌肉记忆，掌握标准的高远球挥拍动作。

技术支持策略

教师借助数据进行科学、合理的总结和点评；学生借助"酷浪小羽"App 进行自主练习，完成课后作业。

设计意图

a. 放松拉伸，可以防止乳酸堆积，放松肌肉，使学生保持良好的机能，养成良好的运动习惯。

b. 对本节课内容的梳理和总结，对运动练习过程的不断反思和评价，有利于培养学生的自主学习能力，促进学生全面发展。

c. 课后作业，引导学生加强练习，有助于学生掌握正确、规范的击球动作，养成运动的良好习惯。

（7）**教学评价**

本节课采用小组互评、基于智能感知设备的自动评价和教师点评三种评价方式。

3. 案例资源

本案例的资源包括说课课件、说课实录、教学课件、教学素材等，见本书配套的数字课程。

7.4　智慧课堂教学实践发展趋势

为了深入探索应用信息技术创新教学模式、提高教育质量的途径和方法，引领我国信息化教学创新、全面推进教育现代化，教育部数字化学习支撑技术工程研究中心面向全国中小学校、职业院校、幼儿园专任教师开展了"全国信息技术与教学融合创新展示与培训活动"。

"全国信息技术与教学融合创新展示与培训活动"的案例，涉及教师在先进技术和前沿理念的支持下教学方式转变的示范课例，以及教师通过信息技术提高课堂教学质量和效率的优秀课例，具有应用信息技术创新教学方法、培养学生创新思维能力、创设个性化学习环境等特点。通过对多年评选出的信息技术与教学融合创新优质课案例进行分析可以看到，智慧课堂教学实践应向基于课程图谱实现精准测评、基于学习路网实现优秀教师教学服务供给、利用智能学习工具突破知识学习障碍以及利用 VR/AR 智慧教室有效支撑探究活动探究瓶颈等方向发展。

1. 基于课程图谱实现精准测评

实现精准测评的关键是学生画像的绘制，学生画像涉及课程能力体系、课程知识体系、课程素养体系和课程学习特性等方面的内容。目前，学生画像主要是通过一系列检测逐步绘制出来的，对于学生学习是否达到目标，缺乏明确的量化标准。因此，需要能够将课程学习目标量化的标准。课程图谱将内核问题/任务集、解决问题的策略和方法，以及学科素养等有机关联起来，并给出关联程度的量化值，因而可以为学生学习情况测评提供量化依据。在优质课案例中，有一定比例的教师能够在智能技术的支持下，基于课程图谱，以可视化的形式分析学生经过课程学习所形成的知识体系及相应的能力体系，从而实现对教学的精准测评。

2. 基于学习路网实现优秀教师教学服务供给

从大量的优质课案例中不难发现，借助信息技术手段，录制优秀教师讲解和指导视频并提供给学生和其他教师使用，是破解优秀教师教学服务供给瓶颈的有效途径。但是，目前优秀教师讲解和指导视频，大多数不是按照教学/学习路径体系录制的，也没有考虑学生之间的差异，难以满足不同类别学生个性化学习的需要。解决这一问题的办法是，教师首先针对不同类别的学生，结合课程内容和特点，建立学习路径体系；其次，按照学习路径体系准备教学套件资源；最后，利用教学套件资源，按照教学路径体系录制视频，建立并不断优化学习路网资源，实现优秀教师教学服务的有效供给。

3. 利用智能学习工具突破知识学习障碍

在教学活动中，学生在学习各个学科的内容时常常存在这样或那样的学习困难，有些学习困难的出现与教学条件无关，但也有很多学习困难是常规条件的限制所导致的。要解决这些学习困难，需要引入新的技术和手段，特别是基于人工智能、大数据等技术的用于疑难知识理解和复杂问题探究的智能学习工具。

通过优质课案例分析可以发现，大多数教师都能够主动选择智能学习工具支持知识理解与应用体验、问题探究与归纳总结、能力诊断与分析等活动的开展。

4. 利用 VR/AR 智慧教室有效支撑探究活动

在传统教室中开展探究活动，往往存在过程固定、单一、操作交互性不强、微观现象难以观察、探究过程缺乏精准诊断和指导等问题。利用 VR/AR 智慧教室创设探究场景，不仅能够为学生提供高逼真、强交互的虚拟仿真环境，还能够使学生在原理剖析和探究过程中获得精准指导。通过优质课案例分析可以发现，越来越多的教师已经能够在 VR/AR 智慧教室中，组织学生利用智能终端等开展个性化学习，并基于智能终端等采集的数据，实现对学生探究过程正确性及探究操作规范性的智能诊断与指导。

思考题

1. 通过对优质课案例的分析，你认为一节好的智慧课堂课应该具备哪些特征，其评价标准是什么？

2. 请利用所建立的智慧课堂评价标准，选择一节课进行评价，并给出改进建议。

3. 请选择中小学某学科的一节课，完成智慧课堂教学设计，在条件允许的情况下在中小学开展教学实施活动。

参 考 文 献

［1］BERGMANN J，SAMS A. Flip Tour Classroom：Reach Every Student in Every Class Every Day［M］．［S. l.］：America，International Society for Technology in Education，2012：21-55.

［2］何克抗．从"翻转课堂"的本质，看"翻转课堂"在我国的未来发展［J］．电化教育研究，2014，35（7）：5-16.

［3］赵建华，蒋银健，姚鹏阁，等．为未来做准备的学习：重塑技术在教育中的角色——美国国家教育技术规划（NETP2016）解读［J］．现代远程教育研究，2016（2）：3-17.

［4］贾同，顾小清．教育信息化战略比较研究：基于美、英、澳、日、新五国的国际比较［J］．电化教育研究，2018，39（7）：121-128.

［5］李青，闫宇．新技术视域下的教学创新：从趣悦学习到机器人陪伴学习：英国开放大学《创新教学报告》（2019版）解读［J］．远程教育杂志，2019，37（2）：15-24.

［6］李青，郜晖，李晟．以技术引领跨界创新和社会发展：英国开放大学《创新教学报告》（2020版）解析［J］．远程教育杂志，2020，38（2）：17-26.

［7］张玮，李哲，奥林泰一郎，等．日本教育信息化政策分析及其对中国的启示［J］．现代教育技术，2017，27（3）：5-12.

［8］王秋爽，邹密，姜巧．日本教育信息化建设新举措：基于对日本国家政策方针的分析［J］．外国教育研究，2020，47（8）：54-69.

［9］王冬梅．新加坡"未来学校"的实践探索及其对我国的启示［J］．外国教育研究，2012，39（4）：38-45.

［10］郦莉．韩国智慧教育：以信息化带动多元互动创新：一种变被动为主动的教育观［J］．世界教育信息，2016，29（2）：44-51.

［11］全婵兰，程林．韩国《智能信息社会背景下中长期教育政策方向和战略》解读与启示［J］．世界教育信息，2019，32（14）：46-51.

［12］张亦弛．韩国："未来学校"积极应对未来教育发展趋势［J］．人民教育，2021（17）：16.

［13］祝智庭，贺斌．智慧教育：教育信息化的新境界［J］．电化教育研究，2012，33（12）：5-13.

［14］黄荣怀，杨俊锋，胡永斌．从数字学习环境到智慧学习环境：学习环境的变革与趋势［J］．开放教育研究，2012，18（1）：75-84.

［15］胡钦太，郑凯，林南晖．教育信息化的发展转型：从"数字校园"到"智慧校园"［J］．中国电化教育，2014（1）：35-39.

［16］陈琳．智慧教育创新实践的价值研究［J］．中国电化教育，2015（4）：15-19.

［17］邱艺，谢幼如，李世杰，等．走向智慧时代的课堂变革［J］．电化教育研究，2018，39（7）：70-76.

［18］何克抗．智慧教室+课堂教学结构变革：实现教育信息化宏伟目标的根本途径［J］．教育研究，2015，36（11）：76-81+90.

［19］杨鑫，解月光，苟睿，等．智慧课堂模型构建的实证研究［J］．中国电化教育，2020（9）：50-57.

［20］郭炯，黄彬，郑晓俊．《网络学习空间建设与应用指南》解读［J］．电化教育研究，2018，39（8）：34-38.

郑重声明

防伪查询说明

用户购书后刮开封底防伪涂层，使用手机微信等软件扫描二维码，会跳转至防伪查询网页，获得所购图书详细信息。

防伪客服电话　（010）58582300

数字课程资源使用说明

一、注册/登录

访问 http://abook.hep.com.cn/18580968，单击"注册"，在注册页面输入用户名、密码及常用的邮箱进行注册。已注册的用户直接输入用户名和密码登录即可进入"我的课程"页面。

二、课程绑定

单击"我的课程"页面右上方的"绑定课程"，按照网站提示输入教材封底防伪标签上的 20 位密码，单击"确定"完成课程绑定。

三、访问课程

在"正在学习"列表中选择已绑定的课程，单击"进入课程"即可浏览或下载与本书配套的课程资源。刚绑定的课程请在"申请学习"列表中选择相应课程并单击"进入课程"。

账号自登录之日起一年内有效，过期作废。

如有账号问题，请发邮件至：abook@ hep.com.cn。